A MORALIDADE DO DIREITO

Lon L. Fuller

A MORALIDADE
DO DIREITO

Tradução e notas explicativas:
Augusto Neves Dal Pozzo
Gabriela Bresser Pereira Dal Pozzo

SÃO PAULO
2022

Copyright © 1964 by Yale University Originally published by Yale University Press

Copyright © EDITORA CONTRACORRENTE
Alameda Itu, 852 | 1º andar |
CEP 01421 002
www.loja-editoracontracorrente.com.br
contato@editoracontracorrente.com.br

EDITORES
Camila Almeida Janela Valim
Gustavo Marinho de Carvalho
Rafael Valim
Walfrido Warde
Silvio Almeida

EQUIPE EDITORIAL
COORDENAÇÃO DE PROJETO: Juliana Daglio
PREPARAÇÃO DE TEXTO E REVISÃO: Douglas Magalhães
REVISÃO TÉCNICA: Amanda Dorth
DIAGRAMAÇÃO: Pablo Madeira
CAPA: Maikon Nery

EQUIPE DE APOIO
Fabiana Celli
Carla Vasconcellos
Fernando Pereira
Valéria Pucci
Regina Gomes
Nathalia Oliveira

Dados Internacionais de Catalogação na Publicação (CIP)
(Câmara Brasileira do Livro, SP, Brasil)

Fuller, Lon L., 1902-1978
 A moralidade do Direito / Lon L. Fuller ; tradução Augusto Neves Dal Pozzo, Gabriela Bresser Pereira Dal Pozzo. -- São Paulo : Editora Contracorrente, 2022.

 ISBN 978-65-5396-037-4

 1. Direito e ética 2. Direito – Filosofia 3. Direito – Teoria I. Título.

22-115897   CDU-34:17

Índices para catálogo sistemático:
1. Direito e ética   34:17
Eliete Marques da Silva - Bibliotecária - CRB-8/9380

@editoracontracorrente
Editora Contracorrente
@ContraEditora

SUMÁRIO

PREFÁCIO À SEGUNDA EDIÇÃO 9
PREFÁCIO À PRIMEIRA EDIÇÃO 11

CAPÍTULO I – AS DUAS MORALIDADES 13
    1.1 As moralidades do dever e da aspiração 15
    1.2 A escala moral 20
    1.3 O vocabulário das morais e as duas moralidades 24
    1.4 A utilidade marginal e a moralidade da aspiração 27
    1.5 A reciprocidade e a moralidade do dever 31
    1.6 Localização do ponteiro na escala moral 41
    1.7 Benefícios e sanções 44

CAPÍTULO II – A MORALIDADE QUE TORNA O DIREITO POSSÍVEL 47
    2.1 Oito maneiras inadequadas de elaborar a lei 48
    2.2 As consequências da insuficiência 53
    2.3 Aspirações para a perfeição da legalidade 56
    2.4 Legalidade e cálculo econômico 59
    2.5 A generalidade do Direito 61
    2.6 Promulgação 65

2.7 Leis retroativas ... 68
2.8 A clareza das leis ... 80
2.9 Contradições nas leis ... 83
2.10 Leis que preconizam o impossível ... 88
2.11 A constância da lei ao longo do tempo ... 99
2.12 Congruência entre a ação do Estado e a norma posta ... 101
2.13 Legalidade entendida como artes práticas com um propósito utilitário ... 112

CAPÍTULO III – O CONCEITO DE DIREITO ... 117
3.1 Moralidade jurídica e Direito Natural ... 118
3.2 Moralidade do Direito e o conceito de Direito Positivo ... 129
3.3 O conceito de ciência ... 144
3.4 Objeções ao ponto de vista sobre Direito aqui abordado ... 148
3.5 O conceito de Direito de Hart ... 161
3.6 O Direito como um empreendimento com propósito e o Direito como um fato manifesto do poder social ... 175

CAPÍTULO IV – O PROPÓSITO MATERIAL DO DIREITO ... 183
4.1 A neutralidade da moralidade do Direito em relação a seus propósitos materiais ... 184
4.2 A legalidade como condição de eficácia ... 187
4.3 Legalidade e justiça ... 189
4.4 Moralidade do Direito e leis objetivando malefícios que não podem ser definidos ... 192
4.5 A visão do homem que está implícita na moralidade do Direito ... 195
4.6 O problema dos limites da ação jurídica efetiva ... 201

4.7 Moralidade do Direito e alocação de recursos econômicos ... 203
4.8 A moralidade do Direito e o problema do *design* institucional ... 212
4.9 Projeto institucional considerado como um problema econômico ... 213
4.10 O problema em definir a moral da comunidade ... 217
4.11 O conteúdo mínimo de uma lei natural substantiva ... 219

CAPÍTULO V – UMA RÉPLICA ÀS CRÍTICAS ... 223
5.1 A estrutura do positivismo jurídico analítico ... 228
5.2 Será que algum respeito, ainda que mínimo, pelos princípios de legalidade é essencial para a existência de um sistema jurídico? ... 234
5.3 Os princípios da legalidade constituem uma "moralidade interna do Direito"? ... 238
5.4 Algumas implicações do debate ... 265

APÊNDICE – O PROBLEMA DO INFORMANTE RESSENTIDO ... 287
REFERÊNCIAS BIBLIOGRÁFICAS ... 297

PREFÁCIO À SEGUNDA EDIÇÃO

Nesta nova edição de *A Moralidade do Direito*, a reimpressão dos quatro capítulos iniciais foi elaborada com correções de menor importância. A única alteração substancial consiste, portanto, no acréscimo de um quinto e último capítulo intitulado "Uma réplica às críticas".

A ausência quase total de alterações nos quatro capítulos iniciais não implica uma satisfação completa, seja com a forma ou com o conteúdo desses capítulos. Significa simplesmente que não caminhei o suficiente quanto a repensar os problemas envolvidos a fim de realizar qualquer reformulação substancial das visões por mim externadas nas palestras proferidas em 1963. Significa, também, que eu mantenho as posições defendidas nessas palestras.

Espero que o novel capítulo V não seja considerado simplesmente como um exercício de polêmicas. Por muitas décadas, a filosofia do Direito nos países de língua inglesa foi largamente dominada pelos autores tradicionais como Austin, Gray, Holmes e Kelsen. O lugar central ocupado por sua visão geral da lei não significa que ela tenha sido recebida com completa satisfação em algum momento; mesmo seus adeptos frequentemente demonstravam desconforto com alguns de seus desdobramentos. No novel capítulo de conclusão deste livro, eu alcancei, assim penso, uma articulação melhor de meu descontentamento com o positivismo jurídico analítico como nunca havia alcançado antes. Por isso, estou em falta com meus críticos e particularmente com H. L. A. Hart, Ronald Dworkin e Marshall Cohen. Suas críticas não foram expressas de maneira branda, mas, da mesma maneira, não foram ocultadas pelas obscuridades de autoproteção comumente encontradas em ataques polêmicos. Descrevendo com exatidão as premissas básicas do pensamento deles, eles me ajudaram a fazer o mesmo com o meu.

Desde que a primeira edição deste livro se tornou de algum interesse para os acadêmicos, cujo principal interesse repousa na sociologia do Direito e na antropologia, parece interessante fazer uma sugestão àqueles que se aproximam pela primeira vez desta obra sob o ponto de vista de interesses similares. Minha sugestão é que eles comecem a leitura pelos capítulos II e V, nessa ordem, pulando os demais, por enquanto. Essa perspectiva do livro terá dupla finalidade qualquer que seja o valor que ele tenha para as preocupações específicas dos leitores e, ao mesmo tempo, oferece alguma noção das diferenças básicas dos pontos de vista que dividem os acadêmicos do Direito na tarefa de definir sua própria matéria.

Para encerrar, quero conferir expressamente uma palavra de apreço pela contribuição feita a este livro (e para minha paz de espírito) a Martha Anne Ellis, minha secretária, e a Ruth D. Kaufman, da *Yale University Press*. A diligência e a percepção de ambas me pouparam consideravelmente de minhas preocupações em relação à demora e ansiedade que sempre acompanham a conversão de um manuscrito em uma forma impressa final.

1º de maio de 1969
LON L. FULLER

PREFÁCIO À PRIMEIRA EDIÇÃO

Esta obra é baseada em palestras ministradas na *Yale Law School*, em abril de 1963, como parte da série de palestras de William L. Storrs. Apesar de o presente volume ser muito mais amplo que o texto original, preservei a forma de palestra porque entendo ser o modo mais agradável de expor o assunto, além de possibilitar, conforme minha preferência, uma apresentação informal e argumentativa. O resultado é uma certa incongruência entre a forma e o conteúdo; e mesmo um público paciente e educado tal qual o de *Yale* dificilmente teria conseguido assistir à minha segunda "palestra" como agora se configura.

Como apêndice, adicionei algo que escrevi muito antes de proferir essas palestras. É o que chamei de "O problema do informante ressentido". Pode ser útil ler e pensar sobre esse problema antes de voltar à leitura do meu segundo capítulo. O problema foi originalmente concebido para servir de base para discussão no meu curso de Teoria do Direito. Durante os últimos anos, também tem sido usado como uma espécie de introdução aos problemas da Teoria do Direito em um curso para todos os alunos do primeiro ano da *Harvard Law School*.

LON L. FULLER

Meus primeiros agradecimentos devem ser direcionados à *Yale Law School*, não só pelo agradecimento propriamente dito em relação ao seu convite, mas por conceder um tempo maior para que eu pudesse atender às suas demandas. Devo também expressar minha gratidão à *Rockefeller Foundation* por me ajudar a ter acesso, durante o ano letivo de 1960-61, a esta mercadoria rara na vida acadêmica americana: o lazer. Por lazer, quero dizer, é claro, a chance de ler e refletir sem a pressão de qualquer compromisso imediato de ser, ou fingir ser, útil. Sem a ajuda da Fundação, eu simplesmente não teria sido capaz de aceitar o convite de *Yale*. Minha gratidão aos colegas por tantas formas diferentes de ajuda, o que torna impossível agradecer adequadamente a cada um. Nenhum deles, deve-se dizer, teve chance de salvar o texto final daqueles minutos finais não muito solenes aos quais autores teimosos são propensos. Durante os estágios iniciais desta empreitada, no entanto, suas contribuições foram tão imprescindíveis que, aos meus olhos, este livro é tanto deles quanto meu. Por fim, ao reconhecer a contribuição real de minha esposa, Marjorie, recorro a uma ideia de outro autor: ela pode não saber o significado, mas sabe o que eu quis dizer.

LON L. FULLER

CAPÍTULO I
AS DUAS MORALIDADES

Pecar, v.i. 1. Afastar-se voluntariamente do caminho e/ou dever prescrito por Deus ao homem.

Webster's New International Dictionary

Die Sunde ist ein Versinken in das Nitchts[1]

O conteúdo destes capítulos foi moldado e editado principalmente por uma insatisfação com a literatura existente a respeito da relação entre o Direito e a moralidade. Essa literatura me parece deficiente em dois aspectos importantes. O primeiro deles está relacionado

---

[1] Essa citação pode ser puramente imaginária. Creio que me recordo dela em algo que li há muito tempo. Amigos conhecedores de teologia não souberam identificar a sua fonte. Eles me informaram que o pensamento é agostiniano e que há um paralelo próximo em uma passagem de Karl Barth: *Die Sünde ist ein Versinken in das Bodenlose.* Contudo, *das Bodenlose* sugere a perda de limites ou fronteiras e, portanto, a violação de um dever. O que eu buscava era uma expressão do conceito de pecado como visto pela moralidade da aspiração – pecado como um esforço para atingir a realização da qualidade humana em si mesma.

à dificuldade em esclarecer o significado da própria moralidade. A abundância das definições apresentadas pelo Direito chega a ser quase que indesejada. Mas, quando o Direito é comparado com a moralidade, parece haver um entendimento geral quanto à abrangência do segundo termo da comparação. Thomas Reed Powell costumava dizer que, se você pode pensar sobre algo que está relacionado a outra coisa sem pensar sobre o que realmente está relacionado, então, você tem um pensamento jurídico. No presente caso, assim me parece, a mente jurídica geralmente se esgota em pensar sobre o Direito e se contenta em deixar sem exame aquilo com o que o Direito está relacionado e do que ele está sendo diferenciado.

Em meu primeiro capítulo, fiz um esforço para restabelecer esse equilíbrio. Isso é feito principalmente ao enfatizar uma distinção entre o que chamo de moralidade da aspiração e moralidade do dever. O insucesso dessa distinção tem sido, penso eu, a causa de muita obscuridade nas discussões sobre a relação entre o Direito e a moral.

A outra grande insatisfação subjacente a essas palestras surge de uma negligência que o título do meu segundo capítulo chama de "A moralidade que torna o Direito possível". Na medida em que a literatura existente lida com o assunto principal desse segundo capítulo – que eu chamo de "moralidade interna do Direito" – geralmente é descartá-lo com algumas observações sobre "justiça do Direito", essa concepção de justiça sendo equiparada com um requisito puramente formal de que casos semelhantes sejam tratados de forma semelhante. Há pouco reconhecimento de que o problema assim esboçado seja apenas um aspecto de um problema muito maior, o de esclarecer as direções do esforço humano essencial para manter qualquer sistema jurídico, mesmo aquele cujos objetivos finais podem ser considerados equivocados ou nocivos.

O terceiro e o quarto capítulos apresentam o desenvolvimento e uma aplicação da análise apresentada nos dois primeiros. O terceiro, intitulado "O conceito de Direito", tenta relacionar essa

CAPÍTULO I – AS DUAS MORALIDADES

análise com as várias escolas de filosofia do Direito em geral. O quarto, "O propósito material do Direito, procura demonstrar a maneira pela qual o respeito adequado à moralidade interna do Direito limita os tipos de propósitos materiais que podem ser alcançados por meio de normas jurídicas. O capítulo termina com um exame sobre até que ponto algo como o "Direito Natural" substantivo pode derivar da moralidade da aspiração.

1.1 As moralidades do dever e da aspiração

Permitam-me agora voltar, sem demora, para a distinção entre a moralidade da aspiração e a moralidade do dever. Essa distinção em si não é nova.[2] Acredito, entretanto, que suas implicações, em geral, não foram vistas e, em particular, não foram suficientemente desenvolvidas em discussões sobre as relações do Direito e da moral.

A moralidade da aspiração é exemplificada de forma mais clara na filosofia grega. É a moralidade de uma vida plena, da excelência e da mais plena realização dos poderes humanos. Em uma moralidade da aspiração, pode haver tons de uma noção que se aproxima do dever. Mas essas conotações geralmente são

---

2   Ver, por exemplo: LINDSAY, Alexander D. *The Two moralities*: our duty to God and to society. Londres: Eyre & Spottiswoode, 1940; MacBEATH, Alexander. *Experiments in living*: a study of the nature and foundation of ethics or morals in the light of recent work in social anthropology. Londres: Macmillan, 1952, pp. 55/56; LAMONT, William D. *The Principles of moral judgement*. Oxford: Clarendon Press, 1946; LAMONT, William D. *The Value judgement*. Nova York: Philosophical Library, 1955; HART, Herbert L. A. *The Concept of law*. Nova York: Oxford University Press, 1961, pp. 176-180; FINDLAY, J. M. *Values and intentions*. Nova York: Macmillan, 1961; BRANDT, Richard B. *Ethical theory*. Englewood Cliffs: Prentice-Hall, 1959, pp. 356-368. Em nenhum desses trabalhos aparece a nomenclatura que eu adotei. Lindsay, por exemplo, contrapõe a moralidade do "meu cargo e seus respectivos deveres" (*my station and its duties*) com a moralidade de atingimento à perfeição. O livro de Findlay é especialmente valoroso por seu tratamento de abusos que exortam o conceito de dever.

silenciadas, como em Platão e Aristóteles. Esses pensadores reconheceram, é claro, que um homem pode deixar de realizar todas as suas capacidades. Como cidadão ou como autoridade, ele pode ter deficiências, mas, em tal caso, que ele seja condenado por ser negligente ou um desertor; por culpa, e não por dolo. Geralmente, para os gregos, em vez de ideias daquilo que é certo ou errado, de reivindicação moral e dever moral, temos, antes, a concepção de conduta adequada e correta, conduta de um ser humano "que funciona" da melhor maneira possível.[3]

A moralidade da aspiração começa no topo das realizações humanas, a moralidade do dever começa na base. Esta estabelece as normas básicas sem as quais uma sociedade ordenada é impossível, ou sem as quais uma sociedade ordenada voltada para certos objetivos específicos deve falhar em seu alvo. É a moralidade do Antigo Testamento e dos Dez Mandamentos. Fala-se em termos de "não farás" e, com menos frequência, de "farás". Não condena os homens por deixarem de abraçar as oportunidades para a plena realização de seus poderes. Em vez disso, condena-os por não respeitarem os requisitos básicos da vida social.

Em *Teoria dos sentimentos morais* (*Theory of moral sentiments*), Adam Smith emprega uma figura útil para fazer uma distinção entre as duas moralidades que estou descrevendo aqui.[4] A moralidade do dever "pode ser comparada às normas da gramática"; a moralidade da aspiração, "às normas que os críticos estabelecem para a obtenção do que é sublime e enobrecedor na

---

[3] Cf. "The Greeks never worked out anything resembling the modern notion of a legal right". JONES, John W. *The Law and legal theory of the Greeks*. Nova York: Oxford University Press, 1956, p. 151.

[4] SMITH, Adam. *Theory of moral sentiments*. [S.l.]: [s.n.], 1759. A diferença pretendida por Smith não se dá entre a moralidade do dever e a moralidade da aspiração, mas, sim, entre a justiça e as "outras virtudes". Há, todavia, uma afinidade bastante grande entre a noção de justiça e a moralidade do dever, embora o dever de ser justo com os outros provavelmente abarca uma área mais limitada do que a abarcada pelos deveres morais em geral.

CAPÍTULO I – AS DUAS MORALIDADES

composição". As normas gramaticais prescrevem o que é necessário para preservar a linguagem como instrumento de comunicação, assim como as normas de uma moralidade do dever prescrevem o que é necessário para a vida social. Como os princípios de uma moralidade da aspiração, os princípios da boa escrita "são vagos, vazios e indeterminados e nos apresentam, antes, uma ideia geral da perfeição que devemos almejar, e nos dão alguma certeza e instruções infalíveis para adquiri-la".

Seria bom, neste ponto, pensar em alguma forma de conduta humana e perguntar como as duas moralidades poderiam julgá-la. Eu escolhi o exemplo do jogo. Ao usar esse termo, não tenho em mente um jogo de azar amigável, mas, sim, um jogo de apostas altas – o que, na tradução de *The Theory of legislation*, de Bentham, é chamado pelo pitoresco termo "jogo sujo".[5][6]

Mas, então, como a moralidade do dever entenderia o jogo assim definido? De modo peculiar, postularia uma espécie de legislador moral hipotético a quem caberia a responsabilidade de decidir se o jogo era tão prejudicial que deveríamos considerar a existência de um dever moral geral, o qual incumbisse a todos, de se abster a se envolver nele. Tal legislador pode observar que o jogo é uma perda de tempo e energia, que parece agir como uma droga para aqueles que se viciam nele e tem muitas consequências indesejáveis, como fazer o jogador negligenciar sua família e seus deveres para a sociedade em geral.

---

[5] Ver a citação à página 106 da tradução de Richard Hildreth, reeditada na série "The International Library of psychology, philosophy and scientific method": BENTHAM, Jeremy. *The Theory of legislation*. Londres: Kegan Paul, Trench Trubner & Co., 1931.

[6] N.T. Um termo adaptado pelo antropólogo Clifford Geertz dos escritos de Jeremy Bentham em *The Theory of legislation* (1802, tradução francesa; 1840, 1864, traduções inglesas) e usado em seu influente estudo do significado da luta de galo balinesa. Bentham usa o termo em uma nota de rodapé para uma seção dedicada ao relacionamento entre a igualdade, riqueza e a chance de atingir a felicidade.

Se nosso legislador moral hipotético tivesse estudado na escola de Jeremy Bentham e dos últimos economistas da utilidade marginal, ele poderia encontrar boas razões para declarar o jogo intrinsecamente prejudicial e não apenas prejudicial por causa de suas consequências indiretas. Se toda a fortuna de um homem consiste em mil dólares, e este aposta quinhentos deles no que é chamado de aposta uniforme, ele, na verdade, não entrou em uma transação em que possíveis ganhos e perdas sejam equilibrados de maneira uniforme. Se ele perder, cada dólar pago prejudica mais profundamente seu bem-estar. Se ele ganhar, os quinhentos que ganha representam menos utilidade para ele do que os quinhentos que pagaria se tivesse perdido. Assim, chegamos à interessante conclusão de que dois homens podem se reunir voluntariamente e sem qualquer intenção de prejudicar um ao outro e, ainda assim, entrar em uma transação desvantajosa para ambos – julgada, é claro, pelo estado de coisas imediatamente antes de os dados serem realmente lançados.

Sopesando todas essas considerações, o moralista do dever pode muito bem chegar à conclusão de que os homens não devem se envolver em apostas altas, que eles têm o dever de evitar o jogo sujo.

Como tal julgamento moral poderia estar relacionado à questão sobre a proibição, por lei, do jogo? A resposta é muito direta. Nosso legislador moral hipotético poderia mudar seu papel para o de legislador sem qualquer alteração drástica em seus métodos de julgamento. Como legislador, ele enfrentará certas questões que, como moralista, poderia convenientemente deixar para a casuística. Ele terá que decidir o que fazer em relação a jogos de habilidade ou jogos em que o resultado é determinado em parte pela habilidade e em parte pelo acaso. Como legislador, ele enfrentará a dificuldade de distinguir entre o jogo de apostas pequenas como uma diversão inocente e o jogo em suas formas mais extremas e prejudiciais. Se nenhuma fórmula vier prontamente à mão para esse propósito, ele pode ser tentado a redigir sua norma de modo a incluir todo tipo de jogo, deixando ao promotor a tarefa de distinguir o inocente

CAPÍTULO I – AS DUAS MORALIDADES

do verdadeiramente prejudicial. Antes de tomar essa decisão, muitas vezes descrita eufemisticamente como "aplicação seletiva", nosso moralista que se tornou legislador terá de refletir sobre as consequências perigosas que acompanhariam uma aplicação mais ampla desse princípio, o qual já é uma parte difundida da máquina de aplicação do Direito. Ao redigir e propor sua norma, ele teria que levar em conta muitas outras considerações dessa natureza. Mas, em nenhum momento, haveria uma ruptura brusca com os métodos adotados para decidir se condenava o jogo como imoral.

Vejamos agora como o jogo pode ser considerado pela moralidade da aspiração. Desse ponto de vista, estamos preocupados não tanto com os danos específicos que podem advir do jogo, mas com a questão de saber se é uma atividade digna das capacidades do homem. Reconheceríamos que, nos assuntos humanos, o risco acompanha todo esforço criativo e que é certo e bom que um homem engajado em atos criativos não apenas aceite os riscos de seu papel, mas se contente com eles. O jogador, por outro lado, cultiva o risco por si mesmo. Incapaz de enfrentar as responsabilidades mais amplas do papel humano, ele descobre uma maneira de gozar uma de suas satisfações sem aceitar os fardos que normalmente a acompanham. O jogo de apostas altas torna-se, efetivamente, uma espécie de fetichismo. A analogia com certos desvios no instinto sexual é facilmente aparente e, de fato, foi explorada ao máximo em uma extensa literatura psiquiátrica sobre jogos obsessivos.[7]

O julgamento final da moralidade da aspiração sobre o jogo não seria uma acusação, mas, sim, uma expressão de desdém. Para tal moral, o jogo não seria a violação de um dever, mas uma forma de conduta inadequada a um ser com capacidades humanas.

Qual o impacto que o julgamento assim proferido produziria em relação ao Direito? A resposta é que não teria nenhuma relação

---

[7] Ver a bibliografia listada em BERGLER, Edmund. *The Psychology of gambling*. Nova York: International Universities Press, 1957, nota 1, pp. 79-82.

direta. Não há maneira pela qual a lei possa obrigar um homem a viver de acordo com sua melhor capacidade. Para padrões viáveis de julgamento, o Direito deve se voltar para seu primo de sangue, a moralidade do dever. Lá, se houver, ele encontrará ajuda para decidir se o jogo deve ser legalmente proibido ou não.

Mas o que a moralidade da aspiração perde em importância para o Direito, ela ganha na difusão de suas implicações. Em um aspecto, todo o nosso sistema jurídico representa um complexo de normas destinadas a resgatar o homem do acaso e colocá-lo com segurança no caminho para a atividade criativa e deliberada. Quando, ao negociar com outra pessoa, um homem paga, desembolsa dinheiro por engano, a lei do quase-contrato obriga a uma devolução. A lei dos contratos declara nulos os acordos celebrados por mútuo equívoco dos fatos relevantes. De acordo com a lei de responsabilidade civil, um homem pode se tornar ativo sem ter que responder por lesões ou males que são o subproduto fortuito de suas ações, exceto quando ele entra em alguma empresa causando riscos previsíveis que podem ser contabilizados como um custo atuarial de sua empresa e, portanto, sujeito a cálculos racionais com antecedência. Nos estágios iniciais do Direito, nenhum desses princípios foi reconhecido. Sua aceitação hoje representa o fruto de uma luta secular para reduzir o papel do irracional nos assuntos humanos.

Mas não há nenhum caminho aberto para nós pelo qual possamos compelir um homem a viver a vida da razão. Só podemos tentar excluir de sua vida as manifestações mais grosseiras e óbvias do acaso e da irracionalidade. Podemos criar as condições essenciais para uma existência humana racional. Estas são as condições necessárias, mas não suficientes para atingir esse fim.

1.2 A escala moral

Ao considerar toda a gama de questões morais, podemos convenientemente imaginar um tipo de escala ou padrão que se inicia na base com as demandas mais óbvias da vida social e se

CAPÍTULO I – AS DUAS MORALIDADES

estende em direção aos níveis mais elevados da aspiração humana, onde, ao longo dessa escala ou medição, há um ponteiro invisível que marca a linha divisória na qual a pressão do dever termina e o desafio da excelência começa. Todo o campo do argumento moral é dominado por uma grande guerra não declarada sobre a localização desse ponteiro.

Existem aqueles que lutam para empurrá-lo para cima; outros trabalham para derrubá-lo. Aqueles que consideramos desagradáveis – ou, pelo menos, inconvenientemente – moralistas estão sempre tentando mover o ponteiro para cima a fim de expandir a área de dever. Em vez de nos convidarem a nos juntarmos a eles na realização de um padrão de vida que consideram digno da natureza humana, eles tentam nos forçar a acreditar que temos o dever de abraçar esse padrão. Todos nós provavelmente já fomos submetidos a alguma variação dessa técnica em um momento ou outro. Uma exposição muito longa a ela pode deixar, ao longo da vida da vítima, uma aversão por toda a noção de dever moral.

Acabei de falar de um ponteiro imaginário que marca a linha que separa o dever da aspiração. A tarefa de encontrar o local de descanso adequado para esse ponteiro foi, penso eu, desnecessariamente complicada por uma confusão de pensamento que remonta pelo menos até Platão. Tenho em mente um argumento nesse sentido: para julgar o que é mau na conduta humana, devemos saber o que é perfeitamente bom. Cada ação deve ser avaliada à luz de sua contribuição para a vida perfeita. Sem uma imagem do ideal da existência humana diante de nós, não podemos ter nenhum padrão, seja para impor deveres ou para abrir novos caminhos para a expressão das capacidades humanas. Aqueles que aceitam essa linha de raciocínio entenderão como sem sentido ou insolúvel o problema de localizar corretamente a linha onde termina o dever e começa a aspiração. Na opinião deles, é óbvio que a moralidade da aspiração é o fundamento de toda a moralidade. Visto que a moralidade do dever tem por objetivo inevitavelmente incorporar padrões emprestados da moralidade da aspiração, não há ocasião nem justificativa para traçar uma linha clara entre as duas moralidades.

Curiosamente, a visão de que todos os julgamentos morais devem se basear em alguma concepção de perfeição tem sido historicamente empregada para chegar a conclusões diametralmente opostas a respeito da objetividade dos julgamentos morais. Um lado argumenta o seguinte: é um fato empírico podermos saber e concordar sobre o que é ruim. Segue-se que temos, no fundo de nossas mentes, alguma imagem comum do que é perfeitamente bom. A tarefa da filosofia moral é, portanto, articular algo que já conhecemos e com o qual concordamos. Esse é o caminho percorrido pelo Sócrates platônico. A parte contrária raciocina da seguinte maneira: é óbvio que os homens não concordam sobre o que é perfeitamente bom. Mas, uma vez que julgamentos significativos quanto ao que é mau são impossíveis sem um acordo sobre o que é perfeitamente bom – um acordo que claramente não existe –, deve seguir-se que nosso aparente acordo sobre o que é mau é uma ilusão nascida talvez do condicionamento social, habituação e preconceito compartilhado.

Ambas as conclusões se baseiam na suposição de que não podemos conhecer o mau sem conhecer perfeitamente o bom, ou, em outras palavras, que os deveres morais não podem ser racionalmente discernidos sem primeiro abraçar uma moralidade abrangente de aspiração. Essa suposição é contradita pela experiência humana mais elementar. A injunção moral "não matarás" não implica nenhuma imagem da vida perfeita. Baseia-se na verdade prosaica de que, se os homens se matam, nenhuma moralidade de aspiração concebível pode ser realizada. Em nenhum campo da atividade humana, pode-se afirmar que nossos julgamentos quanto ao que é indesejável devem ser secretamente dirigidos por alguma utopia. No campo da linguística, por exemplo, nenhum de nós pretende saber como seria uma linguagem perfeita. Isso não impede o desconforto de certas imperfeições de uso que claramente tendem a destruir distinções úteis.

CAPÍTULO I – AS DUAS MORALIDADES

Em todo o campo do propósito humano – incluindo não apenas ações humanas, mas artefatos de todo tipo –, encontramos uma refutação difundida para a noção de que não podemos saber o que é inadequado para um fim sem saber o que é perfeitamente adequado para alcançá-lo. Ao selecionar instrumentos para os nossos propósitos, podemos utilizar, e nos utilizamos, em todos os lugares, de concepções imperfeitamente mal definidas do que é que estamos tentando alcançar. Nenhuma ferramenta humana comum, por exemplo, é perfeitamente adequada para qualquer tarefa específica. Pois tal ferramenta foi projetada para realizar razoavelmente bem uma gama indefinida de tarefas. O martelo de um carpinteiro serve de maneira adequada para uma ampla, mas indefinida gama de usos, revelando suas deficiências apenas quando tentamos usá-lo para pregar lanças muito pequenas ou pesadas estacas de barraca. Se um companheiro de trabalho me pede um martelo, ou a coisa mais próxima dele disponível para mim, eu sei imediatamente, sem saber exatamente que operação ele está fazendo, que muitas ferramentas lhe serão inúteis. Não passo para ele uma chave de fenda ou um pedaço de corda. Posso, no entanto, conhecer o mau com base em noções muito imperfeitas do que seria bom para uma ação perfeita. Então, eu acredito que seja com as normas e instituições sociais. Podemos, por exemplo, saber o que é claramente injusto sem nos comprometermos a declarar com finalidade como seria a justiça perfeita.

Nenhum dos argumentos que acabamos de apresentar pretende induzir ou dar a entender que não haja dificuldade em traçar a linha que separa a moralidade do dever da moralidade da aspiração. Decidir onde o dever termina é uma das tarefas mais difíceis da filosofia social. Em sua solução, um grande elemento de julgamento deve estar presente, e as diferenças individuais de opinião são inevitáveis. O que está sendo discutido aqui é que devemos enfrentar as dificuldades desse problema e não fugir delas sob o pretexto de que nenhuma resposta é possível até que tenhamos construído uma moralidade de aspiração abrangente.

Sabemos o suficiente para criar as condições que permitirão ao homem se elevar. É certamente melhor fazer isso do que tentar imobilizá-lo contra a parede do pé com uma articulação final de seu bem mais elevado.

Este é talvez o ponto de evitarmos mais um mal-entendido. Foi sugerido que a moralidade do dever se relaciona com a vida do homem em sociedade, enquanto a moralidade da aspiração é uma questão entre um homem e ele mesmo, ou entre ele e seu Deus.[8] Isso é verdade apenas no sentido de que, à medida que avançamos na escada do dever evidente para a aspiração mais elevada, as diferenças individuais em capacidade e compreensão tornam-se cada vez mais importantes. Mas isso não significa que o vínculo social seja rompido nessa ascensão. A declaração clássica da moralidade da aspiração era a dos filósofos gregos. Eles tinham como certo que o homem, como um animal político, precisava encontrar uma vida boa e correta dentro de uma vida compartilhada com os outros. Se perdêssemos o contato com nossa herança social de linguagem, pensamento e arte, nenhum de nós poderia aspirar a nada além de uma existência puramente animal. Uma das maiores responsabilidades atribuídas à moralidade da aspiração é preservar e enriquecer essa herança social.

1.3 O vocabulário das morais e as duas moralidades

Uma razão pela qual a distinção entre a moralidade do dever e a da aspiração não tem um domínio mais firme no pensamento moderno reside, creio eu, no fato de que nosso próprio vocabulário

---

[8] A valiosa análise de W. D. Lamont parece-me prejudicada por sua suposição de que a moralidade do dever tem a ver com relações sociais, enquanto a moralidade do valor está preocupada com classificações de preferência individual. Ver LAMONT, William D. *The Value judgement*. Nova York: Philosophical Library, 1955.

CAPÍTULO I – AS DUAS MORALIDADES

moral abarca essa distinção e a obscurece. Tome, por exemplo, o termo "julgamento de valor". O conceito de valor é compatível com uma moralidade da aspiração. Se tivéssemos escolhido outro termo para isso e tratado, digamos, de "a percepção do valor", teríamos uma expressão totalmente adequada a um sistema de pensamento voltado para a conquista da excelência humana. Mas, em vez disso, associamos "valor" ao termo "julgamento", uma expressão que sugere não um esforço em direção à perfeição, mas uma conclusão sobre obrigações. Assim, um subjetivismo apropriado aos alcances mais elevados da aspiração humana se espalha por toda a linguagem do discurso moral e somos facilmente levados à conclusão absurda de que obrigações obviamente essenciais para a vida social repousam em alguma preferência essencialmente inefável.

Uma questão que é muito debatida no que tange à relação entre fato e valor seria, creio eu, esclarecida se os disputantes fizessem o possível para manter em mente a distinção entre as moralidades do dever e da aspiração. Quando estamos fazendo um julgamento do dever moral, parece absurdo dizer que tal dever pode, de alguma forma, fluir diretamente do conhecimento de uma situação de fato. Podemos compreender os fatos em sua totalidade, e, ainda assim, parecerá intervir um ato de julgamento legislativo antes de concluirmos que um dever tem de existir. Esse ato de julgamento legislativo pode não ser difícil, mas, em princípio, está sempre lá.

É bem diferente com a moral da aspiração, que mostra sua afinidade estreita com a estética. Quando buscamos compreender alguma nova forma de expressão artística, nosso esforço – desde que bem informado – se dirige imediatamente ao propósito perseguido pelo artista. Nós nos perguntamos: "o que ele está tentando fazer? O que ele procura transmitir?" Depois de responder a essas perguntas, podemos gostar ou não gostar do trabalho em questão, mas nenhum passo distinto intervém entre nossa compreensão e nossa aprovação ou desaprovação. Se desaprovamos, mas permanecemos desconfiados de nosso julgamento, não nos perguntamos se aplicamos o padrão errado de aprovação, mas se, afinal, entendemos verdadeiramente o que o artista estava tentando fazer. Na verdade, I. A. Richards mostrou a destruição causada nos julgamentos dos alunos sobre o valor literário quando eles se preocupam não com o objetivo do escritor, mas com a aplicação de padrões pelos quais supõem que a literatura deve ser considerada boa ou má.[9] Da mesma forma, Norman T. Newton demonstrou como os julgamentos estéticos da arquitetura podem ser distorcidos pelo esforço de encontrar alguma fórmula verbal que pareça justificar o julgamento proclamado.[10]

Essas últimas observações não pretendem negar a qualidade da racionalidade à moralidade da aspiração. Ao invés disso, pretendem afirmar que o tipo discursivo de justificação que caracteriza os julgamentos de dever está fora de lugar na moralidade da aspiração. Esse ponto é ilustrado, acredito eu, no Sócrates platônico.

Sócrates associou virtudes com o conhecimento. Ele presumiu que se os homens realmente entendessem o bem, eles o desejariam e buscariam alcançá-lo. Essa visão muitas vezes foi considerada intrigante ou absurda – dependendo da modéstia do crítico. Se Sócrates estivesse ensinando uma moralidade do dever, as críticas a ele certamente seriam justificáveis. Mas sua moralidade era da aspiração. Ele procurou fazer com que os homens vissem e entendessem a vida boa para que se esforçassem para alcançá-la. Seu raciocínio não teria ficado claro, mas confuso, se ele tivesse dito: "primeiro, demonstrarei como é a vida boa, para que você possa entendê-la e discernir que tipo de homem se tornaria se a levasse. Então, apresentarei razões pelas quais você deve levar uma vida assim".

A associação *socrática* da virtude com o conhecimento em si ilustra a maneira incômoda que nosso vocabulário ético tem de

---

9   RICHARDS, I. A. *Practical criticism*: a study of literary judgment. Londres: Kegan Paul, Trench Trubner & Co., 1949.
10 NEWTON, Norman T. *An Approach to design*. Cambridge: Addison-Wesley Press, 1951.

CAPÍTULO I — AS DUAS MORALIDADES

migrar entre as duas moralidades. Para nós, a palavra "virtude" tornou-se totalmente identificada com a moralidade do dever. Para os modernos, a palavra perdeu em grande parte seu sentido original de poder, eficácia, habilidade e coragem, um conjunto de conotações que, antes, a colocavam claramente no âmbito da moralidade da aspiração. A palavra "pecado" passou por um processo de migração semelhante. Para nós, pecar é violar um dever. No entanto, as palavras traduzidas na Bíblia como "pecado" continham originalmente a metáfora de *errar o alvo*. Aspectos dessa figura original permaneceram entre os primeiros cristãos, pois eles listaram, entre os pecados mortais, não apenas a avareza e a falta de castidade, mas também o que Sidgwick chama de "os pecados bastantes singulares" de melancolia e indiferença lânguida.[11]

1.4 A utilidade marginal e a moralidade da aspiração

Sugeri que, se buscarmos afinidades entre os estudos humanos, a moralidade do dever encontra seu primo mais próximo na lei, ao passo que a moralidade da aspiração mantém uma relação íntima com a estética. Proponho agora uma investigação que pode parecer um pouco bizarra, qual seja, a de determinar a relação entre as duas moralidades e os modos de julgamento característicos da ciência econômica.

Uma dificuldade encontrada de plano está no fato de que não existe um acordo geral entre os economistas sobre a definição de seu assunto. Embora a economia tenha a merecida reputação de ser a mais avançada de todas as ciências sociais, o mundo ainda espera uma resposta final para a pergunta: "do que se trata?" A maioria dos tratados de economia se contenta em apresentar ao leitor seu assunto com uma lista mais ou menos impressionista dos tipos de

---

[11] SIDGWICK, Henry. *Outlines of the history of ethics*. Londres: MacMillan, 1949, p. 129.

problemas que são a preocupação especial do economista. Além disso, o leitor deve decidir por si mesmo o que está estudando.[12]

Existem, entretanto, algumas tentativas sérias de lidar com o problema de definir apropriadamente a ciência econômica.[13] Delas, emergem duas visões gerais. Uma é a de que a economia tem a ver com relações de troca. A outra é a de que o cerne da economia está no princípio da utilidade marginal, o princípio pelo qual fazemos a alocação mais eficaz dos recursos sob nosso comando para alcançar quaisquer objetivos que estabelecemos para nós mesmos.

A figura padrão empregada para distinguir essas visões é, naturalmente, a de Robinson Crusoé. Até a chegada da sexta-feira, pelo menos, não havia ninguém com quem Crusoé pudesse trocar qualquer coisa, exceto no sentido metafórico em que se pode dizer que alguém troca seu trabalho solitário pelos frutos da natureza. Se a economia é identificada como trocas entre seres humanos, então Crusoé não tinha problemas econômicos. Por outro lado, ele teve que decidir como fazer a aplicação mais eficaz dos escassos recursos sob seu comando, incluindo seu próprio tempo e energia. Se, em um determinado momento, ele estivesse cultivando um

---

[12] O tratado SAMUELSON, Paul A. *Economics*: an introductory analysis. Nova York: McGraw-Hill, 1948 é considerado um dos livros de faculdade mais usados dentre os já escritos. Na segunda edição (1951, pp. 14-16), apareceu uma discussão sobre as "Fronteiras e Limites da Economia", na qual foi apresentada a visão de que a economia se preocupa exclusivamente com os meios e não tem competência para lidar com os fins. Na quinta edição (1961), essa tentativa de delimitar a competência do assunto desapareceu e, em seu lugar, há simplesmente uma listagem dos tipos de assuntos de que trata a economia (pp. 5/6). Uma demonstração interessante de que a ciência econômica é caracterizada por um tipo particular de fim e é incompetente para responder a perguntas quando esse fim é excluído de consideração, será encontrada em HARROD, R. F. "Scope and method of economics". *The Economic Journal*, vol. 48 nº 191, 1938, pp. 383-412. Este trabalho foi reimpresso em *Readings em Economic Analysis*, vol. 1, 1950, pp. 1-30.

[13] A abordagem mais lida sobre o assunto é a de ROBBINS, Lionel. *An Essay on the nature and significance of economic science*. 2ª ed. Londres: Macmillan, 1935.

CAPÍTULO I – AS DUAS MORALIDADES

pedaço de terra, poderia ter que se perguntar se, caso mudasse seus esforços para a pesca, ele poderia esperar um retorno maior no início como pescador do que de outra hora como fazendeiro. Nesse sentido, Crusoé não tinha apenas problemas econômicos, mas, sim, problemas muito mais sérios.

Ora, creio que haja um paralelo notável entre essas duas concepções de economia e as duas visões de moralidade que são o assunto deste capítulo. A economia de troca tem uma grande afinidade com a moralidade do dever. A economia da utilidade marginal é, por assim dizer, a contrapartida econômica da moralidade da aspiração. Deixe-me começar com esse segundo relacionamento.

A moralidade da aspiração tem a ver com nossos esforços para fazer o melhor uso de nossa vida curta. A economia da utilidade marginal trata de nossos esforços para fazer o melhor uso de nossos recursos econômicos limitados. Os dois são semelhantes não apenas no que procuram fazer, mas também em suas limitações. Diz-se que a moralidade da aspiração necessariamente implica alguma concepção do mais alto bem do homem, embora não nos diga qual seja.

Exatamente a mesma crítica, com a mesma força, pode ser dirigida contra o princípio da utilidade marginal. O consumidor é visto pela economia da utilidade marginal como alguém que busca igualar o retorno de cada dólar gasto. Quando ele gastou muitos dólares em livros, e o retorno desse gasto específico começa a diminuir perceptivelmente, ele pode mudar seus gastos para alguma outra direção, digamos, para uma dieta mais rica e satisfatória. Nessa mudança, está compreendida a própria ideia de que se pode comparar e equalizar despesas para coisas radicalmente diferentes – parece estar implícito algum critério último que fica acima de livros, comida, roupas e todas as outras coisas e serviços pelos quais os homens podem gastar seu dinheiro. O economista da utilidade marginal não pode descrever o que é esse critério, embora, ao contrário do moralista da aspiração, ele tenha uma palavra para encobrir sua ignorância. Essa palavra é, obviamente, "utilidade". Quando a utilidade derivada do valor de um dólar da mercadoria "A" declina a um ponto em que se torna menor do que a utilidade derivada do valor de um dólar da mercadoria "B", o consumidor muda seus gastos para o segundo tipo de bem de consumo. É com a palavra "utilidade" que o economista esconde seu insucesso em discernir algum bem econômico que está acima de todos os bens particulares e serve para orientar a escolha entre eles. A falha do economista permanece, no entanto, em essência, a mesma do moralista que pretende mostrar aos homens o caminho para a vida boa, sem definir qual é ou deveria ser o objetivo mais elevado da vida.[14]

A tentativa de Bentham de substituir o objetivo da excelência pelo do prazer foi, na verdade, simplesmente introduzir na moralidade o mesmo padrão oculto que é inveterado na economia. É impossível sustentar a afirmação de que todo esforço humano é direcionado ao prazer, a menos que estejamos dispostos a expandir a noção de prazer a ponto de se tornar, como a utilidade na economia, um recipiente vazio para todo tipo de desejo ou esforço humano. Se, seguindo Mill, tentarmos ser mais seletivos sobre o que está dentro do contêiner, terminamos não com o princípio da maior felicidade, mas algo como a concepção grega de excelência.

---

[14] Pode-se objetar que a comparação no texto confunde descrição com prescrição. Ao contrário do filósofo moral, o economista, pode-se dizer, é indiferente à questão do que o consumidor deve querer; ele meramente descreve um processo de avaliação e considera o termo "utilidade" apropriado nessa descrição. Mas essa visão se esquiva das dificuldades envolvidas na tentativa de descrever, em termos totalmente não avaliativos, um processo que é, ele próprio, avaliativo. (Essas dificuldades foram a ocasião para uma troca entre mim e o professor Ernest Nagel em dois artigos: FULLER, Lon L. "A Rejoinder to Professor Nagel". *Natural Law Forum*, n° 30, 1° jan. 1958; NAGEL, Ernest. "Fact, value, and human purpose". *Natural Law Forum*, n° 38, 1° jan. 1959). O economista pode não se importar com o que o consumidor deseja, mas o primeiro não pode ser indiferente ao processo pelo qual o segundo toma sua decisão sobre o que deseja. Para entender esse processo, o economista deve ser capaz de participar dele indiretamente e ter uma compreensão de seus termos.

CAPÍTULO I – AS DUAS MORALIDADES

Na falta de algum bem moral ou econômico mais elevado, recorremos, em última análise, tanto na moralidade da aspiração quanto na economia da utilidade marginal, à noção de equilíbrio – nem muito nem pouco. Essa noção não é tão banal quanto parece. É uma característica dos seres humanos normais que eles busquem uma pluralidade de fins; a preocupação obsessiva com um único fim pode, de fato, ser considerada um sintoma de doença mental. Em uma passagem, Tomás de Aquino parece apresentar o curioso argumento de que a existência de um fim último para a vida humana é revelada na circunstância de que, de fato, mudamos de um fim específico para outro, pois se não houvesse um padrão pelo qual essa mudança pudesse ser guiada, continuaríamos nos esforçando para sempre em uma direção. Visto que isso é impossível e absurdo, uma vez que se segue que não agiríamos de forma alguma, em qualquer direção, se não fôssemos guiados por algum fim mais elevado.[15] O que quer que se possa pensar sobre esse raciocínio paradoxal, não há nada de banal na concepção de Aristóteles sobre o meio justo. Esse meio não deve ser confundido com a noção moderna de "meio-termo". Para os modernos, o caminho do meio é o caminho mais fácil, envolvendo um mínimo de comprometimento. Para Aristóteles, o meio-termo era o caminho mais difícil, o caminho pelo qual os preguiçosos e não qualificados tinham mais probabilidade de cair. A esse respeito, fez as mesmas demandas de discernimento e inteligência que uma boa gestão econômica faz.

1.5 A reciprocidade e a moralidade do dever

O que eu trouxe até agora é suficiente no que se refere à relação entre a moralidade da aspiração e uma visão da ciência econômica que a vê como preocupada essencialmente com uma gestão prudente. Permitam-me abordar, adiante, a afinidade que afirmei existir entre a moralidade do dever e a economia de troca.

---

[15] AQUINO, Tomás de. *Summa Contra Gentiles*, III, cap. II.

É óbvio que os deveres, morais e legais, podem surgir de uma troca, digamos, de uma troca de promessas ou da troca de uma promessa por um ato presente. Existe, portanto, um território compartilhado pelos conceitos de troca e dever. Por outro lado, certamente seria perverso tentar interpretar todos os deveres como decorrentes de uma troca explícita. Podemos afirmar, por exemplo, que o cidadão tem o dever moral de votar e de se informar o suficiente para fazê-lo com inteligência, sem que isso implique que esse dever resida em uma barganha entre ele e seu Estado ou entre ele e seus concidadãos.

Para estabelecer a afinidade entre dever e troca, precisamos de um terceiro membro, um princípio mediador. Isso deve ser encontrado, assim eu penso, na relação de reciprocidade. Afinal de contas, a troca é apenas uma expressão particular dessa relação mais geral e frequentemente mais sutil. A literatura da moralidade do dever está, de fato, repleta de referências a algo como o princípio da reciprocidade.

Mesmo em meio aos apelos exaltados do Sermão da Montanha, há uma nota de reciprocidade simples que se repete. "Não julgueis, para que não sejais julgados. Pois com o juízo com que julgardes, sereis julgados; e com a medida com que medis, sereis medido (...). Portanto, tudo o que vós quereis que os homens vos façam, fazei-lhe também vós, porque esta é a lei dos profetas".[16]

Ensinamentos como esses devem ser encontrados em todas as moralidades do dever e não implicam, é claro, que todo dever emane de uma relação de troca. Isso se torna aparente se reformularmos a Regra da reciprocidade da seguinte forma: *assim que eu tiver recebido sua garantia de que me tratará como gostaria de ser tratado, então, estarei pronto, por minha vez, para conceder*

---

[16] BÍBLIA, N.T. "Mateus". *Bíblia sagrada on-line*. Cap. 7, vers. 1-12. Disponível em: https://www.bibliaonline.com.br/acf/busca?q=mateus+7. Acessado em: 11.07.2022.

CAPÍTULO I – AS DUAS MORALIDADES

um semelhante tratamento para você. Essa não é a linguagem da moralidade, nem mesmo do comércio amigável, mas, sim, do comércio cauteloso e até hostil. Adotar seu pensamento como princípio geral seria dissolver totalmente o vínculo social.

O que a Regra da reciprocidade busca transmitir não é que a sociedade é composta de uma rede de trocas explícitas, mas que é mantida unida por um vínculo generalizado de reciprocidade. Traços dessa concepção podem ser encontrados em toda moralidade do dever, desde aqueles traços fortemente permeados por uma atração ao interesse próprio até aqueles que repousam nas elevadas exigências do imperativo categórico. Sempre que um apelo ao dever procura justificar-se, o faz sempre em termos de algo como o princípio da reciprocidade. Assim, ao incitar um eleitor relutante às urnas, é quase certo que, em algum momento, perguntaremos a ele: "o que você acha se todos agissem como você propõe?"

É possível discordar da ideia de que esses comentários se relacionam mais com a retórica do dever do que com uma consciência de grupo. É natural que um moralista que tenta empurrar os homens para um dever desagradável inclua em seu argumento algum apelo ao interesse próprio. Também é natural que qualquer pessoa que tente fazer os homens aceitarem uma compulsão indesejada – uma compulsão que é, de fato, externa – procure dar a ela a aparência de ser voluntariamente assumida, assim como o inclemente fato de que o poder político foi historicamente obscurecido pela ficção de algo original.

Acredito que essa discussão subestima em que medida o princípio da reciprocidade encontra fundamento não apenas em nossas profissões, mas também em nossas práticas. A reformulação da Regra da reciprocidade que apresentei há pouco foi uma perversão óbvia de sua intenção. Não acho que seu significado seria distorcido, no entanto, se adicionássemos uma leitura de qualificação mais ou menos como segue: *assim que ficar perfeitamente claro que você não tem nenhuma intenção de me tratar como você gostaria de ser tratado, então, devo me considerar dispensado da obrigação de tratá-lo como gostaria de ser tratado*. Aqui, o elemento de reciprocidade é deslocado por vários afastamentos do próprio dever; representa uma espécie de ponto "à prova de falhas". Os homens certamente têm opiniões diferentes quanto ao momento exato em que esse ponto é alcançado. Mas há casos óbvios em que nenhuma disputa é possível. Portanto, quando insisto a um concidadão que ele tem o dever de ir às urnas, meu recurso certamente perderá sua força se ele souber muito bem que não há probabilidade de apuração de sua cédula.

O dever de votar não é absoluto, mas depende do cumprimento de certas expectativas em relação às ações dos outros. Isso seria verdadeiro até mesmo para um cidadão que pudesse votar sabendo que sua cédula não seria contada quando o objetivo fosse fazer um teste ou uma auditoria de certos abusos eleitorais. Se todo o mundo permanece indiferente e impassível à sua ação – e não reage de nenhuma maneira a ela –, então, permanece totalmente sem fundamento.

Nesse sentido amplo, há uma noção de reciprocidade implícita na própria noção de dever – pelo menos no caso de todo dever que se aplica à sociedade ou a outro ser humano responsável. Pode-se imaginar um vínculo social que não conhece deveres. Esse vínculo pode existir entre um casal profundamente apaixonado, ou entre um pequeno grupo de homens unidos por alguma emergência, constituindo, digamos, uma última resistência contra um inimigo que os cerca. Em tal situação, não haveria pensamento de medir as contribuições. O princípio de organização apropriado seria "um por todos e todos por um". Mas assim que as contribuições são designadas e medidas – o que significa: assim que houver obrigações –, deve haver algum padrão – por mais rude e inexato que seja – pelo qual o tipo e a extensão da contribuição esperada são determinados. Esse padrão deve ser derivado do padrão de um tecido social que une os fios da ação individual. Uma ruptura suficiente nesse tecido deve – se quisermos julgar a questão com

CAPÍTULO I – AS DUAS MORALIDADES

alguma racionalidade – libertar os homens daqueles deveres que tinham como sua única razão de ser, mantendo um padrão de interação social que agora foi destruído.

No debate que acabamos de apresentar, está implícita a noção de uma espécie de colaboração anônima entre os homens, pela qual suas atividades são canalizadas por meio das instituições e procedimentos de uma sociedade organizada. Essa concepção parece muito distante daquela de uma simples troca de valores econômicos. Mas devemos lembrar que mesmo a relação direta e explícita de reciprocidade não está, de forma alguma, confinada a algo como um regateio. Suponha, por exemplo, que dois homens trocam promessas de dar somas iguais para a mesma instituição de caridade. Aqui, os motivos de troca egoístas usuais estão ausentes, assim como a noção de atuações entre as partes na troca. No entanto, nesse caso, certamente temos uma relação de reciprocidade e, supondo que não tenha havido nenhuma caridade, o repúdio de sua promessa por uma das partes deve justamente desculpar a outra. Os deveres de ambos surgem e dependem de uma relação de reciprocidade que não é diferente, em espécie, daquela que une os membros de uma sociedade de maneiras mais complexas.

Se é verdade que os deveres geralmente podem ser atribuídos ao princípio da reciprocidade, também é verdade que a reciprocidade da qual um determinado dever surgir, pode ser visível, por assim dizer, em vários graus. Às vezes, é óbvio para aqueles afetados por ela; em outras, traça um curso mais sutil e obscuro por meio das instituições e práticas da sociedade. Isso sugere a pergunta: sob que circunstâncias, um dever, legal ou moral, se torna mais compreensível e mais aceitável para aqueles afetados por ele? Acho que podemos discernir três condições para a eficácia ótima da noção de dever. Em primeiro lugar, a relação de reciprocidade da qual surge o dever deve resultar de um acordo voluntário entre as partes imediatamente afetadas; elas próprias "criam" o dever. Em segundo lugar, o desempenho recíproco das partes deve, em certo sentido, ser igual em valor. Embora a própria noção de suposição voluntária faça um forte apelo ao senso de justiça, esse apelo é reforçado quando o elemento de equivalência é adicionado a ele. Não podemos falar aqui de uma identidade exata, pois não faz nenhum sentido trocar, digamos, um livro ou ideia exatamente pelo mesmo livro ou ideia. O vínculo de reciprocidade une os homens não apenas apesar de suas diferenças, mas por suas diferenças. Quando, portanto, buscamos igualdade em uma relação de reciprocidade, o que exigimos é alguma medida de valor aplicável às coisas que são diferentes em tipo. Em terceiro lugar, os relacionamentos dentro da sociedade devem ser suficientemente fluidos para que o mesmo dever que você me deve hoje, eu deva a você amanhã – em outras palavras, o relacionamento de dever deve, na teoria e na prática, ser reversível. Sem essa simetria, provavelmente ficaremos perplexos com a pergunta de Rousseau: qual *é a razão de mim, sendo eu mesmo,* agir como se fosse a outra pessoa, quando estou virtualmente certo de que nunca estarei em seu lugar ou na sua situação?[17]

Essas, então, são as três condições para uma plena percepção da noção de dever, as condições que tornam um dever mais compreensível e mais palatável para o homem que o deve. Quando perguntamos "em que tipo de sociedade essas condições são mais adequadas para serem satisfeitas", a resposta é surpreendente: em uma sociedade de agentes econômicos. Por definição, os membros de tal sociedade estabelecem relações de troca diretas e voluntárias.

---

17 O trecho de Rousseau encontra-se em *Emílio, ou Da Educação*, livro IV, e é aqui citado de DEL VECCHIO, Giorgio. *Justice*: an historical and philosophical essay. Edinburgh: Edinburgh University Press, 1952, p. 96. Rousseau pretende sua questão, é claro, como uma refutação das teorias utilitaristas do dever. O próprio Del Vecchio valoriza a reciprocidade em sua análise da justiça. Ao distinguir uma mera demanda de uma reivindicação de direito, ele observa que esta pressupõe um princípio geral segundo o qual, se as posições das partes se invertessem, o mesmo dever seria imposto no sentido oposto. Essa reciprocidade abstrata perde muito de seu apelo, no entanto, se a inversão de posições não pode de fato ocorrer. Não é muito consolo ao escravo, por exemplo, ser informado de que se tivesse nascido mestre, e seu mestre, um escravo, então, teria sido seu o direito de ordenar o que ele agora deve render.

CAPÍTULO I – AS DUAS MORALIDADES

Quanto à igualdade, é somente com a ajuda de algo como um mercado livre que é possível desenvolver uma medida exata para o valor de bens díspares.[18] Sem tal medida, a noção de igualdade perde substância e desce ao nível de uma espécie de metáfora. Por fim, os agentes econômicos frequentemente mudam de função, ora vendendo, ora comprando. Os deveres decorrentes de suas trocas são, portanto, reversíveis não apenas na teoria, mas na prática. A reversibilidade do papel que, portanto, caracteriza uma sociedade comercial não existe em nenhum outro lugar no mesmo grau, como se torna aparente quando consideramos os deveres que correm entre pai e filho, marido e mulher, cidadão e Estado. Hayek vê o próprio Estado de Direito como dependente de uma condição da sociedade tal que os homens possam se reunir hoje para legislar sobre seus deveres sem saber se amanhã terão esses deveres, ou se serão seus beneficiários. Compreensivelmente, Hayek identifica essa sociedade com uma sociedade organizada com base no princípio do mercado e prevê um colapso do Estado de Direito para qualquer uma que abandone os princípios do mercado.[19]

Essa análise sugere a conclusão, um tanto surpreendente, de que é somente sob o capitalismo que a noção de dever moral e legal pode atingir seu pleno desenvolvimento. Essa foi, de fato, a conclusão a que chegou um famoso escritor soviético do passado, Eugene Pashukanis, talvez o único pensador soviético que possa ter dado uma contribuição distinta à filosofia social.[20]

---

[18] Deve-se lembrar, entretanto, que existem propostas (postas em operação ao menos de forma parcial dentro do bloco soviético) para administrar uma economia socialista pelos princípios de mercado. Ver, por exemplo, LANGE. Oskar. *On the economic theory of socialism.* Ed. Benjamin E. Lippincott. Minneapolis: University of Minnesota Press, 1938.

[19] HAYEK, Friedrich. "Planning and the rule of law". *In:* _____. *The Road to Serfdom.* Chicago: University of Chicago Press, 1944, pp. 72-87.

[20] Ver o volume V da série "Filosofia Legal do Século XX": PASHUKANIS, Eugene. *The General Theory of Law and Marxism.* Cambridge: Harvard University Press, 1951, pp. 111-225. Tentei um resumo da teoria de Pashukanis em FULLER, Lon L. "Pashukanis e Vyshinsky: a study in the

A teoria de Pashukanis ficou conhecida como *The commodity exchange theory of law*, embora a ela pudesse ter sido atribuído um nome melhor, por exemplo, *Commodity exchange theory of legal and moral duty*. A teoria foi construída sobre dois pilares do pensamento marxista: primeiro, na organização da sociedade, o fator econômico é primordial; os princípios e instituições legais e morais, portanto, constituem uma espécie de "superestrutura" que reflete a organização econômica da sociedade; segundo, no estado comunista finalmente alcançado, a lei e o Estado irão definhar.

Em suas descrições gerais, a discussão de Pashukanis era bastante simples. A organização econômica da sociedade capitalista é determinada pela troca. Segue-se, portanto, que as instituições jurídicas e políticas de tal sociedade serão permeadas por noções derivadas da troca. Assim, no Direito Penal burguês, encontramos uma tabela de crimes com uma coluna de punições ou expiações apropriadas – uma espécie de lista de preços para mau comportamento. No Direito Privado, a figura dominante é a do sujeito de direitos que tem deveres, possui direitos e o poder de resolver suas disputas com outros por acordo. O sujeito de direitos é, portanto, a contrapartida legal do agente econômico. Com o comunismo, o intercâmbio econômico será abolido, assim como todas as concepções jurídicas e políticas que dele derivam. Em particular, o comunismo não saberá nada de direitos e deveres.

A mesma análise foi estendida ao campo da moral. Com o comunismo em vigor, a moralidade como geralmente é entendida (isto é, como a moralidade do dever) deixará de desempenhar qualquer função. A atitude de Pashukanis em relação a Kant demonstra até onde ele levou sua teoria. A visão de Kant de que devemos tratar nossos semelhantes como um fim, e não apenas como um

---

development of Marxian Legal Theory". *Michigan Law Review*, vol. 47, 1949, pp. 1157-1166.

CAPÍTULO I – AS DUAS MORALIDADES

meio, é geralmente considerada uma das expressões mais nobres de sua filosofia. Para Pashukanis, era apenas o reflexo de uma economia de mercado, pois é apenas entrando em relações de troca que somos capazes de fazer os outros servirem aos nossos fins ao mesmo tempo que servimos aos deles. Na verdade, qualquer tipo de reciprocidade, por mais indiretamente que possa operar através das formas sociais, coloca os homens em um duplo papel, como fins em si mesmos e como meios para os fins dos outros. Uma vez que não há uma parada clara ou um ponto de ruptura entre a reciprocidade implícita e a troca explícita, Pashukanis termina com a conclusão de que todos os deveres morais desaparecerão quando o comunismo for finalmente alcançado.

Essas opiniões se mostraram muito fortes (ou pelo menos muito inconvenientes) para os contemporâneos de Pashukanis na Rússia stalinista, e ele foi executado em 1937. Em justiça à sua memória, deve-se dizer que suas teorias têm fortes raízes nos ensinamentos dos antepassados comunistas. Obviamente, eles têm apoio nas doutrinas gêmeas da superestrutura e do futuro declínio do Estado e do Direito. Eles também têm uma afinidade emocional notável com todo o teor do pensamento de Marx, especialmente conforme revelado no jovem "tema da alienação". Marx parecia ter uma forte aversão a qualquer princípio ou arranjo que pudesse fazer um homem servir aos fins de outro, embora essa compulsão não estivesse apenas implícita na troca, mas em qualquer tipo de organização social formal. Essa aversão se revela implicitamente em sua antipatia ao longo da vida pela própria noção de uma divisão formal do trabalho, uma antipatia ainda mais curiosa, pois deve ter sido claro, para Marx, que a produção econômica buscada pelo comunismo seria impossível sem os ganhos decorrentes de uma especialização de função. Essa aversão fundamental à interdependência chega à expressão mais articulada em uma passagem inicial em que Marx descreve a vida na sociedade burguesa – isto é, em uma sociedade comercial – como aquela em que o homem "trata os outros como meios, reduz-se ao papel de um significado e se torna o joguete de forças externas".[21]

Com o humor amargo dessa passagem de Marx, podemos contrastar a descrição de troca econômica feita por Philip Wicksteed, um ministro unitarista que se tornou economista:

> Sobre toda a gama de coisas permutáveis, podemos geralmente agir de forma mais potente pelo método indireto de buscar ou promover os objetivos imediatos de outros do que pelo método direto de buscar os nossos próprios (...). Estabelecemos relações comerciais com outras pessoas não porque nossos propósitos sejam egoístas, mas porque aqueles com quem lidamos são relativamente indiferentes a eles, são (como nós) intensamente interessados em propósitos próprios, aos quais nós, por nossa vez, somos relativamente indiferentes (...). Certamente não há nada de degradante ou revoltante para o nosso sentido superior nesse fato de promovermos mutuamente os propósitos uns dos outros porque estamos interessados em nossos próprios (...). O nexo econômico [isto é, o nexo de troca] expande indefinidamente nossa liberdade de combinação e movimento, pois nos permite formar um conjunto de grupos ligados pela coesão de [diversas] faculdades e recursos, e outro conjunto de grupos ligados por comunidade de propósito, sem ter de encontrar a "dupla coincidência" que, de outra forma, seria necessária.[22]

Se, por alguma reversão no fluxo do tempo, Marx pudesse ter essa passagem diante de si e pudesse ter absorvido seu pensamento e humor, o mundo poderia hoje ter um aspecto muito diferente para todos nós.

---

[21] Citação de TUCKER, Robert C. *Philosophy and myth in Karl Marx*. Nova York: Cambridge University Press, 1961, p. 105. Este livro é altamente recomendado para quem deseja adquirir uma noção do que pode ser chamado de "sentimento moral" do pensamento de Marx.

[22] WICKSTEED, Philip H. *The Common sense of political economy*. Londres: Routledge, 1933, p. 156.

CAPÍTULO I – AS DUAS MORALIDADES

1.6 Localização do ponteiro na escala moral

É hora de retornar a uma comparação mais geral entre os conceitos de economia e os de moralidade. Ao falar da relação das duas moralidades, sugeri a figura de uma escala ascendente, começando na base com as condições obviamente essenciais à vida social e terminando no topo com os esforços mais elevados para a excelência humana. Os degraus inferiores dessa escala representam a moralidade do dever; seus alcances mais elevados, a moralidade da aspiração. Separar os dois é uma linha de divisão flutuante, difícil de localizar com precisão, mas de vital importância.

Essa linha de divisão serve como um baluarte, uma escala ou um medidor, algo essencial entre as duas moralidades. Se a moralidade do dever se estende além de sua esfera apropriada, a mão de ferro da obrigação imposta pode sufocar o experimento, a inspiração e a espontaneidade. Se a moralidade da aspiração invadir a província do dever, os homens podem começar a pesar e qualificar suas obrigações pelos seus próprios padrões, e podemos terminar com o poeta jogando sua esposa no rio, na crença – talvez não totalmente justificada – de que ele será capaz de escrever melhor poesia em sua ausência.[23]

Uma relação semelhante ocorre entre a economia de troca e a da utilidade marginal. Antes do princípio da utilidade marginal, nada era sagrado; todos os arranjos existentes estavam sujeitos a serem reordenados no interesse de um retorno econômico maior. A economia de troca é, em contraste, baseada em dois pontos fixos: propriedade e contrato. Embora permita que o cálculo interessado reine em todos os outros lugares, esse cálculo é excluído quando a questão é a fidelidade ao contrato ou o respeito à propriedade. Sem uma deferência benevolente para com essas instituições, um regime de troca perderia sua segurança e ninguém ocuparia uma

---

23 N.T. A obra foi traduzida respeitando-se fidedignamente os exemplos citados pelo autor.

posição suficientemente estável para saber o que tinha a oferecer, ou o que poderia esperar receber de outro. Por outro lado, a rigidez da propriedade e do contrato deve ser mantida dentro de seus próprios limites, se eles vão além desses limites, o esforço da sociedade para direcionar seus recursos para seu uso mais eficaz é frustrado por um sistema de interesses pessoais e institucionais adquiridos, um "mercado reservado", por exemplo, sendo uma espécie de direito de propriedade que vai além de seu domínio próprio. Aqui, encontramos novamente o que é essencialmente o problema de localizar o ponteiro imaginário no lugar certo. Mais uma vez, o economista desfruta de uma vantagem sobre o moralista. Se ele também tiver dificuldade em traçar o limite, pode pelo menos esconder sua trapalhada atrás de um vocabulário impressionante, que, nesse caso, vai muito além da transparência inocente da palavra "utilidade" e oferece termos como monopólio, monopsônio, ação paralela e preços rígidos.

Pode-se sugerir que uma certa qualidade de rigidez é inerente a todos os deveres, sejam eles morais ou legais e sejam eles decorrentes de uma troca ou de alguma outra relação. Ao mesmo tempo, é da natureza de todas as aspirações humanas em direção à perfeição, incluindo aquela que busca a máxima eficiência econômica, ser flexível e reativa às mudanças nas condições. Um problema generalizado de organização social é, portanto, o de manter um equilíbrio entre a estrutura de suporte e a fluidez adaptativa. Esse problema é compartilhado pela moral, Direito, economia, estética e – como Michael Polanyi mostrou – também pela ciência.[24] *A natureza desse problema não é percebida de modo adequado quando pensamos nele de forma simplista como uma oposição entre segurança e liberdade, pois nos preocupamos não somente com a questão sobre se os indivíduos se sentem livres ou seguros,*

---

[24] POLANYI, Michael. *The logic of liberty*. Chicago: University of Chicago Press, 1951; POLANYI, Michael. *Personal knowledge*. Chicago: University of Chicago Press, 1958.

CAPÍTULO I – AS DUAS MORALIDADES

mas atentamos para a harmonia e equilíbrio entre os processos – na maioria das vezes anônimos – da sociedade como um todo.[25]

Em um sentido um tanto quanto paradoxal, até mesmo a rigidez social essencial deve se manter não simplesmente por estar presente, mas pressionando ativamente por reconhecimento. Holmes certa vez observou que todo direito tende a se tornar absoluto.[26] Pode-se sugerir que é apenas essa tendência para o absoluto que constitui o significado essencial de "um direito", seja ele legal ou moral. Da mesma forma, pode-se dizer que o significado da noção de dever reside em uma abstenção à qualificação. Em contraste a esse requisito, conselhos de prudência, apelos vagos a ideais e semelhantes, direitos e deveres (sejam eles morais ou legais) representam pontos críticos na decisão humana. Em casos específicos, eles podem ser restringidos, mas podem ser levados em consideração para a restrição à qualificação.

A visão que acabamos de expressar é bastante semelhante à noção de H. L. A. Hart de "conceitos revogáveis".[27] Dizer que um homem firmou um contrato não é apenas inclinar a balança da justiça indeterminadamente para a conclusão de que ele pode possivelmente ter incorrido em uma obrigação. É para dizer que ele é obrigado, a menos que algum fundamento específico de escusa,

---

[25] Pode-se sugerir que a questão da função do *status*, ou do papel institucional, é uma parte desse problema maior. Grande parte da análise desse problema feita por Chester Barnard poderia, creio eu, ser reafirmada nos termos empregados no texto. Ver o capítulo IX de seu *Organization and management*. Cambridge: Harvard University Press, 1948.

[26] "Todos os direitos tendem a se declarar absolutos ao seu extremo lógico. No entanto, todos, de fato, são limitados pela vizinhança de princípios de política que não são aqueles em que o direito particular se baseia e que se tornam fortes o suficiente para se manterem quando um certo ponto é alcançado. *Hudson County Water Company vs. McCarter*, 209 US. 349, 1908, p. 355.

[27] HART, Herbert L. A. "The Ascription of responsibility and rights". *In*: FLEW, Antony (Coord.). *Essays on logic and language*. Oxford: Blackwell, 1952, pp. 145-166.

como incapacidade ou coação, possa ser estabelecido. Pode-se sugerir que o que se manifesta aqui é um impulso da moralidade do dever, expressando-se dentro do Direito, para manter a integridade de seu domínio e para proteger esse domínio de ameaças de uma visão que tenta resolver muitas equações simultâneas de uma vez só.

1.7 Benefícios e sanções

Ainda que brevemente, é necessário fazer menção a uma manifestação final da distinção entre a moralidade do dever e a da aspiração. Refiro-me à maneira como essa distinção encontra reconhecimento tácito em nossas práticas sociais a respeito das sanções e dos benefícios.

Na moralidade do dever, é compreensível que as sanções tenham precedência sobre as recompensas. Não elogiamos um homem, nem lhe conferimos honras, porque ele se conforma com as condições mínimas de vida social. Ao invés disso, o deixamos sem ser importunado e concentramos nossa atenção no homem que falhou nessa conformidade, visitando nele nossa desaprovação, se não algum desagrado mais tangível. Considerações de simetria sugerem que, na moralidade da aspiração, que busca o superlativo, a recompensa e o elogio devem desempenhar o papel que a punição e a desaprovação exercem na moralidade do dever. Até certo ponto, essa imagem no espelho se mantém na prática. Mas a simetria perfeita é prejudicada pelo fato de que quanto mais perto um homem chega dos níveis mais elevados de realização humana, menos competentes são os outros para avaliar seu desempenho.

O negócio de distribuição de prêmios e sanções é difundido em nossa sociedade, estendendo-se além do Direito, para a educação, a indústria, a agricultura e os esportes. Sempre que distinções são concedidas ou privações impostas, é natural selecionar algum árbitro ou comitê para tomar a decisão e, não importa se a questão seja de penalidade ou sentença, espera-se que o órgão de decisão atue com inteligência e imparcialidade. Mesmo assim, há uma

CAPÍTULO I – AS DUAS MORALIDADES

grande diferença nos procedimentos geralmente estabelecidos para a aplicação de sanções em comparação com aqueles que concedem prêmios. Quando há sanções ou privações envolvidas, cercamos a decisão de garantias processuais do devido processo, muitas vezes elaboradas, e provavelmente imporemos uma obrigação de responsabilidade pública. Onde prêmios e homenagens são concedidos, nos contentamos com métodos de decisão mais informais e menos examinados minuciosamente.

A razão para essa diferença é clara. Onde sanções e privações estão envolvidas, estamos operando nos níveis mais baixos de realização humana, porquanto um desempenho imperfeito pode ser reconhecido; se a devida atenção for dada, com certeza comparativa e padrões formais para julgamento, pode ser estabelecido. No nível em que as honras e prêmios se tornam apropriados, vemos que haveria pouco sentido e muita hipocrisia em cercar uma decisão que é essencialmente subjetiva e intuitiva com os procedimentos apropriados para o julgamento de uma ação judicial.

Muitas ilustrações, em muitos cantos da sociedade, podem ser dadas sobre essa diferença. Mencionarei apenas duas. Nas relações sindicato-gerência, as demissões são normalmente a primeira função gerencial sujeita a uma revisão arbitrária. As promoções podem, sob um contrato específico, nunca estar sujeitas a essa revisão; se forem, permanecem materiais muito menos satisfatórios para o processo arbitral do que as dispensas. No beisebol, os erros são julgados formalmente por especialistas e anunciados publicamente, enquanto jogadas brilhantes em campo – a captura de Willie Mays, por exemplo – dependem da opinião informal de fãs e repórteres de jornais especializados para o seu reconhecimento. Essa prática pode, é claro, distorcer a velocidade da corrida do arremessador, mas aceitamos essa distorção como um pequeno preço a pagar por escapar da obrigação de medir com precisão o que não pode ser medido.

Geralmente, nos contentamos com métodos informais de decisão – muitas vezes, selecionados por um certo público – quando as seleções são feitas para títulos honorários, condecorações militares, medalhas de heróis, prêmios literários e científicos, prêmios de fundação e jantares de testemunho. Uma exceção notável a esse relaxamento pode parecer apresentada pelo elaborado procedimento formal de beatificação na Igreja Católica Romana. Mas esse procedimento não constitui de fato uma exceção. Seu objetivo não é homenagear um santo, mas autorizar um culto. Na linguagem do Direito Administrativo, é um procedimento de certificação. O desempenho exigido – incluindo a operação de milagres – necessariamente foge ao topo da escala das realizações humanas. Presumivelmente, no entanto, ele se enquadra nos degraus inferiores do sobrenatural.

Nas práticas sociais que acabei de descrever, há uma refutação permanente para a noção, tão comum na argumentação moral, de que devemos conhecer o perfeitamente bom antes de podermos reconhecer o mau ou meramente razoável. Se isso fosse verdade, pareceria muito mais fácil avaliar um desvio de cinco por cento da perfeição do que julgar um desvio de noventa por cento. Mas quando se trata das causas, nosso bom senso nos diz que podemos aplicar padrões mais objetivos a desvios de desempenho satisfatório do que a desempenhos que alcançam a perfeição. E é nessa visão do senso comum que construímos nossas instituições e práticas.

CAPÍTULO II
A MORALIDADE QUE TORNA O DIREITO POSSÍVEL

> *[A] a lei que um homem não pode obedecer, nem agir de acordo com ela, é nula: e é impossível obedecer às contradições, ou agir de acordo com elas.*
>
> C. J. Vaughan, em *Thomas vs. Sorrell*, 1677

> *É desejável que nossos sábios advogados respondam a essas perguntas que seguem. E se alguma vez a Commonwealth, quando escolheu o Parlamento, lhes deu um poder ilimitado sem lei e livre arbítrio para andar contra suas próprias leis e ordenações antes que eles as revogassem?*
>
> Lilburne, *England's birth-right justified*, 1645

Este capítulo começa com uma analogia bastante longa. Diz respeito ao infeliz reinado de um monarca que levou consigo o conveniente, mas não imaginativo nem majestoso; nome: "Rex".

2.1 Oito maneiras inadequadas de elaborar a lei

Rex subiu ao trono com o entusiasmo de um reformista. Ele considerou que o maior insucesso de seus antecessores tinha sido no campo do Direito. Por gerações, o sistema jurídico não havia passado por uma reforma básica. Os procedimentos de julgamento eram complicados, as normas do Direito eram expressas em língua arcaica, ou seja, de outra época, a justiça era cara, os juízes eram desleixados e, às vezes, corruptos. Rex estava decidido a remediar tudo isso e fazer seu nome na história como um grande legislador. Infeliz foi o destino de Rex ao falhar quanto a essa ambição. Na verdade, ele falhou espetacularmente, uma vez que não apenas não conseguiu introduzir as reformas necessárias, mas nunca obteve sucesso em criar qualquer lei, seja boa ou ruim.

Seu primeiro ato oficial foi, entretanto, dramático e propício. Visto que precisava de algo como uma lousa em branco para escrever, ele anunciou a seus súditos a revogação imediata de todas as leis existentes, de todos os tipos. Então, começou a esboçar um novo código. Infelizmente, treinado como um príncipe solitário, sua educação foi muito deficiente. Em particular, ele se viu incapaz de fazer até mesmo as generalizações mais simples. Embora não lhe faltasse confiança quando se tratava de decidir controvérsias específicas, o esforço de dar razões articuladas para qualquer conclusão forçou suas capacidades ao ponto de ruptura.

Ciente de suas limitações, Rex desistiu do projeto de um código e anunciou aos súditos que, dali em diante, atuaria como juiz em quaisquer disputas que surgissem entre eles. Dessa forma, sob o estímulo de uma variedade de casos, esperava que seus poderes latentes de generalização pudessem se desenvolver e, procedendo caso a caso, ele elaboraria gradualmente um sistema de normas que

CAPÍTULO II – A MORALIDADE QUE TORNA O DIREITO POSSÍVEL

pudesse ser incorporado a um código. Infelizmente, os defeitos em sua educação eram mais arraigados do que imaginava. O empreendimento falhou completamente. Depois de ter proferido literalmente centenas de decisões, nem Rex nem seus súditos puderam detectar qualquer padrão nessas decisões. A tentativa de generalização encontrada em suas opiniões apenas agravou a confusão, pois dava pistas falsas a seus súditos e desequilibrava seus próprios parcos poderes de julgamento na decisão de casos posteriores.

Depois desse insucesso, Rex percebeu que era necessário começar do zero. Seu primeiro movimento foi inscrever-se em um curso de aulas de psicologia. Com suas faculdades intelectuais assim fortalecidas, retomou o projeto de um código e, após muitas horas de trabalho solitário, conseguiu preparar um documento bastante extenso. Ele ainda não estava confiante, entretanto, de que havia superado totalmente seus defeitos anteriores. Assim, anunciou aos seus súditos que havia escrito um código e doravante seria regido por ele na decisão de casos, mas que, por um futuro indefinido, o conteúdo do código permaneceria um segredo de Estado oficial, conhecido apenas por ele e seu escrivão. Para a surpresa de Rex, esse plano sensato foi profundamente ressentido por seus súditos. Eles declararam que era muito desagradável ter o caso de alguém decidido por normas quando não havia como saber quais eram essas normas.

Atordoado por essa rejeição, Rex fez uma lista de seus pontos fortes e fracos. Decidiu que a vida lhe ensinou uma lição clara, a saber: é mais fácil decidir as coisas olhando de forma distanciada do que tentar prever e controlar o futuro. Não só o retrospecto tornou mais fácil decidir os casos, mas – e isso foi de suprema importância para Rex – tornou mais fácil dar razões. Decido a tirar proveito dessa percepção, ele imaginou o seguinte plano. No início de cada ano civil, decidiria todas as controvérsias surgidas entre seus súditos durante o ano anterior. Ele acompanharia suas decisões com uma declaração completa dos motivos. Naturalmente, as razões assim apresentadas não seriam estendidas às decisões de anos futuros, pois isso seria anular todo o propósito do novo arranjo, que era obter as vantagens de uma análise a distância. Rex anunciou com segurança o novo plano aos seus súditos, observando que iria publicar o texto integral de seus acórdãos com as normas por ele aplicadas, de forma a atender à principal objeção ao antigo plano. Os súditos de Rex receberam esse anúncio em silêncio e, em seguida, explicaram calmamente, por meio de seus líderes, que, quando disseram que precisavam saber as normas, queriam dizer que necessitavam conhecê-las com antecedência para agir de acordo com elas. Rex murmurou algo no sentido de que eles poderiam ter deixado esse ponto um pouco mais claro, mas disse que veria o que poderia ser feito.

Rex percebeu, então, que não havia como escapar de um código publicado que declarasse as normas a serem aplicadas em disputas futuras. Continuando suas lições de psicologia, ele trabalhou diligentemente em um código revisado e finalmente anunciou que a publicação sairia em breve. Esse anúncio foi recebido com satisfação por todos. O desânimo dos súditos de Rex foi ainda maior, no entanto, quando seu código se tornou disponível e se descobriu ser realmente uma obra-prima da obscuridade. Os juristas que o estudaram declararam que não havia uma única frase que pudesse ser entendida por um cidadão comum ou por um advogado formado. A indignação se tornou geral, e logo um protesto veio à tona diante do palácio real, com uma placa que dizia: *como alguém pode seguir uma norma que ninguém consegue entender?*

A norma foi, então, retirada rapidamente. Reconhecendo pela primeira vez que precisava de ajuda, Rex colocou uma equipe de especialistas para trabalhar em uma revisão. Ele os instruiu a deixar a substância intacta, mas para esclarecer o texto por completo. O código resultante era um modelo de clareza, porém, à medida que foi estudado, tornou-se aparente que sua nova clareza apenas trouxera à luz que estava repleto de contradições. Relatou-se de forma confiável que não havia uma única disposição no código que não fosse anulada por outra disposição inconsistente com ele. Novamente, um

CAPÍTULO II – A MORALIDADE QUE TORNA O DIREITO POSSÍVEL

protesto veio à tona diante da residência real; na ocasião, uma placa dizia: *dessa vez, o rei foi claro – em ambas as direções.*

Mais uma vez, o código foi retirado para revisão. Agora, no entanto, Rex havia perdido a paciência com seus súditos e a atitude negativa que pareciam adotar em relação a tudo o que ele tentava fazer por eles. Decidiu dar-lhes uma lição e pôr fim às suas críticas. Ele instruiu seus especialistas a eliminar as contradições do código, mas, ao mesmo tempo, a endurecer drasticamente todos os requisitos contidos nele e a adicionar uma longa lista de novos crimes. Assim, no ponto em que antes o cidadão convocado ao trono tinha dez dias para relatar, na revisão, o tempo foi reduzido para dez segundos. Além disso, foram considerados crimes, puníveis com dez anos de prisão, os atos de tossir, espirrar, soluçar, desmaiar ou cair na presença do rei. Também foi considerado traição não entender, não acreditar e não professar corretamente a doutrina da redenção democrática e evolucionária.

Quando o novo código foi publicado, quase ocorreu uma revolução. Cidadãos importantes declararam sua intenção de desrespeitar suas disposições. A seguinte passagem de um autor antigo pareceu adequada: "mandar o que não se pode fazer não é fazer lei; é para desfazer a lei, pois uma ordem que não pode ser obedecida não serve para nenhum fim, a não ser confusão, medo e caos". Logo essa passagem estava sendo citada em cem petições ao rei.

O código foi novamente retirado, e uma equipe de especialistas ficou encarregada de fazer a revisão. Rex instruiu os especialistas: sempre que encontrassem uma norma exigindo uma impossibilidade, ela deveria ser revisada para tornar a conformidade possível. Descobriu-se que, para atingir esse resultado, todas as disposições do código teriam de ser substancialmente reescritas. O resultado foi, no entanto, um triunfo da maneira de pensar e do planejamento. Era claro, consistente consigo mesmo e não exigia nada do sujeito que não estivesse facilmente dentro de seus poderes. O decreto foi, então, impresso e distribuído gratuitamente em todas as esquinas.

Contudo, antes que a data efetiva para o novo código tivesse chegado, foi descoberto que tanto tempo havia sido gasto em revisões sucessivas do rascunho original de Rex, que a substância do código foi seriamente superada pelos eventos. Desde que Rex assumiu o trono, houve uma suspensão dos processos legais ordinários, e isso trouxe importantes mudanças econômicas e institucionais para o país. A acomodação a essas condições alteradas exigiu muitas mudanças de conteúdo na lei. Consequentemente, assim que o novo código entrou em vigor legalmente, foi submetido a um fluxo diário de emendas. Mais uma vez, o descontentamento popular aumentou; um panfleto anônimo apareceu nas ruas, com caricaturas obscenas do rei e um artigo principal cujo título era: *uma lei que muda a cada dia é pior do que não haver lei alguma.*

Em pouco tempo, essa fonte de descontentamento começou a se curar à medida que o ritmo das alterações diminuía gradualmente. Antes que isso ocorresse em qualquer grau perceptível, no entanto, Rex anunciou uma decisão importante. Refletindo sobre as desventuras de seu reinado, concluiu que muitos dos problemas residiam nos maus conselhos que recebera de especialistas. Assim, declarou que estava reassumindo o poder judicial em sua própria pessoa. Dessa forma, poderia controlar diretamente a aplicação do novo código e segurar seu país contra outra crise. Ele começou a gastar praticamente todo o seu tempo ouvindo e decidindo casos que surgiam sob o novo código.

À medida que o rei prosseguia com essa tarefa, parecia ocorrer um desabrochar tardio de seus princípios muito adormecidos. Suas opiniões começaram, de fato, a revelar um virtuosismo confiante e quase exuberante, enquanto ele habilmente distinguia suas próprias decisões anteriores, expunha os princípios sobre os quais agia e estabelecia diretrizes para a resolução de futuras controvérsias. Para os súditos de Rex, um novo dia parecia prestes a amanhecer, quando poderiam finalmente conformar sua conduta a um corpo coerente de normas.

CAPÍTULO II – A MORALIDADE QUE TORNA O DIREITO POSSÍVEL

Essa esperança, no entanto, logo foi destruída. À medida que os volumes encadernados dos julgamentos de Rex se tornavam disponíveis e eram submetidos a um estudo mais detalhado, seus sujeitos ficaram chocados ao descobrirem que não existia nenhuma relação discernível entre esses julgamentos e o código que eles pretendiam aplicar. Na medida em que encontrou expressão na própria disposição das controvérsias, o novo código poderia muito bem nem ter existido. Ainda assim, em praticamente todas as suas decisões, Rex declarou e redeclarou o código como a lei básica de seu reino.

Cidadãos importantes começaram a realizar reuniões privadas para discutir quais medidas, exceto uma revolta aberta, poderiam ser tomadas para tirar o rei da judicatura e trazê-lo de volta ao trono. Enquanto essas discussões continuavam, Rex morreu repentinamente, velho antes de seu tempo e profundamente desiludido com seus assuntos.

O primeiro ato de seu sucessor, Rex II, foi anunciar que tiraria os poderes do Estado dos advogados para colocá-los nas mãos de psiquiatras e especialistas em relações públicas. Assim, explicou ele, as pessoas poderiam ser felizes sem normas.

2.2 As consequências da insuficiência

A carreira difícil de Rex como legislador e juiz ilustra que a tentativa de criar e de manter um sistema de normas jurídicas pode fracassar de pelo menos oito maneiras; existem, nessa iniciativa, se você quiser, oito rotas distintas para o desastre. A primeira e mais óbvia reside no insucesso em se atingir as normas, de modo que cada questão deve ser decidida em uma base *ad hoc*. Os outros caminhos são: (2) uma falha em divulgar, ou pelo menos em disponibilizar para a parte afetada, as normas a serem observadas; (3) o abuso da legislação retroativa, que não só não pode por si mesma orientar a ação, mas prejudica a integridade das normas prospectivas em vigor, uma vez que as coloca sob a ameaça de alteração retroativa;

(4) falha em tornar as normas compreensíveis; (5) a promulgação de normas contraditórias (6) ou de normas que exigem conduta além dos poderes da parte afetada; (7) introduzir mudanças tão frequentes nas normas que o sujeito não pode orientar sua ação por elas; e, finalmente, (8) uma falha de congruência entre as normas conforme anunciadas e sua administração real.

Uma falha total em qualquer uma dessas oito direções não resulta simplesmente em um sistema jurídico ruim; resulta em algo que não é propriamente chamado de sistema jurídico, exceto talvez, no sentido pickwickiano, em que um contrato nulo ainda pode ser considerado um tipo de contrato. Sem sombra de dúvida, não pode haver base racional para se afirmar que um homem pode ter uma obrigação moral de obedecer a uma norma jurídica que não existe, ou é mantida em segredo dele, ou que passou a existir somente depois da ação dele, ou era ininteligível, ou foi desmentida por outra norma do mesmo sistema, ou ordenou o impossível, ou mudou a cada minuto. Pode não ser impossível obedecer a uma norma desconsiderada por aqueles encarregados de sua administração, mas, em algum ponto, a obediência se torna fútil – tão fútil, na verdade, quanto lançar um voto que nunca será contado. Como observou o sociólogo Simmel, existe uma espécie de reciprocidade entre o Estado e o cidadão no que diz respeito à observância das normas.[28] O Estado diz ao cidadão: "estas são as normas que esperamos que siga. Se você as seguir, terá nossa garantia de que são as normas que serão aplicadas à sua conduta". Quando esse vínculo de reciprocidade é finalmente e completamente rompido pelo Estado, nada resta para fundamentar o dever do cidadão de observar as normas.

---

[28] Ver "Interaction in the idea of Law" (pp. 186-89) e "Subordinação sob um princípio" (pp. 250-267) em SIMMEL, Georg. *The Sociology of Georg Simmel*. Ed. Kurt H. Wolff. Glencoe: Free Press, 1950. A discussão de Simmel é digna de estudo por aqueles preocupados em definir as condições sob as quais o ideal do "Estado de Direito" pode ser realizado.

CAPÍTULO II – A MORALIDADE QUE TORNA O DIREITO POSSÍVEL

A situação do cidadão se torna mais difícil quando, embora não haja falha total em qualquer direção, há uma deterioração geral e drástica da legalidade, como ocorreu na Alemanha sob o regime de Hitler.[29] A seguinte situação começa a tomar espaço, qual seja, publicam-se algumas leis e, outras, inclusive as mais importantes, não. Embora a maioria das leis tenha efeito para o futuro, a legislação retroativa é utilizada livremente de maneira que nenhuma lei está imune a mudanças *ex post facto* se for conveniente para os detentores do poder. Para o julgamento de processos penais que visem à lealdade ao regime, são criados tribunais militares especiais que desconsideram, sempre que lhes convém, as normas que supostamente deveriam controlar suas decisões. Cada vez mais, o objetivo principal do Estado parece ser, não o de dar ao cidadão normas pelas quais ele deve moldar sua conduta, mas de amedrontá-lo e levá-lo à impotência.

À medida que tal situação se desenvolve, o problema enfrentado pelo cidadão não é tão simples como o de um eleitor que sabe com certeza que seu voto não será apurado. É mais parecido

---

[29] Discuti algumas das características dessa deterioração em meu artigo "Positivism and fidelity to Law: a reply to Professor Hart". *Harvard Law Review*, vol. 71, nº 4, fev. 1958, pp. 630-672. Este artigo não faz nenhuma tentativa de fazer um levantamento abrangente de todas as decisões judiciais do pós-guerra na Alemanha relacionadas com eventos ocorridos durante o regime de Hitler. Algumas das decisões posteriores basearam-se na nulidade dos julgamentos proferidos pelos tribunais de Hitler não com o fundamento de que as normas aplicadas eram nulas, mas com o fundamento de que os juízes nazistas interpretaram erroneamente as normas de seu próprio governo. Ver PAPPE, H. O. "On the validity of judicial decisions in the Nazi Era". *The Modern Law Review*, vol. 23 nº 3, maio 1960, pp. 260-274. Pappe faz mais dessa distinção do que me parece apropriado. Afinal, o significado de uma lei depende em parte dos modos de interpretação aceitos. Pode-se dizer que os tribunais alemães do pós-guerra deram pleno efeito às leis nazistas quando as interpretaram por seus próprios padrões, em vez dos padrões bastante diferentes vigentes durante o regime nazista? Além disso, com normas desse tipo envolvidas, cheias como eram de frases vagas e delegações irrestritas de poder, parece um pouco fora do lugar se esforçar sobre questões de sua interpretação adequada.

com o do eleitor ciente de que as chances são de que seu voto seja contado, e, se assim o for, há uma boa chance de que seja contado para o lado contra o qual ele realmente votou. Um cidadão, nessa situação, precisa decidir por si mesmo se permanecerá com o sistema e votará como uma espécie de ato simbólico que expressa a esperança de um dia melhor. Assim, cabia ao cidadão alemão sob o comando de Hitler decidir se tinha a obrigação de obedecer a partes das leis que o terror nazista deixara intactas.

Em situações como essas, não pode haver um princípio simples pelo qual testar a obrigação do cidadão de fidelidade à lei, da mesma forma que não pode haver tal princípio para testar seu direito de se envolver em uma revolução geral. Uma coisa, entretanto, é clara. O mero respeito pela autoridade constituída não deve ser confundido com a fidelidade à lei. Os súditos de Rex, por exemplo, permaneceram fiéis a ele como rei durante seu longo e inepto reinado. Não foram fiéis à sua lei, pois ele nunca fez nenhuma.

2.3 Aspirações para a perfeição da legalidade

Até agora, estivemos preocupados em traçar oito caminhos para o insucesso na tarefa de criar leis. Correspondendo a eles, estão oito tipos jurídicos perfeitos a serem atingidos pelos sistemas de normas. O que aparece na base como condição indispensável para a própria existência do Direito, torna-se, à medida que subimos na escala de realizações, exigência cada vez mais desafiadora à capacidade humana. No auge da ascensão, somos tentados a imaginar uma utopia da legalidade em que todas as normas sejam perfeitamente claras, consistentes umas com as outras, conhecidas de todos os cidadãos e nunca retroativas. Nessa utopia, as normas permanecem constantes ao longo do tempo, exigem apenas o que é possível e são escrupulosamente observadas pelos tribunais, pela polícia e por todos os encarregados de sua administração. Por razões que apresentarei abaixo, essa utopia, na qual todos os oito princípios da legalidade são realizados com perfeição, não é, na verdade, um

CAPÍTULO II – A MORALIDADE QUE TORNA O DIREITO POSSÍVEL

alvo útil para guiar o impulso em direção à legalidade; a busca pela perfeição é muito mais complexa. No entanto, sugere oito padrões distintos pelos quais a excelência em legalidade pode ser testada.

Ao expor, em meu primeiro capítulo, a distinção entre a moralidade do dever e a da aspiração, falei de uma escala imaginária que começa com os deveres morais mais óbvios e essenciais e caminha para as mais altas realizações abertas ao homem. Também falei de um ponteiro invisível, como a marca da linha divisória onde a pressão do dever termina e o desafio da perfeição começa. A moralidade interna do Direito, deve ficar claro agora, apresenta todos esses aspectos. Também abrange uma moralidade do dever e uma moralidade da aspiração. Também nos confronta com o problema de saber onde traçar a fronteira abaixo da qual os homens serão condenados ao insucesso, mas não podem esperar elogios pelo sucesso, e acima da qual serão admirados pelo sucesso e, na pior das hipóteses, lamentados pela falta dele.

Ao aplicar a análise do primeiro capítulo ao nosso assunto atual, torna-se essencial considerar certas qualidades distintivas da moralidade interna do Direito. No que pode ser chamado de moralidade básica da vida social, os deveres que se dirigem a outras pessoas em geral (em contraste com aqueles dirigidos a indivíduos específicos) normalmente requerem apenas tolerância, ou como dizemos, são de natureza negativa: não mate, não prejudique, não engane, não difame e assim por diante. Tais deveres se prestam com um mínimo de dificuldade para definição formal. Ou seja, quer estejamos preocupados com deveres legais ou morais, somos capazes de desenvolver padrões que designam com alguma precisão – embora nunca seja completa – o tipo de conduta que deve ser evitada.

As exigências da moralidade interna do Direito, entretanto, embora digam respeito a um relacionamento com as pessoas em geral, exigem mais do que condescendências; elas são, como dizemos vagamente, de natureza afirmativa: tornar a lei conhecida, torná-la coerente e clara, cuidar para que suas decisões como funcionário sejam guiadas por ela etc. Para atender a essas demandas, as energias do ser humano devem ser direcionadas para tipos específicos de realização e não apenas para a advertência de atos prejudiciais.

Por causa da qualidade afirmativa e criativa de suas demandas, a moralidade interna do Direito não é adequada à realização por meio de deveres, sejam eles morais ou legais. Não importa quão desejável possa parecer uma direção do esforço humano, se afirmarmos que existe um dever de persegui-lo, enfrentaremos a responsabilidade de definir em que ponto esse dever foi violado. É fácil afirmar que o legislador tem o dever moral de tornar suas leis claras e compreensíveis. Mas isso continua a ser, na melhor das hipóteses, um estímulo, a menos que estejamos preparados para definir o grau de clareza que ele deve atingir para cumprir seu dever. A noção de submeter a clareza à medida quantitativa, apresenta dificuldades óbvias. Podemos nos contentar, é claro, em dizer que o legislador tem pelo menos o dever moral de tentar ser claro. Mas isso apenas adia a dificuldade, pois, em algumas situações, nada pode ser mais desconcertante do que tentar medir com que vigor um homem pretendeu fazer o que não conseguiu. Na moralidade do Direito, em qualquer caso, boas intenções são de pouco valor, como o Rei Rex amplamente demonstrou. Tudo isso leva à conclusão de que a moralidade interna do Direito está condenada a permanecer em grande parte uma moralidade da aspiração e não do dever. Seu apelo principal deve ser o senso de tutela e o orgulho daquele que foi seu idealizador.

Para essas observações, há uma exceção importante. Isso se relaciona com o requisito de tornar as leis conhecidas, ou pelo menos torná-las disponíveis para aqueles que são afetados por elas. Aqui temos uma demanda incomum para a formalização. Uma Constituição escrita pode prescrever que nenhuma norma se tornará lei até que tenha sido dada uma forma específica de publicação. Se os tribunais têm poderes para efetuar essa disposição, podemos falar de uma exigência legal para a elaboração de leis. Mas um dever moral com respeito à publicação também

CAPÍTULO II – A MORALIDADE QUE TORNA O DIREITO POSSÍVEL

é facilmente imaginável. Um costume, por exemplo, pode definir que tipo de promulgação de leis é esperado, ao mesmo tempo que não deixa claro quais são as consequências de um desvio do modo de publicação aceito. A formalização do requisito da publicidade tem vantagens óbvias sobre os esforços não canalizados, mesmo quando eles são, inteligente e conscienciosamente, perseguidos. Um padrão formalizado de promulgação não apenas diz ao legislador onde publicar suas leis; também permite que o sujeito – ou um advogado que representa seus interesses – saiba aonde ir para aprender o que é a lei.

Pode-se supor que o princípio que condena as leis retroativas também poderia ser prontamente formalizado em uma norma simples de que nenhuma lei desse tipo deveria ser aprovada ou considerada válida se promulgada. Essa norma, no entanto, prejudicaria a causa da legalidade. Curiosamente, uma das demandas mais óbvias de legalidade – que uma norma aprovada hoje deve governar o que acontece amanhã, não o que aconteceu ontem – acaba apresentando alguns dos problemas mais difíceis de toda a moralidade interna do Direito.

Com respeito às exigências de legalidade além da promulgação, então, o máximo que podemos esperar das Constituições e dos tribunais é que eles nos salvem do abismo; não se pode esperar que exponham muitos passos obrigatórios em direção a uma realização verdadeiramente significativa.

2.4 Legalidade e cálculo econômico

Em meu primeiro capítulo, tentei demonstrar como, à medida que abandonamos a moralidade do dever e ascendemos aos níveis mais elevados de uma moralidade da aspiração, o princípio da utilidade marginal desempenha um papel cada vez maior em nossas decisões. Em se tratando de dever, qualquer coisa como cálculo econômico está fora de lugar. Em uma moralidade da aspiração, ela não apenas existe, mas se torna parte integrante da própria decisão moral – cada vez mais à medida que alcançamos os níveis mais elevados de realização.

Não é difícil mostrar que algo como um cálculo econômico pode se tornar necessário quando surge um conflito entre as moralidades internas e externas do Direito. Do ponto de vista da moralidade interna do Direito, por exemplo, é desejável que as leis permaneçam estáveis ao longo do tempo. Mas é óbvio que as mudanças em certas circunstâncias, ou mudanças nas consciências dos homens, podem exigir mudanças nos objetivos substantivos do Direito e, às vezes, mudanças perturbadoramente frequentes. Aqui, somos frequentemente condenados a seguir um meio-termo oscilante entre a mudança muito frequente e nenhuma mudança, sustentados pela convicção de que o curso escolhido não é o único correto, mas que devemos em todos os casos nos manter longe dos muitos desastres de ambos os lados.

É menos óbvio, eu suspeito, que as antinomias possam surgir dentro da moralidade interna do próprio Direito. No entanto, é fácil demonstrar que os vários requisitos constituintes dessa moralidade podem, às vezes, entrar em oposição uns com os outros. Assim, é simultaneamente desejável que as leis permaneçam estáveis ao longo do tempo e que não imponham barreiras intransponíveis à obediência. No entanto, mudanças rápidas nas circunstâncias, como aquelas que acompanham uma inflação, podem tornar a obediência a uma lei específica, antes muito fácil, cada vez mais difícil, a ponto de se aproximar da impossibilidade. Aqui, novamente, pode ser necessário seguir um meio-termo que envolve algum comprometimento de ambos os requisitos.

Durante uma visita à Polônia em maio de 1961, tive uma conversa com uma ex-ministra da Justiça. Ela contou como, nos primeiros dias do regime comunista, um esforço sério e contínuo foi feito para redigir as leis com tanta clareza que fossem inteligíveis para o trabalhador e o camponês. Logo se descobriu, entretanto, que esse tipo de clareza só poderia ser alcançado à custa dos elementos

CAPÍTULO II – A MORALIDADE QUE TORNA O DIREITO POSSÍVEL

sistemáticos de um sistema jurídico que moldam suas normas em um todo coerente e as tornam passíveis de aplicação consistente pelos tribunais. Dito de outra maneira, descobriu-se que tornar as leis facilmente compreensíveis para o cidadão acarretava um custo oculto, na medida em que tornava sua aplicação pelos tribunais mais caprichosa e menos previsível. O recuo a uma visão mais equilibrada se tornou inevitável.

Esses exemplos e ilustrações podem ser multiplicados. Já foi dito o suficiente, acredito, para mostrar que a utopia da legalidade não pode ser vista como uma situação em que cada requisito da moralidade especial do Direito é realizado com perfeição. Essa não é uma qualidade especial – e com certeza nenhum defeito peculiar – da moralidade interna do Direito. Em todas as atividades humanas, sempre encontraremos o problema de equilíbrio em algum ponto à medida que atravessamos a longa estrada que leva do abismo, do insucesso total às alturas da excelência humana.

Agora é hora de revisarmos extensamente cada um dos oito requisitos da moralidade interna do Direito. Essa revisão tratará de certas dificuldades até então deixadas de lado, principalmente as que dizem respeito à relação entre as moralidades interna e externa do Direito. Também incluirá algumas observações sobre as maneiras pelas quais problemas de moralidade interna do Direito realmente surgiram na história.

2.5 A generalidade do Direito

O primeiro requisito de um sistema para submeter a conduta humana à governança de normas é óbvio: deve haver normas. Isso pode ser declarado como um requisito de generalidade.

Na história recente, talvez o insucesso mais notável em alcançar normas gerais tenha sido o de algumas de nossas agências reguladoras, particularmente aquelas encarregadas de funções de alocação. Como o Rei Rex, embarcaram em suas carreiras na crença de que, procedendo inicialmente caso a caso, iriam obter gradualmente um *insight* que as capacitaria a desenvolver padrões gerais de decisão. Em algumas ocasiões, essa esperança foi quase completamente frustrada; isso é notável no caso do *Civil Aeronautics Board* e da *Federal Communications Commission*. A razão para esse insucesso reside, creio eu, na natureza das tarefas atribuídas a essas agências; elas têm tentado fazer, por meio de formas judiciais, algo que não se presta à realização através delas.[30] Mas seja qual for a razão, essas agências, consideradas como tentativas de criar sistemas jurídicos coerentes, têm sido notavelmente malsucedidas.

A reclamação registrada contra essas agências não é tanto que suas normas sejam injustas, mas que elas não conseguiram desenvolver quaisquer normas significativas. Essa distinção é importante porque o requisito de generalidade às vezes é interpretado no sentido de que a lei deve agir impessoalmente, que suas normas devem se aplicar a classes gerais e não devem conter nomes próprios. Disposições constitucionais que invalidam "direito privado" e "legislação especial" expressam esse princípio.[31] Mas o princípio

---

[30] Tentei analisar as limitações do processo decisório em dois artigos: FULLER, Lon L. "Adjudication and the Rule of Law". *Proceedings of the American Society of International Law*, 1960, pp. 1-8; FULLER, Lon L. "Collective bargaining and the arbitrator". *Wisconsin Law Review*, 1963, pp. 3-46. Eu pretendo posteriormente publicar uma análise mais geral a ser chamada de "The forms and limits of adjudications".

[31] Ver o verbete *special, local or private laws* em LEGISLATIVE DRAFTING RESEARCH FUND. *Digest of State Constitutions*. 2ª ed. Nova York: Columbia University, 1959. Provisões desse tipo têm gerado muitas dificuldades para tribunais e legislativos. Às vezes, seus requisitos são atendidos por dispositivos aparentemente hipócritas, como uma disposição de que uma lei específica se aplica "a todas as cidades do estado que, de acordo com o último censo, tinham uma população de mais de 165.000 e menos de 166.000". Antes de condenar essa aparente evasão, devemos lembrar que a classe ou conjunto de um membro é um conceito familiar e essencial de lógica e teoria dos conjuntos. Às vezes, a proibição de leis especiais é dirigida contra abusos bastante óbvios do Poder Legislativo. A Constituição da Califórnia, por exemplo, proíbe leis especiais "para a punição de crimes (...) regulando a prática dos tribunais de justiça (...) concessão de divórcios (...) declarando

CAPÍTULO II – A MORALIDADE QUE TORNA O DIREITO POSSÍVEL

protegido por essas disposições é um princípio de equidade que, nos termos da análise aqui apresentada, pertence à moralidade externa do Direito.

Esse princípio é diferente da exigência da moralidade interna do Direito de que, no mínimo, deve haver normas de algum tipo, por mais justas ou injustas que sejam. Pode-se imaginar um sistema de leis dirigido a um único indivíduo nomeado, regulando sua conduta com outros indivíduos nomeados. Algo assim pode existir entre empregador e empregado. Se o empregador quiser evitar a necessidade de ficar acima do funcionário e dirigir todas as suas ações, ele pode achar essencial articular e transmitir ao segundo certos princípios gerais de conduta. Nesse empreendimento, estão abertos ao empregador todos os percursos ao insucesso percorrido pelo Rei Rex. Ele pode não ter sucesso em articular normas gerais; se o fizer, pode não conseguir transmiti-los ao funcionário etc.

Se o empregador conseguir trazer à existência um sistema funcional de normas, descobrirá que esse sucesso foi trazido com um certo custo para si mesmo. Ele não deve apenas investir algum esforço e inteligência na empresa, mas seu próprio sucesso limita sua própria liberdade de ação. Se, ao distribuir elogios e censuras, o empregador habitualmente desrespeita suas próprias normas, pode descobrir que seu sistema de leis se desintegra e, sem qualquer revolta aberta, pode deixar de produzir para ele o que buscava obter por meio dele.

Em sistemas reais para controlar e dirigir a conduta humana, é raro o insucesso total em alcançar algo como uma norma geral. Alguma generalização está implícita no ato de comunicar até mesmo um único desejo. A ordem para um cachorro, "apertar as

---

qualquer pessoa maior de idade". (Artigo VI § 25, conforme alterado em 4 de novembro de 1952). O mesmo artigo, entretanto, contém uma proibição geral de leis especiais ou locais "em todos os casos em que uma lei geral possa ser tornada aplicável". Isso produziu uma verdadeira montanha de litígios.

mãos", exige algum poder de generalização tanto no dono quanto no cachorro. Antes de poder executar o comando, o cachorro precisa entender que uma série de atos ligeiramente diferentes serão aceitos como aperto de mão. Além disso, um cachorro bem treinado chegará a perceber em que tipo de situações é provável que ele seja solicitado a apertar a mão e, frequentemente, estenderá a pata em antecipação a um comando ainda não dado. Obviamente, algo assim pode acontecer e realmente acontece nos assuntos humanos, mesmo quando aqueles que possuem o poder de comandar não desejam estabelecer normas gerais. Mas se uma falha total de generalização requer o talento especial para a inépcia de um Rei Rex, o fato é que muitos sistemas jurídicos, grandes e pequenos, sofrem gravemente com a falta de princípios gerais.[32]

O problema da generalidade recebe um tratamento muito inadequado na literatura da filosofia do Direito. Austin percebeu corretamente que um sistema jurídico é algo mais do que uma série de padrões sem exercício de poder político. No entanto, sua tentativa de distinguir entre comandos gerais e particulares era tão arbitrária e tão sem relação com seu sistema como um todo que a literatura anglo-americana, desde sua época, mal se recuperou desse desvio original.[33]

---

[32] A queixa de Herbert Wechsler de que algumas decisões recentes da Suprema Corte em matérias constitucionais carecem do grau de arrazoada generalidade que assegurará a "neutralidade" da Corte é a expressão mais recente de uma reclamação que remonta aos primórdios do próprio Direito. Ver WECHSLER, Herbert. *Principles, Politics, and Fundamental Law*. Cambridge: Harvard University Press, 1961.

[33] Ver AUSTIN, John. *Lectures on Jurisprudence*: or the Philosophy of Positive Law. Londres: J. Murray, 1879, pp. 94-98; GRAY, John C. *The Nature and sources of the Law*. 2ª ed. Nova York: Macmillan, 1921, pp. 161/162; BROWN, Jethro. *The Austinian Theory of Law*. Londres: J. Murray, 1906, pp. 17-20; KELSEN, Hans. *General Theory of Law and State*. Cambridge: Harvard University Press, 1945, pp. 37-39; SOMLÓ, Felix. *Juristische Grundlehre*. 2ª ed. Leipzig: Meiner, 1927, pp. 64/65. O melhor tratamento em inglês que eu encontrei foi em PATTERSON, Edwin W. *Jurisprudence*: men and ideas of the Law. Brooklyn: Foundation Press, 1953, capítulo V.

CAPÍTULO II – A MORALIDADE QUE TORNA O DIREITO POSSÍVEL

Talvez o defeito básico da análise de Austin esteja em sua falha em distinguir duas questões: (1) o que é essencial para a eficácia de um sistema de normas jurídicas e (2) o que devemos chamar de "uma lei"? Na análise apresentada nessas palestras, a exigência de generalidade repousa no truísmo de que, para submeter a conduta humana ao controle de normas, deve haver normas. Isso de forma alguma afirma que todo ato governamental com "força de lei" – tal como um decreto judicial dirigido contra um réu em particular – deve, ele mesmo, tomar a forma de estabelecer uma norma geral. Nem há qualquer tentativa aqui de se pronunciar sobre questões de conveniência linguística, como decidir se devemos chamar de lei uma norma que cria um escritório de cobrança de impostos em Centerville.

2.6 Promulgação

Voltando-nos agora para a promulgação de leis, esse é um problema antigo e recorrente, remontando pelo menos até a Secessão da plebe em Roma.[34] Por mais óbvia e urgente que essa demanda pareça, deve-se reconhecer que está sujeita ao princípio da utilidade marginal. Na verdade, seria tolice tentar educar cada cidadão sobre o significado completo de todas as leis que poderiam ser aplicadas a ele, embora Bentham estivesse disposto a percorrer um longo caminho nessa direção.[35]

---

[34] Discussões relevantes serão encontradas em AUSTIN, John. *Lectures on Jurisprudence*: or the Philosophy of Positive Law. Londres: J. Murray, 1879, pp. 542-544; GRAY, John C. *The Nature and sources of the Law*. 2ª ed. Nova York: Macmillan, 1921, pp. 162-170. Austin aceita sem objeções uma visão tradicional na Inglaterra, segundo a qual um ato do Parlamento é considerado eficaz sem publicação.

[35] Ver, por exemplo, os esforços educativos recomendados em BENTHAM, Jeremy. *Rationale of judicial evidence*. [S.l.]: Hunt and Clarke, 1827, capítulo "Of preappointed evidence", pp. 508-585.

A necessidade dessa educação dependerá, naturalmente, de até que ponto as exigências do Direito se afastam dos pontos de vista geralmente compartilhados sobre o certo e o errado. Ao longo de grande parte de sua história, o *common law* esteve amplamente empenhado em elaborar as implicações das concepções geralmente mantidas na sociedade da época. Essa grande coincidência entre as demandas morais e jurídicas reduziu enormemente a força da objeção de que as normas do *common law* eram, em contraste com as de um código, de difícil acesso.

O problema da promulgação é complicado pela pergunta: "o que conta exatamente como lei para os fins desse requisito?" Os órgãos de decisão, especialmente os tribunais administrativos, frequentemente consideram que, embora as normas que aplicam às controvérsias devam ser publicadas, uma exigência semelhante não se atribui às normas e práticas que regem seus procedimentos internos. No entanto, todo advogado experiente sabe que, para prever o resultado de casos, muitas vezes, é essencial saber não apenas as normas formais regentes, mas os procedimentos internos de deliberação e de consulta pelos quais essas normas são de fato aplicadas. Talvez seja em reconhecimento a isso que a exigência aparentemente bizarra se desenvolveu na Suíça e no México de que certos tribunais devem realizar suas deliberações em público.

O homem a quem Thurman Arnold às vezes chama de "meramente realista" (quando ele não está reservando esse papel para si)[36] pode ser tentado a dizer algo assim sobre a exigência da

---

[36] Às vezes, o juiz Arnold parece ser capaz de combinar os papéis. Em ARNOLD, Thurman. "Theology". *Harvard Law Review*, vol. 73, nº 7, 1960, pp. 1311/1312, ele se eleva eloquentemente acima do "mero realista" ao declarar: "sem uma busca constante e sincera do ideal brilhante, mas nunca completamente atingível, do império do Direito acima dos homens, da 'razão' acima da 'preferência pessoal' não teríamos um governo civilizado". Mas, no mesmo artigo, ele castiga o professor Henry M. Hart por sugerir que a Suprema Corte deveria dedicar mais tempo ao "amadurecimento do pensamento coletivo". Arnold declara: "não existe tal processo,

CAPÍTULO II – A MORALIDADE QUE TORNA O DIREITO POSSÍVEL

promulgação: "afinal, temos milhares de leis, das quais, a menor fração é conhecida, direta ou indiretamente, pelo cidadão comum. Por que tanto alarde para que sejam publicadas? Sem ler o Código Penal, o cidadão sabe que não deve matar e roubar. Quanto às leis mais esotéricas, o texto completo delas pode ser distribuído em todas as esquinas, e nem um homem em cem o lê". Para isso, uma série de respostas poderiam ser dadas. Mesmo que apenas um homem em cem se dê ao trabalho de informar-se sobre as leis aplicáveis à prática de sua vocação, tal circunstância é suficiente para justificar o trabalho de tornar as leis geralmente acessíveis. Esse cidadão pelo menos tem o direito de saber e não pode ser identificado com antecedência. Além disso, em muitas atividades, os homens observam a lei não porque a conhecem diretamente, mas porque seguem o padrão estabelecido por outros que a reconhecem, por indivíduos que estão mais bem informados do que eles. Dessa forma, o conhecimento do Direito por alguns, muitas vezes, influencia indiretamente as ações de muitos. As leis também devem ser publicadas de forma adequada para que possam estar sujeitas à crítica pública, incluindo a crítica de que não são o tipo de lei que deve ser promulgada, a menos que seu conteúdo possa ser transmitido de forma eficaz àqueles que se sujeitam a elas. Também é claro que, se as leis não estiverem prontamente disponíveis, não há como impedir o desrespeito por parte dos encarregados de sua aplicação, bem como seu cumprimento. Finalmente, a maior parte das leis modernas relaciona-se a formas específicas de atividade, como exercer profissões ou negócios; é, portanto, totalmente irrelevante que não sejam conhecidas do cidadão médio. A exigência de que as leis sejam publicadas não se baseia em nenhum absurdo como a expectativa de que o cidadão zeloso se sente e as leia todas.

---

e nunca existiu; homens de pontos de vista positivos só são endurecidos nesses pontos de vista por (...) conferência".

2.7 Leis retroativas

O problema das leis retroativas, nesse país, é explicitamente tratado em certas disposições da Constituição Federal dos Estados Unidos[37] e, em medidas dispersas, em certas Constituições estaduais.[38] Fora das áreas abrangidas por essas disposições, a validade da legislação retroativa é amplamente considerada como um problema de devido processo. Não me preocuparei com os meandros e incertezas desse corpo de Direito Constitucional.[39] Em

---

[37] O terceiro parágrafo do Art. I, Seção IX, dispõe: "nenhum projeto de lei ou lei *ex post facto* será aprovado" pelo Congresso. Apesar da amplitude de sua linguagem, a disposição relativa às leis *ex post facto* foi interpretada para se aplicar apenas a normas criminais. (Ver os artigos citados em nota 39, abaixo). Por projeto de lei, a Constituição significava principalmente atos legislativos punitivos dirigidos contra as pessoas físicas. A proibição de tais projetos foi apoiada não apenas pela crença de que as leis deveriam ter efeito para o futuro, mas, também e talvez principalmente, pela convicção de que medidas punitivas deveriam ser impostas por normas de aplicação geral. A proibição de projetos de lei e leis *ex post facto* é estendida aos estados pelo Art. 1, Seção X. Essa seção adiciona uma disposição de que nenhum "Estado deve aprovar qualquer lei que impeça a obrigação do contrato". Essa última disposição é geralmente considerada como invalidando um tipo particular de lei "retroativa". No entanto, como indicarei mais adiante no texto, existem dificuldades reais em desenvolver uma definição precisa de uma "lei retroativa". Estas tornam-se particularmente agudas em conexão com a "cláusula de comprometimento".

[38] Ver o verbete *ex post facto laws and retrospective laws* em LEGISLATIVE DRAFTING RESEARCH FUND. *Digest of State Constitutions*. 2ª ed. Nova York: Columbia University, 1959. O espírito desses normas encontra expressão vigorosa na Parte I, Seção 23, da Constituição de New Hampshire de 1784: "As leis retrospectivas são altamente prejudiciais, opressivas e injustas. Nenhuma lei, portanto, deve ser feita, seja para a decisão de causas civis, ou para a punição de crimes".

[39] Ver HALE, Robert L. "The Supreme Court and the contract clause". *Harvard Law Review*, vol. 57, nº 4, 1944, pp. 512-557; HOCHMAN, Charles B. "The Supreme Court and the constitutionality of retroactive legislation". *Harvard Law Review*, vol. 73, 1960, pp. 692-727; "Prospective overruling and retroactive application in the Federal Courts". *Yale Law Journal*, vol. 71, 1962, pp. 907-951 (pequeno artigo não assinado).

CAPÍTULO II – A MORALIDADE QUE TORNA O DIREITO POSSÍVEL

vez disso, tratarei de certos problemas básicos relativos à relação entre a retroatividade e os outros elementos da legalidade.[40]

Tomada por si mesma, e em abstração de sua função possível em um sistema de leis que são amplamente prospectivas, uma lei retroativa é verdadeiramente uma monstruosidade. A lei tem a ver com a governança da conduta humana por meio de normas. Falar de governar ou dirigir a conduta hoje por meio de normas que serão promulgadas amanhã é falar em prosa vazia. Perguntar como devemos avaliar um sistema jurídico imaginário constituído exclusivamente por leis retroativas é como perguntar quanta pressão de ar existe em um vácuo perfeito.

Se, portanto, devemos avaliar leis retroativas de forma inteligente, devemos colocá-las no contexto de um sistema de normas que são geralmente prospectivas. Curiosamente, podem surgir, nesse

---

[40] A literatura de filosofia do Direito dá pouca atenção às leis retroativas. Gray discute longamente o efeito *ex post facto* das decisões judiciais (GRAY, John C. *The Nature and sources of the Law*. 2ª ed. Nova York: Macmillan, 1921, pp. 89-101 e 218-233), mas tem apenas isto a dizer: "O Legislativo (...) pode, na ausência de qualquer proibição constitucional, até tornar retroativa a nova norma". Kelsen parece um pouco incomodado com as leis retroativas, mas observa que, em virtude do reconhecimento de que a ignorância da lei não é desculpa e, portanto, uma lei pode ser devidamente aplicada a quem não a conhece, a norma retroativa apenas leva isso um pouco mais longe, ao aplicá-la a alguém que não poderia ter sabido dela (KELSEN, Hans. *General Theory of Law and State*. Cambridge: Harvard University Press, 1945, pp. 43/44, 73, 146 e 149). Para Somló, a questão é de justiça; não há razão intrínseca na própria natureza das leis pela qual elas não podem ser retrospectivas (SOMLÓ, Felix. *Juristische Grundlehre*. 2ª ed. Leipzig: Meiner, 1927, pp. 302/303). Apenas Austin parece considerar as leis retroativas como um problema sério para a análise jurídica. Em relação à lei como uma exigência à qual uma sanção é anexada, ele observa que "injúria ou dano supõe infração ilegal, ou um daqueles modos de descuido ilegal que são denominadas negligência, imprudência e imprudência. Pois, a menos que a parte soubesse que estava violando seu dever, ou a menos que pudesse saber que estava violando seu dever, a sanção não poderia operar, no momento do erro, a fim de impeli-la a obedecer à ordem (AUSTIN, John. *Lectures on Jurisprudence*: or the Philosophy of Positive Law. Londres: J. Murray, 1879, p. 485).

contexto, situações em que a concessão de efeitos retroativos às normas jurídicas não só se torna tolerável, mas pode, na verdade, ser imprescindível para o avanço da causa da legalidade.

Como qualquer outro empreendimento humano, o esforço para atender às demandas frequentemente complexas da moralidade interna do Direito pode sofrer vários tipos de contratempos. É quando as coisas dão errado que a norma retroativa se torna muitas vezes indispensável como medida curativa; embora o movimento adequado da lei seja para frente no tempo, às vezes temos que parar e nos virar para juntar os cacos. Suponha que uma lei declare que, após sua data efetiva, nenhum casamento será válido a menos que um selo especial, fornecido pelo Estado, seja afixado na certidão de casamento pela pessoa que realiza a cerimônia. O colapso da gráfica estadual resulta na indisponibilidade dos selos quando a norma entra em vigor. Embora seja devidamente promulgada, é pouco divulgada, e o método pelo qual normalmente se tornaria conhecida, de boca em boca entre aqueles que realizam casamentos, falha porque os selos não são distribuídos. Muitos casamentos acontecem entre pessoas que nada sabem da lei e frequentemente diante de um ministro que também nada sabe sobre ela. Isso ocorre após o encerramento do Legislativo. Quando é chamado de volta à sessão, o legislador promulga uma norma conferindo validade aos casamentos que, pelos termos da norma anterior, foram declarados nulos. Embora o efeito retrospectivo da segunda lei, tomado por si só, atenta contra o princípio da legalidade, alivia o efeito de uma falha anterior em realizar dois outros requisitos de legalidade: que as leis devem ser dadas a conhecer aos afetados por elas e que devem ser obedecidas.[41]

---

[41] Como seus redatores geralmente negligenciam a necessidade ocasional de leis "curativas", as proibições constitucionais fixas de leis retroativas às vezes tiveram que ser substancialmente reescritas pelos tribunais. Assim, o artigo I, § 20, da Constituição do Tennessee de 1870 prevê que "nenhuma lei retroativa, ou lei que impeça a obrigação do contrato, deve ser feita". Em um momento anterior, isso foi interpretado como se lesse "nenhuma lei retroativa, ou outra

CAPÍTULO II – A MORALIDADE QUE TORNA O DIREITO POSSÍVEL

Alguém pode ser tentado a extrair dessa ilustração a lição de que as leis retrospectivas são sempre justificadas, ou pelo menos são inocentes, quando sua intenção é curar irregularidades de forma. Antes de se apressar a essa conclusão, seria bom relembrar o expurgo de Roehm, de 1934. Hitler decidira que certos elementos do partido nazista reunidos em torno de Roehm eram um estorvo para seu regime. O procedimento normal para uma ditadura em tal caso seria ordenar que julgamentos simulados fossem seguidos de condenação e execução. No entanto, o tempo estava pressionando; então, Hitler e seus associados fizeram uma viagem apressada para o sul, durante a qual abateram quase cem pessoas. Voltando a Berlim, Hitler prontamente providenciou a aprovação de uma norma retroativa, convertendo esses assassinatos em execuções legais. Posteriormente, Hitler declarou que, durante o caso, "a Suprema Corte do povo alemão sou eu", indicando assim que, em sua mente, os disparos foram acompanhados por uma mera irregularidade de forma, a qual consistia no fato de ele ter em mãos uma pistola em vez do pessoal da Justiça.[42] E, nessa visão do problema, ele poderia até ter citado a linguagem de nossa Suprema Corte ao sustentar uma lei que chamou de "uma norma curativa apropriadamente projetada para remediar... defeitos na Administração do Estado".[43]

Um segundo aspecto da legislação retrospectiva não se relaciona tanto com qualquer contribuição positiva que possa ocasionalmente dar à moralidade interna do Direito, mas, sim, com a circunstância de que inevitavelmente se liga, em alguma medida, ao cargo de juiz. É importante notar que um sistema, para governar a

---

lei que impeça a obrigação do contrato, deve ser feita". Os primeiros casos são discutidos em *Lessee vs. Wynne de Wynne*, 32 Tenn. 405 (1852).

42 Referências relevantes podem ser encontradas em meu artigo FULLER, Lon L. "Positivism and fidelity to Law: a reply to Professor Hart". *Harvard Law Review*, vol. 71, nº 4, fev. 1958.

43 *Graham vs. Goodcell*, 282 U.S. 409, 429 (1930).

conduta humana por meio de normas formalmente promulgadas, não requer necessariamente tribunais ou qualquer outro procedimento institucional para decidir disputas sobre o significado dos regulamentos. Em uma sociedade pequena e amigável, governada por normas relativamente simples, tais disputas podem não surgir. Se o fizerem, podem ser resolvidas por uma acomodação voluntária de interesses. Mesmo que não sejam assim resolvidas, um certo número de controvérsias contínuas na periferia pode não prejudicar seriamente a eficácia do sistema como um todo.

Enfatizo esse ponto porque muitas vezes é dado como certo que os tribunais são simplesmente um reflexo do propósito fundamental do Direito, que se presume ser o de resolver disputas. A necessidade de normas – parece ser o que se pensa – surge totalmente da natureza egoísta, briguenta e contenciosa do homem. Em uma sociedade de anjos, não haveria necessidade de lei.

Mas isso depende dos anjos. Se os anjos podem viver juntos e realizar suas boas obras sem nenhuma norma, então, é claro, eles não precisam de lei. Nem precisariam de lei se as normas sobre as quais agissem fossem tácitas, informais e intuitivamente percebidas; contudo, se os anjos, para desempenhar suas funções celestes de forma eficaz, precisassem de normas "feitas", criadas por alguma decisão explícita, então, precisam da lei como vista nestes ensaios. Um Rei Rex chamado para governá-los e estabelecer normas para sua conduta não perderia nenhuma oportunidade de estragar seu trabalho, simplesmente porque seus súditos eram anjos. Pode-se objetar que pelo menos o problema de manter a congruência entre a ação oficial e a norma promulgada não surgiria; mas isso não é verdade, pois Rex poderia facilmente cair no abismo de endereçar pedidos particulares a seus súditos angelicais que conflitassem com as normas gerais estabelecidas por ele para a sua conduta. Essa prática pode produzir um estado de confusão em que as normas gerais perderão a sua força diretiva.

Numa sociedade política complexa e numerosa, os tribunais desempenham uma função essencial. Nenhum sistema de lei – seja

CAPÍTULO II – A MORALIDADE QUE TORNA O DIREITO POSSÍVEL

ele elaborado por juízes ou promulgado pelo legislador – pode ser tão perfeitamente redigido a ponto de não deixar espaço para disputas. Quando surge uma disputa a respeito do significado de uma norma particular, alguma provisão para a resolução do impasse é necessária. A forma mais adequada de alcançar essa resolução consiste em alguma forma de procedimento judicial.

Suponha, então, que surja uma disputa entre "A" e "B" sobre o significado de uma norma jurídica pela qual seus respectivos direitos são determinados. A contenda é submetida a um tribunal. Depois de pesar todos os argumentos cuidadosamente, o juiz pode considerar que eles estão quase equilibrados entre a posição tomada por "A" e aquela tomada por "B". Nesse sentido, a norma realmente não dá a ele um padrão claro para decidir o caso. No entanto, os princípios relevantes para a sua decisão encontram-se nessa norma, cujos requisitos não levantariam nenhum problema em nove entre dez casos. Se o juiz deixar de proferir uma decisão, ele falhou em seu dever de resolver disputas decorrentes de um corpo de lei existente. Se ele decidir o caso, inevitavelmente se envolverá em um ato de legislação retroativa.

Obviamente, o juiz deve decidir o caso. Se toda vez que surgisse dúvida quanto ao significado de uma norma, o juiz declarasse a existência de um vazio jurídico, a eficácia de todo o sistema de normas prospectivas seria seriamente prejudicado. Para agir de acordo com as normas com confiança, os homens não devem apenas ter a chance de aprender quais são as normas, mas também devem estar certos de que, em caso de disputa sobre seu significado, haja algum método disponível para resolvê-la.

No caso suposto acima, o argumento para uma decisão retrospectiva é muito forte. Suponha, entretanto, que o tribunal aja não para esclarecer uma dúvida sobre a lei, mas para anular um de seus próprios precedentes. Na sequência do caso "A" *versus* "B", por exemplo, a mesma disputa surge entre "C" e "D". "C" recusa-se a resolver o litígio com base na decisão proferida no caso "A" *versus* "B" e, em vez disso, leva o caso ao tribunal. "C" convence o tribunal de que sua decisão em "A" *versus* "B" foi equivocada e deve ser anulada. Se essa anulação for feita retrospectivamente, então, "D" sai perdendo, embora tenha se baseado em uma decisão legal que estava claramente a seu favor. Por outro lado, se a decisão em "A" *versus* "B" estava errada e deveria ter sido anulada, então, "C" prestou um serviço público ao se recusar a aceitá-la e levá-la a tribunal para ser reexaminada. É certamente irônico se a única recompensa recebida por "C" por esse serviço for ter uma norma, agora reconhecidamente errada, aplicada contra ele. Se o tribunal rejeitar o precedente prospectivamente, de modo que a nova norma se aplique apenas aos casos surgidos após a decisão de revogação, é difícil ver como um litigante privado teria algum incentivo para garantir a revogação de uma decisão errada ou que tenha perdido sua justificativa por causa de uma mudança nas circunstâncias. (Foi apontado que esse argumento perde sua força no caso do que pode ser chamado de "litigante institucional", digamos, um sindicato ou uma associação comercial cujo interesse contínuo no desenvolvimento da lei se estende além de controvérsias específicas).[44]

As situações que acabamos de discutir diziam respeito a disputas civis. Considerações bem diferentes se aplicam a casos criminais. Isso passou a ser, então, reconhecido em casos que envolvem a anulação de precedentes, como quando um tribunal interpreta uma lei penal para não se aplicar a uma determinada forma de atividade, mas, em um caso posterior, muda de ideia e anula sua interpretação anterior.[45] Se essa decisão de revogação fosse projetada retrospectivamente, então, os homens que agiram com base em uma interpretação judicial da lei seriam considerados criminosos.

Supõe-se que diferentes considerações se aplicam aos casos nos quais o tribunal resolve incertezas previamente não resolvidas

---

[44] Ver o artigo sem autoria da *Yale Law Journal* citado acima, em nota 39.
[45] Ver a referência da nota anterior.

CAPÍTULO II – A MORALIDADE QUE TORNA O DIREITO POSSÍVEL

na aplicação de uma lei penal e que tais casos devem ser tratados da mesma forma que o caso civil de "A" *versus* "B" discutido acima. Essa visão, creio eu, está equivocada. É verdade que existem certas salvaguardas aqui que mitigam o que parece ser a grande injustiça de tornar criminoso retrospectivamente o que antes não era claramente assim. Se a lei penal, como um todo, for incerta quanto à aplicação, ela pode ser declarada inconstitucionalmente vaga. Além disso, é um princípio de interpretação aceito que uma lei penal deve ser interpretada estritamente, de modo que atos fora de seu significado comum não sejam considerados criminosos, simplesmente porque apresentam o mesmo tipo de perigo daqueles descritos pela linguagem da lei.

No entanto, é possível que uma lei penal possa ser elaborada de modo que, embora seu significado seja razoavelmente claro em nove de dez casos, no décimo caso, surge alguma situação especial de fato, e ele pode ser tão obscuro a ponto de dar ao réu em particular nenhum aviso real de que o que ele estava fazendo era criminoso. É especialmente provável que seja o caso quando as regulamentações econômicas estão envolvidas. Os tribunais geralmente presumem que, nesse tipo de caso, eles não têm escolha a não ser resolver a dúvida, criando, assim, um Direito Penal retroativo. O problema é tratado, em outras palavras, como se fosse um processo civil. No entanto, em um caso penal como esse, uma suposta absolvição não deixa nenhuma disputa sem solução; simplesmente significa que o réu fica em liberdade.

Eu sugiro que um princípio deve ser reconhecido de acordo com o qual um réu não deve ser considerado culpado de crime quando a norma, conforme aplicada à sua situação particular, era tão obscura que, se fosse igualmente obscura em todos os pedidos, teria sido considerada nula em razão de sua incerteza. Esse princípio eliminaria a falsa analogia com as ações civis e colocaria o tratamento do que pode ser chamado de incerteza específica em harmonia com a lei relativa às normas criminais que são incertas como um todo.

Resta, para exame, o problema mais difícil de todos: saber quando a entrada em vigor deve ser considerada de maneira retroativa. O caso mais fácil é o da lei que pretende tornar criminoso um ato que era perfeitamente legal quando foi cometido. As disposições constitucionais que proíbem as leis *ex post facto* são principalmente dirigidas contra essas normas. O princípio *nulla poena sine lege* é geralmente respeitado pelas nações civilizadas. A *razão* pela qual a norma penal retrospectiva é tão universalmente condenada não surge meramente do fato de que as apostas são altas no litígio penal. Surge também – e principalmente – por causa de todos os ramos do Direito, sendo no Direito Penal mais óbvia e diretamente relacionada com a modelagem e o controle da conduta humana. É a norma penal retroativa que traz mais diretamente à mente o absurdo brutal de ordenar a um homem hoje que faça algo ontem.

Em contraste com a lei penal *ex post facto,* estaria uma lei tributária promulgada pela primeira vez, digamos, em 1963, impondo um imposto sobre ganhos financeiros realizados em 1960, numa época em que tais ganhos ainda não estavam sujeitos a impostos. Tal norma pode ser grosseiramente injusta, mas não se pode dizer que seja, estritamente falando, retroativa. Certamente, ela baseia o valor do imposto em algo que aconteceu no passado. Mas o único ato que exige de seu destinatário é muito simples, a saber, que ele pague o imposto exigido. Esse requisito opera prospectivamente. Em outras palavras, não promulgamos leis tributárias hoje que ordenam o pagamento de impostos ontem, embora possamos aprovar hoje uma lei tributária que determine o imposto a ser cobrado com base em eventos ocorridos no passado.

Para o cidadão comum, o argumento que acabamos de apresentar provavelmente pareceria um mero problema. Ele provavelmente diria que, assim como um homem pode praticar um ato porque sabe que é legal sob a lei penal existente, também pode entrar em uma transação porque sabe que, segundo a lei existente, o ganho produzido por ela não está sujeito a imposto. Se a lei penal *ex post facto* é hedionda porque atribui uma pena a um ato que

CAPÍTULO II – A MORALIDADE QUE TORNA O DIREITO POSSÍVEL

não punia quando foi praticado, há uma injustiça igual em uma lei que cobra um imposto por causa de uma atividade que era isenta de impostos quando alguém se envolveu nisso.

A resposta para esse questionamento chamaria a atenção para as consequências que se seguiriam se suas implicações fossem totalmente aceitas. Leis de todos os tipos, e não apenas as leis tributárias, entram nos cálculos e decisões dos homens. Um homem pode decidir estudar para uma profissão específica, se casar, limitar ou aumentar o tamanho de sua família, fazer uma disposição final de seus bens – tudo com referência a um corpo de lei existente, o qual inclui não apenas as leis tributárias, mas as leis de propriedade e contrato e talvez mesmo as leis eleitorais que trazem uma distribuição particular do poder político. Se cada vez que um homem confiasse na lei existente para organizar seus negócios ele ficasse protegido contra qualquer mudança nas normas legais, todo o corpo de nossa lei seria imutável.

Esse argumento poderia ser refutado da seguinte maneira: as leis tributárias não são como as outras leis. Por um lado, elas entram mais diretamente no planejamento de seus negócios. Além disso – e muito mais importante – seu principal objetivo é, muitas vezes, não apenas aumentar a receita, mas moldar a conduta humana, levando-se em conta o desejo do legislador. Nesse aspecto, são primas próximas do Direito Penal. As leis de propriedade e contrato não prescrevem, nem recomendam qualquer curso de ação particular; seu objetivo é meramente proteger as aquisições resultantes de atividades não especificadas. As leis tributárias, por outro lado, induzem ou dissuadem os homens a certos tipos de comportamentos, sendo esse, muitas vezes, exatamente o seu objetivo. Quando se tornam uma espécie de substituto da lei penal, elas perdem, por assim dizer, sua inocência primitiva. No caso a partir do qual essa discussão começou (onde a lei originalmente não impôs nenhum imposto sobre certos tipos de ganhos), o propósito da lei pode ter sido induzir a entrada em transações do tipo que produziria esses mesmos ganhos. Quando um imposto é cobrado posteriormente sobre os ganhos decorrentes dessas transações, os homens são penalizados por fazerem o que a própria lei originalmente os induziu a fazer.

    Nesse ponto, uma réplica pode ser inserida para o seguinte efeito. Leis de todo tipo podem induzir os homens a ou impedir de adotar formas particulares de comportamento. Pode-se dizer que toda a lei dos contratos, por exemplo, tem o propósito de induzir os homens a organizar seus negócios por meio da "empresa privada". Se as operações de negócios forem planejadas em parte levando-se em consideração a lei de contratos existente, essa lei ficará para sempre imune a mudanças? Suponha que um homem incapaz de ler ou escrever se torne um corretor de imóveis em um momento que os contratos de corretagem oral são exequíveis. Ele deve ser protegido contra uma lei posterior que possa exigir que tais contratos sejam comprovados por um documento assinado? Quanto ao argumento de que as leis tributárias muitas vezes têm o propósito explícito de atrair para ou dissuadir os homens de certas atividades, quem pode dizer qual é a função precisa de um imposto, exceto que ele gere receita? O legislador pode ter preferido um imposto por uma razão, outro por uma razão bem diferente. O que dizer do imposto sobre as bebidas alcoólicas? Seu propósito era desencorajar a bebida ou aumentar a receita, impondo uma taxa especial sobre aqueles cujos hábitos de vida indicam que são especialmente capazes de ajudar a custear as despesas do Estado? Não pode haver uma resposta clara para perguntas como essas.

    Nesse ponto, devemos interromper esse diálogo e deixar essas questões sem solução. Com a sua apresentação, pretendeu-se apenas indicar algumas das dificuldades que rodeiam o conceito de lei retroativa, dificuldades que, de forma alguma, se limitam ao Direito fiscal. Para enfrentar essas dificuldades, os tribunais frequentemente recorrem à noção de um contrato entre o Estado e o cidadão. Assim, se uma isenção fiscal é concedida em favor de certas atividades e, posteriormente, revogada, o teste frequentemente aplicado é perguntar se o Estado pode ter celebrado um contrato

CAPÍTULO II – A MORALIDADE QUE TORNA O DIREITO POSSÍVEL

para manter a isenção. Deve-se observar que essa noção de contrato entre Estado e cidadão é passível de extensão indefinida. Como Georg Simmel mostrou, a posição de poder superior do Estado repousa, em última análise, em uma reciprocidade tácita.[46] Essa reciprocidade, uma vez explicitada, pode ser estendida a todos os oito princípios da legalidade. Se o Rei Rex, em vez de ser um monarca hereditário, tivesse sido eleito para o cargo vitalício com a promessa de reformar o sistema jurídico, seus súditos poderiam muito bem ter sentido que tinham o direito de depô-lo. A noção de que uma revolução pode ser justificada por uma quebra de contrato por parte do Estado é, obviamente, antiga. É um conceito geralmente considerado como estando completamente além das premissas usuais do raciocínio jurídico. No entanto, um primo mais brando dele aparece dentro do próprio sistema jurídico quando a validade da legislação retroativa é feita para depender da fidelidade do Estado a um contrato entre ele e o cidadão.

Nessa discussão das leis retrospectivas, muita ênfase foi colocada nas dificuldades de análise. Por esse motivo, não gostaria de deixar o assunto sem um lembrete de que nem todos os seus aspectos estão envoltos em obscuridade. Tal como acontece com os outros requisitos que constituem a moralidade interna do Direito, as dificuldades e nuances não devem nos cegar para o fato de que, embora a perfeição seja uma meta elusiva, não é difícil reconhecer imoralidades flagrantes. Ao buscar exemplos de abusos óbvios, nem precisamos limitar nossa pesquisa à Alemanha hitlerista ou à Rússia stalinista. Também nós temos legisladores que, à sua maneira mais modesta, dão provas de acreditar que os fins justificam os meios. Tomemos, por exemplo, uma lei federal promulgada em 1938. Essa lei tornou "ilegal, para qualquer pessoa que tenha sido condenada por um crime de violência, receber qualquer arma de fogo ou munição que tenha sido enviada ou transportada em comércio interestadual ou estrangeiro". Os relatores da norma consideraram,

---

[46] Ver nota 28 supra.

com toda a razão, que as pessoas abrangidas pela sua linguagem não constituem, no seu conjunto, os nossos cidadãos mais fiáveis. Eles também nutriam, de forma bastante compreensível, o desejo de tornar sua norma retroativa. Percebendo, entretanto, que isso era impossível, eles procuraram fazer a segunda melhor coisa. Escreveram na norma que se qualquer arma de fogo fosse recebida no comércio interestadual por uma pessoa que atende a descrição do ato, então, deve-se presumir que o recebimento ocorreu após a data de vigência do ato. Essa manobra legislativa foi invalidada pela Suprema Corte no caso *Tot vs. Estados Unidos*.[47]

2.8 A clareza das leis

O requisito de clareza representa um dos ingredientes essenciais da legalidade.[48] Embora essa proposição dificilmente

---

[47] *Tot vs. Estados Unidos,* 319 U.S. 463 (1942). O Tribunal também anulou outra presunção contida na lei. Esta previa que a posse de uma arma de fogo ou munição por uma pessoa que se enquadrasse na descrição contida na lei deveria dar origem à presunção de que ela foi recebida após ter sido enviada em comércio interestadual ou estrangeiro.

[48] Há pouca discussão sobre esse requisito na literatura de jurisprudência. O breve tratamento na obra póstuma BENTHAM, Jeremy. *The Limits of Jurisprudence Defined.* Nova York: Columbia University Press, 1945, p. 195 é inteiramente dedicado a uma tentativa laboriosa de desenvolver uma nomenclatura capaz de distinguir vários tipos de falta de clareza. Seria de se esperar que Austin listasse, entre as "leis indevidamente chamadas", a norma totalmente ininteligível (AUSTIN, John. *Lectures on Jurisprudence*: or the Philosophy of Positive Law. Londres: J. Murray, 1879, pp. 100/101). Mas isso não aparece em sua discussão. A negligência desse assunto por escritores positivistas é, no entanto, bastante compreensível. O reconhecimento de que as leis podem variar em clareza acarretaria um reconhecimento adicional de que elas podem ter vários graus de eficácia; e que a lei pouco clara é, em um sentido real, menos uma lei do que uma lei clara. Mas isso seria aceitar uma proposição contrária aos pressupostos básicos do positivismo. Neste país, foi instado que, sem referência a quaisquer normas implicitamente impostas pelas Constituições, os tribunais deveriam recusar-se a fazer qualquer tentativa de aplicar normas que faltam drasticamente em clareza (AIGLER, Ralph W. "Legislation in vague or general terms". *Michigan Law Review*, vol. 21,

CAPÍTULO II – A MORALIDADE QUE TORNA O DIREITO POSSÍVEL

esteja sujeita a contestação, não estou certo de que sejam sempre compreendidas quais são as responsabilidades envolvidas no atendimento a essa demanda.

Hoje, existe uma forte tendência de identificar o Direito não com normas de conduta, mas com uma hierarquia de poder ou comando. Essa visão – que confunde fidelidade à lei com deferência pela autoridade estabelecida – leva facilmente à conclusão de que, embora juízes, policiais e promotores possam infringir a legalidade, as leis não o podem, exceto quando violam restrições constitucionais explícitas ao seu poder. No entanto, é óbvio que uma legislação obscura e incoerente pode tornar a legalidade inatingível por qualquer pessoa, ou pelo menos inatingível sem uma revisão não autorizada que, por si só, prejudica a legalidade. A água de uma fonte contaminada, às vezes, pode ser purificada, mas com o custo de torná-la diferente do que era originalmente. Estar no topo da cadeia de comando não isenta o Legislativo de sua responsabilidade de respeitar as exigências da moralidade interna do Direito; na verdade, intensifica essa responsabilidade.

Valorizar a clareza legislativa não é rechaçar descontroladamente as normas que fazem as consequências jurídicas dependerem de padrões como "boa-fé" e "devido cuidado". Às vezes, a melhor maneira de conseguir clareza é aproveitar e incorporar à lei os padrões de bom senso de julgamento que cresceram na vida cotidiana vivida fora dos corredores legislativos. Afinal, isso é algo que inevitavelmente fazemos ao usar a própria linguagem comum como um veículo para transmitir a intenção legislativa. Nem podemos jamais, como Aristóteles observou há muito tempo, ser

---

nº 8, 1922, pp. 831-851). Com o desenvolvimento do Direito, entretanto, a exigência de clareza foi incorporada a uma doutrina de imprecisão inconstitucional, estando a aplicação dessa doutrina quase inteiramente restrita aos casos criminais. Ver a extensa nota: A. G. A. "The Void-for-vagueness doctrine in the Supreme Court". *University of Pennsylvania Law Review*, vol. 109, nº 1, 1960, pp. 67-116.

mais exatos do que admite a natureza do assunto de que estamos tratando. Uma clareza ilusória pode ser mais prejudicial do que uma vagueza aberta e honesta.

Por outro lado, é um erro grave – e um erro cometido constantemente – presumir que, embora o relator legislativo atarefado não consiga encontrar maneira de converter seu objetivo em normas claramente definidas, ele sempre pode delegar com segurança essa tarefa aos tribunais ou aos tribunais administrativos especiais. Na verdade, porém, isso depende da natureza do problema com o qual a delegação está preocupada. No Direito Comercial, por exemplo, os requisitos de "justiça" podem adquirir significado definitivo a partir de um conjunto de práticas comerciais e dos princípios de conduta compartilhados por uma comunidade de comerciantes econômicos. Mas seria um erro concluir disso que todos os conflitos humanos podem ser perfeitamente contidos por normas derivadas, caso a caso, do padrão de justiça.

Há necessidade, então, de discriminar quando encontramos a condenação abrangente de Hayek das disposições legais que exigem o que é "justo" ou "razoável":

> Pode-se escrever a história do declínio do Estado de Direito em termos da introdução progressiva dessas fórmulas vagas na legislação e jurisdição[49] e da crescente arbitrariedade e incerteza, e o consequente desrespeito pela lei e a judicatura.[50]

Um capítulo muito necessário da Teoria Geral do Direito permanece, em grande parte, não escrito. Esse capítulo se dedicaria a uma análise das circunstâncias em que os problemas de regulamentação governamental podem ser atribuídos com segurança à

---

[49] Quando o autor utiliza a palavra *jurisdiction*, parece que a empregou equivocadamente com a pretensão de significar "julgamento".
[50] HAYEK, Friedrich. *The Road to Serfdom*. Chicago: University of Chicago Press, 1944, p. 78.

CAPÍTULO II – A MORALIDADE QUE TORNA O DIREITO POSSÍVEL

decisão adjudicativa, com uma perspectiva razoável de que padrões bastante claros de decisão emergirão de um tratamento caso a caso das controvérsias à medida que surgirem. Ao lidar com problemas desse caráter fundamental, uma política de "esperar para ver" ou de "experimentação social" pouco tem a recomendá-la.

2.9 Contradições nas leis

É bastante óbvio que evitar contradições inadvertidas na lei pode exigir um grande cuidado por parte do legislador. O que não é tão óbvio é que pode haver dificuldade em saber quando existe uma contradição ou como, em termos abstratos, se deve definir uma contradição.

Geralmente, presume-se que o problema é simplesmente lógico. Uma contradição é algo que viola a lei de identidade pela qual "A" não pode ser "não-A". Esse princípio formal, no entanto, se tem algum valor, não tem absolutamente nenhum para lidar com leis contraditórias.[51]

Tomemos uma situação em que uma contradição "no sentido lógico" parece mais evidente. Podemos supor que, em uma única norma, encontram-se duas disposições: uma exige que o proprietário do automóvel instale placas novas em primeiro de janeiro; a outra considera crime a realização de qualquer trabalho nessa data. Aqui parece haver uma violação ao "princípio da identidade"; um

---

[51] A análise altamente formal de Kelsen do problema das normas contraditórias não oferece, em minha opinião, qualquer ajuda ao legislador que busca evitar contradições ou ao juiz que busca resolvê-las (KELSEN, Hans. *General Theory of Law and State*. Cambridge: Harvard University Press, 1945, pp. 374/375); consulte a entrada *non-contradiction, principle of* de LEGISLATIVE DRAFTING RESEARCH FUND. *Digest of State Constitutions*. 2ª ed. Nova York: Columbia University, 1959; nem se pode ganhar muito com a discussão de Bentham sobre "repugnâncias" em BENTHAM, Jeremy. *The Limits of Jurisprudence Defined*. Nova York: Columbia University Press, 1945, pp. 195-198.

ato não pode ser proibido e comandado ao mesmo tempo. Mas há alguma violação da lógica em obrigar um homem a fazer algo e depois puni-lo por isso? Podemos certamente dizer que esse procedimento não faz sentido, mas, ao fazermos esse julgamento, estamos tacitamente assumindo o objetivo de dar uma direção significativa ao esforço humano. Dificilmente se pode esperar que um homem habitualmente punido por fazer o que lhe foi ordenado responderá apropriadamente às ordens que lhe forem dadas no futuro. Se nosso tratamento com ele for parte de uma tentativa de construir um sistema de normas para a governança de sua conduta, então, iremos falhar nessa tentativa. Por outro lado, se nosso objetivo é fazer com que ele tenha um colapso nervoso, podemos ter sucesso. Mas em nenhum dos casos teremos ultrapassado a lógica.

  Um dos princípios aceitos para lidar com as contradições aparentes da lei é verificar se há alguma maneira de conciliar as disposições aparentemente incoerentes. De acordo com esse princípio, um tribunal pode declarar culpado de um crime o homem que instalou suas placas no dia de Ano-Novo e, em seguida, perdoar sua punição por ter trabalhado coagido por uma lei. Esta parece uma solução um tanto trabalhosa, mas procedimentos estranhos foram adotados na história do Direito. Em certa época, na lei canônica, havia um princípio segundo o qual qualquer promessa feita sob juramento era vinculativa e outro princípio segundo o qual certos tipos de promessas, tais como as obtidas por meio da chantagem ou feitas a agiotas, não impunham nenhuma obrigação. O que os tribunais deveriam fazer, então, no caso de uma promessa sob juramento a um agiota? A solução foi ordenar ao promitente que cumprisse a promessa e imediatamente obrigar o promissário a devolver o que acabara de receber.[52] Pode até ter havido um certo valor simbólico nesse curioso procedimento. Primeiro, ao fazer cumprir o contrato, o tribunal enfatizaria a norma de que os

---

[52] JHERING, Rudolph. *Geist des Romischen Rechts*, II². Leipzig: Breitkopf und Härtel, 1923, § 45, p. 491.

CAPÍTULO II – A MORALIDADE QUE TORNA O DIREITO POSSÍVEL

homens são obrigados por suas promessas sob juramento e, em seguida, desfazendo sua decisão, recordaria ao promissário quanto teria lhe custado seu exagero.

Supondo que o tribunal confrontado com a lei do dia de Ano-Novo não veria nenhum valor em condenar o réu e, em seguida, remeter sua multa, ele poderia adotar uma das duas interpretações da lei: (1) a seção que determina que o trabalho no dia de Ano-Novo configuraria um crime anula a disposição relativa às placas, de modo que o proprietário do automóvel pode legalmente adiar a instalação de suas placas até 2 de janeiro; ou (2) a disposição relativa às placas de veículos anula a proibição de trabalho, de modo que o proprietário deve instalar suas placas no primeiro dia, mas não comete nenhum crime ao fazê-lo. Uma solução menos óbvia, mas muito melhor, seria combinar essas interpretações, de modo que o proprietário que instala suas placas no primeiro dia não violaria nenhuma lei, enquanto o proprietário que adiar a instalação do item até o segundo dia do ano estaria igualmente dentro da lei. Essa solução reconheceria que o problema básico apresentado pela lei é que ela dá uma direção confusa ao cidadão, de modo que ele deveria poder resolver essa confusão de qualquer maneira, sem se prejudicar.

Seria bom considerar outra norma como "contraditória em si mesma" – dessa vez, conforme se apresentou em uma decisão real. No caso *Estados Unidos vs. Cardiff*, o presidente de uma empresa de manufatura de alimentos foi condenado pelo crime de se recusar a permitir que um inspetor federal entrasse em sua fábrica para determinar se ela estava em conformidade com a Lei Federal de Alimentos, Medicamentos e Cosméticos.[53] A Seção 704 dessa lei define as condições sob as quais um inspetor pode entrar em uma fábrica; uma dessas condições é que ele, primeiramente, obtenha a permissão do proprietário. A Seção 331 considera crime

---

[53] *Estados Unidos vs. Cardiff*, 344 U.S. 174 (1952).

o proprietário da fábrica se recusar a "permitir a entrada ou inspeção, conforme autorizado pela Seção 704". A lei parece, então, dizer que o inspetor tem o direito de entrar na fábrica, mas que o proprietário tem o direito de mantê-lo fora do estabelecimento, recusando a permissão. Existe, no entanto, uma maneira muito simples de remover essa aparente contradição. Isso significaria interpretar a lei no sentido de que o proprietário a violaria se, após conceder seu consentimento para que o inspetor entre, ele recuse a entrada. O fato de que isso faria com que sua responsabilidade dependesse de seu próprio ato voluntário não é uma anomalia; um homem não tem que fazer uma promessa, mas se o fizer, ele pode se responsabilizar por isso.

O Supremo Tribunal considerou essa interpretação, mas recusou-se a aceitá-la. O problema não é que falte lógica, mas que não corresponde a nenhum propósito legislativo sensato. É compreensível que o Congresso deseje garantir que o inspetor possa entrar na fábrica sob o protesto do proprietário. Não é compreensível que deva limitar o direito do inspetor de entrar ao caso improvável de um proprietário de fábrica excêntrico que pode, em princípio, conceder permissão e, em seguida, fechar a porta. A norma poderia ser entendida ao se interpretar a exigência de que o inspetor, primeiro, obtenha a permissão como relacionada às cortesias normais que afetam um horário e data convenientes, embora a linguagem seja contrária a essa interpretação. A Suprema Corte considerou que o conflito das duas disposições produziu um resultado ambíguo demais para alertar adequadamente sobre a natureza do crime; o Tribunal, portanto, anulou a condenação.

Até agora, essa discussão está relacionada a contradições que surgem no quadro de uma única lei. Problemas mais difíceis podem ser apresentados quando uma lei promulgada, digamos, em 1963, entra em conflito com as disposições de uma lei bastante distinta aprovada em 1953. Aqui, a solução sancionada pelo uso é considerar como implicitamente revogada quaisquer disposições na lei anterior inconsistentes com a promulgação posterior, a máxima

CAPÍTULO II – A MORALIDADE QUE TORNA O DIREITO POSSÍVEL

consagrada sendo *lex posterior derogat priori*.[54] Mas, em alguns casos, uma forma alternativa de lidar com o problema pode ser a de seguir o princípio agora aplicado em relação às contradições surgidas no âmbito de uma única norma, isto é, efetuar um ajustamento recíproco entre as duas normas, interpretando-se uma à luz da outra. Essa solução, entretanto, envolveria suas próprias dificuldades. Uma seria saber onde parar, pois os tribunais podem facilmente se ver embarcados na perigosa aventura de tentar refazer todo o corpo de nossa lei estatutária em um todo mais coerente. A reinterpretação de antigas normas à luz das novas também apresentaria problemas embaraçosos de legislação retroativa. Não tentarei prosseguir com essas questões. O suficiente foi sugerido, no entanto, para transmitir uma lição clara: o descuido legislativo sobre a concordância de normas pode ser muito prejudicial para a legalidade e não existe uma norma simples para desfazer o dano.

Foi sugerido que, em vez de falar de "contradições" de argumentos legais e morais, devemos falar de "incompatibilidades"[55] de coisas que não combinam ou não combinam bem. Outro termo, um grande favorito na história do *common law*, é útil aqui. Esse é a palavra "repugnante". Trata-se de um termo especialmente apropriado porque o que chamamos de leis contraditórias são leis que lutam entre si, sem, necessariamente, se matarem com afirmações contraditórias, como supostamente a lógica exigiria. Outro bom termo que caiu em desuso é a palavra "inconveniente"

---

[54] Em um antigo tratado sobre interpretação, Ellesmere estabeleceu a norma de que, onde as repugnâncias surgem dentro de uma única norma, a primeira provisão – isto é, a provisão que vem primeiro na ordem de leitura do texto – deve prevalecer (THORNE, Samuel E. *A Discourse upon the exposition and understanding of statutes*. San Marino: Huntington Library, 1942, pp. 132/133). É de se perguntar qual poderia ter sido a base para essa visão curiosa. Seria talvez uma suposição de que os redatores legislativos se tornam caracteristicamente cansados e menos atentos à medida que se aproximam do fim de sua tarefa?

[55] PERELMAN, Chaïm; OBRECHTS-TYTECA, Lucie. *La Nouvelle Rhétorique*: traité de l'argumentation. Paris: PUF, 1958, pp. 262-276.

em seu sentido original. A lei inconveniente era aquela que não se encaixava ou não combinava com outras leis. (Cf. o francês moderno, *convenir*, "concordar", "estar de acordo com").

A partir da análise apresentada aqui, deve ficar claro que, para determinar quando duas normas de conduta humana são incompatíveis, devemos frequentemente levar em consideração uma série de considerações extrínsecas à linguagem das próprias normas. Em certo momento da história, o comando "atravesse este rio, mas não se molhe" continha uma repugnância. Desde a invenção de pontes e barcos, isso não é mais verdade. Se, hoje, eu digo a um homem para pular no ar, mas para manter seus pés em contato com o solo, minha ordem parece contraditória simplesmente porque assumimos que não há nenhum caminho aberto para que ele leve o solo junto de si em seu salto. O contexto a ser levado em conta na determinação da incompatibilidade é, obviamente, não meramente ou principalmente tecnológico, pois inclui todo o cenário institucional do problema – legal, moral, político, econômico e sociológico. Para testar essa afirmação, pode-se supor que a norma do dia de Ano-Novo exija a instalação de placas de veículos. Naquela data, mas em outra seção da lei, cobrou-se um imposto especial de consumo de um dólar sobre qualquer pessoa que executasse o trabalho naquele dia. Seria instrutivo refletir como se faria para demonstrar que essas disposições são "repugnantes" e que sua inclusão em uma única norma deve ter sido o resultado de erro legislativo.

2.10 Leis que preconizam o impossível

Em uma primeira análise, uma lei que preconiza o impossível parece tão absurda que somos tentados a supor que nenhum legislador são, nem mesmo o mais perverso ditador, teria qualquer razão para promulgá-la.[56] Infelizmente, os fatos da vida vão contra

---

[56] A questão pode ser levantada, neste ponto, se a maioria dos outros requisitos que compõe a moralidade interna do Direito também não se preocupa, em

CAPÍTULO II – A MORALIDADE QUE TORNA O DIREITO POSSÍVEL

essa suposição. Tal lei pode servir ao que Lilburne chamou de "um poder ilegal ilimitado", por seu próprio absurdo; sua brutal inutilidade pode fazer com que o sujeito saiba que não há nada que não possa ser exigido dele e que deve se manter pronto para se envidar a qualquer direção.

A técnica de exigir o impossível está sujeita a uma exploração mais sutil e até benéfica às vezes. O bom professor frequentemente exige de seus alunos mais do que pensa que eles são capazes de dar. Ele faz isso com o motivo bastante louvável de expandir as capacidades de seus alunos. Infelizmente, em muitos contextos humanos, a linha pode ficar confusa entre a exortação vigorosa e uma obrigação imposta. O legislador é, portanto, facilmente induzido a acreditar que seu papel é de professor. Ele se esquece de que o professor cujos alunos não conseguem alcançar o que foi pedido pode, sem falta de sinceridade ou contradição, felicitá-los pelo que de fato realizaram. Em uma situação semelhante, o funcionário do Estado enfrenta as alternativas de cometer injustiças graves ou de diminuir o respeito pela lei ao fechar os olhos em relação a um desvio de suas obrigações.

O princípio de que a lei não deve exigir o impossível do sujeito pode ser levado a um extremo quixotesco em que termina exigindo

---

última instância, com a possibilidade de obediência. Não há dúvida de que o assunto pode ser visto sob essa luz. Assim como é impossível obedecer a uma lei que exige que alguém atinja três metros de altura, também é impossível obedecer a uma lei que não pode ser conhecida, é ininteligível, ainda não foi promulgada etc. Em justificativa à separação efetuada no texto, deve-se observar que minha preocupação não é me engajar em um exercício de vinculação lógica, mas desenvolver princípios para a orientação do esforço humano intencional. O lógico pode, se desejar, ver uma lei que se contradiz como um caso especial de impossibilidade de observância, embora, ao adotar essa visão, ele possa, como indiquei, achar difícil definir o que quer dizer com uma "contradição". Do ponto de vista do legislador, em qualquer caso, há uma diferença essencial entre os cuidados que deve tomar para manter seus decretos consistentes e aqueles que ele deve tomar para se certificar de que os requisitos da lei estão dentro dos poderes daqueles sujeitos a eles. Diferenças essenciais desse tipo seriam obscurecidas por qualquer tentativa de encaixar tudo sob o título de "impossibilidade de obediência".

o impossível do legislador. Às vezes, presume-se que nenhuma forma de responsabilidade legal pode ser justificada, a menos que se baseie (1) na intenção de praticar um ato prejudicial ou (2) em alguma falha ou negligência. Se um homem é responsabilizado por um estado de coisas pelo qual ele não era culpado – seja porque o provocou intencionalmente, ou porque ocorreu por alguma negligência de sua parte –, então, ele atribuiu a si a responsabilidade por uma ocorrência que estava além de seus poderes. Quando a lei é interpretada para chegar a tal resultado, na verdade, considera-se que um homem violou uma determinação – "isso não deve acontecer" – à qual era impossível obedecer.

O ar de razoabilidade que cerca essa conclusão ofusca a verdadeira extensão do que ela realmente exige. No que diz respeito à prova de culpa, por exemplo, a lei enfrenta um dilema insolúvel. Se aplicarmos a um réu em particular um padrão objetivo – tradicionalmente o do "homem razoável" –, obviamente, corremos o risco de impor a ele requisitos que é incapaz de cumprir, pois sua educação e capacidades nativas podem não trazer esse padrão ao seu alcance. Se tomarmos o curso oposto e tentarmos perguntar se o homem diante de nós, com todas as suas limitações e peculiaridades individuais, ficou aquém do que deveria ter alcançado, entramos em uma investigação perigosa em que toda a capacidade de julgamento objetivo pode ser perdida. Essa investigação requer uma identificação compassiva em relação ávida de outra pessoa. Obviamente, diferenças de classe, raça, religião, idade e cultura podem obstruir ou distorcer essa identificação. O resultado é que, embora uma justiça indiferente, às vezes, esteja fadada a ser severa, uma justiça íntima, buscando explorar e apreender as fronteiras de um mundo privado, não pode, na natureza das coisas, ser imparcial. A lei não dispõe de mágica que a capacite a transcender essa antinomia. Está, portanto, condenada a trilhar um meio-termo incerto, temperando o padrão do homem razoável em favor de certas deficiências óbvias, mas formalizando até mesmo suas definições a respeito destas.

CAPÍTULO II – A MORALIDADE QUE TORNA O DIREITO POSSÍVEL

As dificuldades que acabamos de descrever, pode-se dizer, surgem porque uma determinação de falha envolve o que é essencialmente um julgamento moral. Em contraste, determinar a intenção com a qual um ato foi praticado parece exigir apenas uma investigação de fato. Mas, novamente, a realidade é mais complexa. Se a intenção é um fato, ela é, em verdade, um fato privado inferido de manifestações externas. Há momentos em que a inferência é relativamente fácil. Holmes observou certa vez que até um cachorro sabe a diferença entre "ser tropeçado" e "chutado". Mas, às vezes, a intenção exigida pela lei é altamente específica; por exemplo, as penalidades criminais dependem da prova de que o réu violou conscientemente a lei. Esse tipo de disposição, às vezes, é encontrado em regulamentos econômicos complexos, com o objetivo de evitar a injustiça de punir um homem por cometer um ato que pode, à primeira vista, parecer bastante inocente. De minha própria observação, muitas vezes me pergunto se, nesse caso, a cura não é pior do que a doença. A intenção exigida é tão pouco suscetível de prova ou refutação definitiva que o investigador do fato é quase inevitavelmente levado a perguntar: "ele se parece com o tipo que seguiria as normas ou que as trapacearia quando visse uma chance?" Essa pergunta, infelizmente, leva facilmente a outra: "ele se parece com a minha espécie?"[57]

Essas, então, são as dificuldades encontradas quando, a fim de manter a lei dentro da capacidade de obediência do cidadão, a

---

[57] A esse respeito, deve-se chamar a atenção para o artigo: ADAMS, Brooks. "The Modern conception of animus". *Green Bag*, vol. 19, 1906, pp. 12-33. Adams (irmão de Henry e neto de John Quincy) apresenta um argumento engenhoso e curiosamente marxista de que as classes dominantes sempre manipularam a definição de intenção (*animus*) em seu próprio interesse para crimes ou delitos específicos. Adams também procura demonstrar que uma manipulação semelhante foi trabalhada nas normas de evidência que determinam o que é suficiente para provar ou refutar a intenção exigida. Embora sua tese principal seja, às vezes, mais engenhosa do que convincente, vale a pena ler o artigo por sua demonstração das dificuldades de prova envolvidas quando a responsabilidade depende da intenção.

sua responsabilidade se limita aos casos em que se possa demonstrar falta ou dolo. Existem, no entanto, vários casos em nossa lei de responsabilidade legal que são explicitamente independentes de qualquer prova de falha ou intenção.

Uma forma bastante difundida de uma responsabilidade desse tipo não apresenta nenhum problema sério para a moralidade interna do Direito. Um lunático, vamos supor, rouba minha bolsa. Sua condição mental pode ser tal que lhe seja impossível compreender ou obedecer às leis da propriedade privada. Essa circunstância fornece um bom motivo para que ele não seja mandado para a prisão, mas não oferece nenhum motivo para deixá-lo ficar com minha bolsa. Tenho o direito, nos termos da lei, de reaver o meu objeto, e ele tem, nesse sentido, a responsabilidade legal de devolvê-lo, ainda que, ao tomá-lo, tenha agido sem culpa e sem intenção de cometer injustiça. Outro caso que ilustra o mesmo princípio surge quando, no acerto de contas, um devedor paga a mais ao seu credor, tanto agindo inocentemente quanto compartilhando a mesma crença equivocada em relação ao que é devido. Aqui, o credor é obrigado a devolver o pagamento indevido, embora o recebimento dele não tenha sido, de forma alguma, um ato ilícito.

Um considerável corpo de normas diz respeito à prevenção ou retificação do enriquecimento sem causa que pode ocorrer quando os homens agem inadvertidamente, ou por engano, ou sem a capacidade ordinária de compreender a natureza de seus atos. Parte dessa lei é explicitamente atribuída aos *quasi-contracts*;[58] o resto faz sua presença ser sentida como uma influência – muitas vezes uma influência silenciosa – na lei de contratos e ilícitos civis (*torts*). A análise foi confundida, tanto no *common law* como no Direito Romano, pelo fato de que ações formalmente classificadas como "delituosa" ou "parecidas com um ilícito civil" foram usadas

---

[58] N.T. Uma obrigação imposta pela lei a uma das partes independentemente de um acordo. Fatos jurídicos voluntários lícitos que criam obrigações. Os principais quase-contratos são o enriquecimento sem causa e a gestão de negócios.

CAPÍTULO II – A MORALIDADE QUE TORNA O DIREITO POSSÍVEL

para retificar o enriquecimento sem causa de uma parte às custas de outra em situações em que qualquer irregularidade do réu é totalmente irrelevante.

A existência de um corpo legislativo relacionado com a retificação de descuidos pode parecer sugerir uma objeção à análise apresentada nestes ensaios. Aqui, a lei foi considerada como "o empreendimento de submeter a conduta humana à governança de normas". No entanto, quando os homens agem por engano ou por descuido, eles obviamente não seguem e não podem modelar suas ações segundo a lei; ninguém estuda a lei dos *quasi-contracts* para aprender o que deve fazer nos momentos em que não sabe exatamente o que está fazendo. A solução dessa dificuldade é bastante óbvia. Para preservar a integridade de um sistema de relações jurídicas estabelecido pela publicidade, é necessário um sistema suplementar de normas para remediar os efeitos do descuido. Existe, aqui, um paralelo próximo ao problema das leis retrospectivas. Um sistema de leis composto exclusivamente de normas retrospectivas só poderia existir como um conceito grotesco digno de Lewis Carroll ou Franz Kafka. Ainda assim, uma norma retrospectiva de caráter "curativo" pode desempenhar uma função útil ao lidar com contratempos que podem ocorrer dentro de um sistema de normas geralmente com efeitos futuros.[59] O mesmo ocorre com as normas que curam os efeitos do descuido. Se tudo acontecesse por descuido, não haveria nem mesmo como conceber o problema de corrigir o descuido. As normas concebidas para esse fim derivam não apenas de sua justificativa, mas têm um significado real de sua função como um complemento de um sistema mais amplo de normas tomadas como um guia de conduta.

O princípio da proibição do enriquecimento sem causa resultante da negligência não pode, no entanto, explicar todos os casos em que surge a responsabilidade jurídica sem culpa ou

---

[59] Ver pp. 69-71 supra.

dolo. Existe, de fato, um conjunto de leis (*body of law*) considerável que trata de impor uma responsabilidade estrita ou absoluta pelos danos decorrentes de certas formas de atividade. Assim, as operações de detonação podem ser acompanhadas por uma responsabilização por todos os danos que possam resultar a outros, mesmo que nenhuma intenção de causar dano ou qualquer negligência das devidas precauções possa ser demonstrada.[60] Em casos como esse, a lei decreta, na frase consagrada, que "os homens agem por sua conta e risco".

Responsabilidade estrita desse tipo é mais facilmente justificada pelo princípio econômico de que os custos sociais previsíveis de uma empresa devem ser refletidos nos custos privados de condução dessa empresa. Assim, os perigos inerentes a uma operação de detonação são tais que nenhum cuidado ou previsão pode evitar ferimentos ocasionais não intencionais a pessoas ou propriedades. Se o empreiteiro da rodovia que executar um corte em uma encosta for responsabilizado apenas pela falha comprovada, seu incentivo para realizar suas escavações por um meio mais seguro é reduzido. Em outras palavras, seus cálculos econômicos são falsificados, e o preço dessa falsificação é suportado pelo público. Para remediar essa situação, aplicamos às suas operações de detonação uma espécie de imposto sob a forma de norma, à qual ele deve responder pelos danos resultantes dessas operações, sejam ou não imputáveis a qualquer negligência da sua parte.

A analogia de um imposto é útil para esclarecer a relação entre uma responsabilidade objetiva desse tipo e a moralidade interna do Direito. Não entendemos um imposto geral sobre o comércio como um imposto que ordena aos homens que não vendam mercadorias; nosso entendimento é que ele se limita a impor uma espécie de sobretaxa ao ato da venda. Portanto, não devemos ver a

---

[60] AMERICAN LAW INSTITUTE. *Restatement of Torts*. Filadélfia: American Law Institute, 1938, § 519, "Miscarriage of ultrahazardous activities carefully carried on".

CAPÍTULO II – A MORALIDADE QUE TORNA O DIREITO POSSÍVEL

norma especial sobre operações de detonação como um comando ao homem que usa explosivos para nunca causar nenhum dano, mesmo que inocentemente. Em vez disso, devemos considerar a norma como ato que vincula uma responsabilidade especial à entrada em uma certa linha de conduta. O que a moralidade interna do Direito exige de uma norma de responsabilidade objetiva não é que ela cesse de comandar o impossível, mas que defina o mais claramente possível o tipo de atividade que acarreta uma sobretaxa especial de responsabilidade jurídica.

O princípio de que as empresas que criam riscos especiais devem arcar com os custos das lesões resultantes de sua operação pode se estender consideravelmente. Em alguns países, por exemplo, o princípio foi ampliado à operação de automóveis, incluindo aqueles usados para lazer ou conveniência privada. É uma espécie de clichê que exista hoje "uma tendência geral" para a responsabilidade objetiva. Parece, com efeito, haver o entendimento de que essa tendência está nos levando implacavelmente para um futuro no qual os conceitos de culpa e intenção deixarão de desempenhar qualquer papel na lei.

Acho que podemos estar razoavelmente seguros de que esse futuro não está à nossa frente. Se a responsabilidade objetiva se aplicasse não a certas formas específicas de atividade, mas a todas as atividades, a concepção de uma conexão causal entre o ato e o dano resultante seria perdida. Um poeta escreve um poema triste. Um amante rejeitado o lê e fica tão deprimido que comete suicídio. Quem "causou" a perda de sua vida? Foi o poeta, ou a senhora que abandonou o falecido, ou talvez a professora que despertou seu interesse pela poesia? Um homem bêbado atira em sua esposa. Quem, entre os preocupados com esse evento, compartilha a responsabilidade por sua ocorrência – o próprio assassino, o homem que lhe emprestou a arma, o comerciante de bebidas que forneceu o gim, ou foi talvez o amigo que o dissuadiu de obter o divórcio que teria terminado uma aliança infeliz?

Podemos obter alguma ideia da natureza desse tipo de problema com as dificuldades encontradas para administrar as formas de responsabilidade objetiva que já temos. Uma dessas responsabilidades é a imposta pelas *Workmen's Compensation Laws* (Leis de Acidentes do Trabalho). Obviamente, alguma conexão causal deve ser estabelecida entre o trabalho do funcionário e a doença ou lesão a ser compensada. A frase usada nas normas é que a lesão ou doença deve "surgir durante o emprego". A interpretação dessa cláusula deu origem a um corpo legislativo muito insatisfatório e muitas vezes bizarro. Para ver o que a aplicação universal de responsabilidade objetiva envolveria, precisamos apenas perguntar como aplicaríamos uma norma que exigisse apenas que a perda ou dano do reclamante "resultasse" da conduta do réu.

A descrição que acabamos de fazer do problema da responsabilidade civil objetiva não é de maneira alguma exaustiva. Existem algumas formas de responsabilidade que não são facilmente explicadas com base nos fundamentos examinados aqui. Existem também numerosos casos de motivos legislativos incertos ou mistos, sendo uma justificativa suplementar comum para normas de responsabilidade objetiva, por exemplo, que elas tendem a garantir o devido cuidado de forma mais eficaz em comparação às normas que tornam a responsabilidade explícita na prova de que o devido cuidado estava ausente. Alguns casos de responsabilidade objetiva provavelmente devem ser considerados como anomalias, resultantes de confusão analítica ou de acidente histórico. Então, também, a linha entre responsabilidade objetiva e responsabilidade fundada na culpa é frequentemente obscurecida por presunções de culpa, algumas das quais são bastante rígidas no sentido de que impõem um pesado fardo àqueles que procuram refutá-las. Finalmente, deve-se lembrar que a responsabilidade contratual é geralmente "estrita"; embora certas interferências catastróficas e inesperadas no desempenho possam justificar, geralmente não é uma defesa, para o contratante inadimplente, alegar que fez seu melhor. Quase não se exige a demonstração de que essa última forma de

CAPÍTULO II – A MORALIDADE QUE TORNA O DIREITO POSSÍVEL

responsabilidade objetiva não apresenta nenhum problema para a moralidade interna do Direito; a própria lei não deve impor um fardo impossível a um homem, mas não é obrigada a protegê-lo de assumir contratualmente a responsabilidade por uma ocorrência que está além de seus poderes.

Chegamos, agora, à violação mais grave do princípio de que a lei não deve ordenar o impossível. Isso se baseia em leis que criam responsabilidade penal estrita – leis segundo as quais um homem pode ser considerado culpado de um crime, embora tenha agido com o devido cuidado e com intenção inocente. Nos tempos modernos, o uso mais generoso de tais leis tem ocorrido no campo das regulamentações econômicas, da saúde e da segurança, embora não seja incomum também impor uma responsabilidade penal objetiva em áreas relacionadas com a posse de entorpecentes, os aparatos de jogos de azar e as bebidas proibidas.

A responsabilidade penal objetiva nunca alcançou respeitabilidade em nossa lei. Sempre que as leis que impõem tal responsabilidade foram promulgadas, elas provocaram protestos e uma defesa que raramente vai além de pedir desculpas por uma suposta necessidade. Não há, entretanto, nenhum mistério sobre o motivo de sua contínua aparição na legislação moderna: elas servem poderosamente à conveniência do promotor. Sua aparente injustiça é removida pela "aplicação seletiva". Embora, teoricamente, essas leis sejam uma armadilha para os inocentes, apenas os verdadeiros vilões são perseguidos na prática. Quanto a eles, seu julgamento é muito facilitado porque o Estado, ao justificar seu caso, fica livre de provar a intenção ou culpa, uma tarefa particularmente difícil quando medidas regulatórias complicadas estão envolvidas. Quando a responsabilidade absoluta é associada a penalidades severas – como costuma acontecer –, a posição do promotor é ainda mais relevante. Normalmente, ele não terá de levar o caso a julgamento; a ameaça de prisão ou de multa pesada é suficiente para induzir a confissão de culpa ou – quando autorizado – um acordo fora do tribunal. Penalidades severas também melhoram as relações públicas dos órgãos de fiscalização. O inocente que tropeçou e sabe que poderia ter sido considerado culpado fica profundamente grato quando é solto e, portanto, salvo de ser rotulado como um criminoso. Ele promete, com toda a sinceridade, ser mais inteligente e cooperativo no futuro.

As conveniências do que tem sido chamado de "execução com uso da força" – pode ser menos caridosamente chamado de "execução com chantagem" – tornaram-se amplamente conhecidas durante os dias agitados da Segunda Guerra Mundial, quando administradores sobrecarregados de regulamentações econômicas complexas tiveram que encontrar alguma maneira de simplificar sua tarefa.

O uso contínuo desse dispositivo deve ser uma fonte de preocupação para todos que gostam de pensar na fidelidade à lei como respeito às normas devidamente promulgadas, ao invés de uma prontidão para resolver discretamente qualquer reclamação que possa ser feita pelas agências de aplicação da lei. Felizmente, vozes influentes e persuasivas se levantaram recentemente contra esse mal e outros abusos que acompanham a responsabilidade penal.[61]

Antes de deixar o assunto das leis que ordenam o impossível, duas observações adicionais precisam ser feitas. Uma é simples e vai no sentido de que nenhuma linha rígida e rápida pode ser traçada entre a dificuldade extrema e a impossibilidade. Uma norma que pede demais pode ser dura e injusta, mas não precisa contradizer o propósito básico de uma ordem jurídica, como faz uma norma a exigir o que é patentemente impossível. Entre os dois está uma área indeterminada em que as moralidades interna e externa do Direito se encontram.

---

[61] HALL, Jerome. *General Principles of Penal Law*. 2ª ed. Indianápolis: Bobbs-Merrill, 1960, capítulo X, pp. 325-359; HART, Henry M. "The aims of Penal Law". *Law & Contemporary Problems*, vol. 23, 1958, pp. 401-444; AMERICAN LAW INSTITUTE. *Model penal code*: proposed official draft. Filadélfia: American Law Institute, 1962, Seções 1.04 (5), 2.01-2.13.

CAPÍTULO II – A MORALIDADE QUE TORNA O DIREITO POSSÍVEL

Minha observação final é que nossas noções do que é de fato impossível podem ser determinadas por pressupostos sobre a natureza do homem e do universo, pressupostos sujeitos a mudanças históricas. Hoje, a oposição às leis que pretendem obrigar as crenças religiosas ou políticas baseia-se no fato de que tais leis constituem uma interferência injustificada na liberdade individual. Thomas Jefferson teve uma visão diferente. No esboço original do "Preâmbulo da norma de Liberdade Religiosa da Virgínia", ele condenou tais leis como tentativa de obrigar o impossível: "bem ciente de que as opiniões e crenças dos homens não dependem de sua própria vontade, mas seguem involuntariamente as evidências propostas em suas mentes (...)".[62]

Pode-se levantar a questão de saber se não há, nessa concepção, um respeito mais profundo tanto pela verdade quanto pelos poderes humanos do que há em nosso próprio intuito.

2.11 A constância da lei ao longo do tempo

Dos princípios constituintes da moralidade interna do Direito, aquele que exige que as leis não sejam alteradas com demasiada frequência parece o menos adequado à formalização em uma restrição constitucional. É difícil imaginar, por exemplo, uma convenção constitucional insensata o suficiente para resolver que nenhuma lei deve ser alterada com mais frequência do que, digamos, uma vez por ano. As restrições à legislação retroativa, por outro lado, têm sido as favoritas entre os legisladores.[63] Ainda assim, há uma grande afinidade entre os danos causados pela legislação retroativa e aqueles resultantes de mudanças muito frequentes na lei. Ambos decorrem do que pode ser chamado de inconstância legislativa. É interessante notar que Madison, quando buscou defender os

---

[62] BOYD, Julian P. *The Papers of Thomas Jefferson*: vol. II. Princeton: Princeton University Press, 1950, p. 545.
[63] Ver notas 37 e 38 supra.

dispositivos da Constituição que proíbem as leis *ex post facto* e leis que prejudicam a obrigação do contrato, usou uma linguagem mais adequada para descrever o malefício da mudança frequente em relação ao que resulta das leis retroativas:

> O povo sóbrio da América está cansado da política flutuante que dirigiu os conselhos públicos. Eles viram com pesar e indignação que mudanças repentinas e interferências legislativas (...) se tornaram (...) armadilhas para a parte mais trabalhadora e menos informada da comunidade. Eles viram, também, que uma interferência legislativa é apenas o primeiro elo de uma longa cadeia de repetições.[64]

A afinidade entre os problemas suscitados por mudanças muito frequentes ou repentinas na lei e aqueles suscitados por legislação retroativa recebe reconhecimento nas decisões da Suprema Corte dos Estados Unidos. O malefício da lei retroativa surge porque os homens podem ter agido de acordo com o estado anterior da lei, e as ações assim tomadas podem ser frustradas ou tornadas inesperadamente onerosas por uma alteração retroativa em seus efeitos jurídicos. Mas, às vezes, uma ação tomada com base na lei anterior pode ser desfeita, desde que algum aviso seja dado sobre a mudança iminente e a própria mudança não se torne efetiva tão rapidamente que não haja tempo suficiente para o ajuste ao novo estado da lei. Desse modo, o Tribunal disse:

> Está pacificado que [prescrições de limitação] podem ser modificadas encurtando o tempo prescrito, mas apenas se isso for feito enquanto o tempo ainda estiver correndo, e de

---

[64] HAMILTON, Alexander; MADISON, James; JAY, John. *The Federalist*, nº 44. Ed. Jacob E. Cooke. Middletown: Wesleyan University Press, 1961, pp. 299-302.

CAPÍTULO II – A MORALIDADE QUE TORNA O DIREITO POSSÍVEL

forma que ainda resta um tempo razoável para o início de uma ação antes que a proibição ganhe efeito permanente.[65]

2.12 Congruência entre a ação do Estado e a norma posta

Chegamos finalmente ao mais complexo de todos os requisitos que constituem a moralidade interna do Direito: a congruência entre a ação do Estado e a norma posta. Essa congruência pode ser destruída ou prejudicada de diversas maneiras: interpretação errônea, inacessibilidade à lei, falta de visão sobre o que é necessário para manter a integridade de um sistema jurídico, suborno, preconceito, indiferença, estupidez e o impulso do poder pessoal.

Assim como as ameaças a essa congruência são múltiplas, os procedimentos jurídicos estabelecidos para mantê-la assumem, necessariamente, uma variedade de formas. Podemos contar aqui a maioria dos elementos do "devido processo legal", como o direito de representação por advogado e o direito de acarear testemunhas. Também podemos incluir como sendo parcialmente direcionados ao mesmo objetivo o *habeas corpus* e o direito de apelar de uma decisão adversa a um Tribunal Superior. Até mesmo a questão da "competência" para levantar questões constitucionais é relevante nesse contexto; princípios aleatórios e flutuantes relativos a esse assunto podem produzir um padrão descontínuo e arbitrário de correspondência entre a Constituição e sua aplicação na prática.

Neste país, a tarefa de prevenir a discrepância entre o direito tal qual decidido e sua aplicação é confiada principalmente ao Judiciário. Essa atribuição de função tem a vantagem de colocar a responsabilidade em mãos experientes, submetendo sua quitação ao escrutínio público e exagerando a moralidade do Direito.

---

[65] *Ochoa vs. Hernandez y Morales*, 230 US. 139, 1913, pp. 161/162.

Existem, no entanto, sérias desvantagens em qualquer sistema que olhe apenas para os tribunais como um baluarte contra a administração ilegal do Direito. Faz com que a correção de abusos dependa da disposição e capacidade financeira da parte afetada para levar seu caso a litígio. Mostrou-se relativamente ineficaz no controle da conduta ilegal por parte da polícia, esse mal sendo, na verdade, agravado pela tendência dos tribunais inferiores de identificar sua missão com a de manter o moral da força policial. Para um controle eficaz da ausência de leis penais, muito pode ser dito sobre alguma agência de supervisão, como o *ombudsman* da Escandinávia, capaz de agir de maneira rápida e flexível em reclamações informais.

Nas áreas em que o magistrado estabelece as leis, pode-se dizer que, embora a congruência essencial entre a lei e a ação do Estado possa ser enfraquecida pelos tribunais inferiores, ela não pode ser enfraquecida pelo tribunal mais elevado, uma vez que este estabeleceu a lei. O tribunal mais elevado de uma jurisdição, ao que parece, não pode estar fora de ritmo, uma vez que é quem dá o tom. Mas a melodia cantada pode ser bastante inaudível para qualquer um, incluindo o autor da melodia. Todas as influências que podem produzir uma falta de congruência entre a ação jurisdicional e a lei estatutária podem, quando o próprio tribunal edita a lei, produzir desvios igualmente prejudiciais de outros princípios da legalidade: uma falha em articular normas gerais razoavelmente claras e uma inconstância na decisão, o que se manifesta em decisões contraditórias, mudanças frequentes de direção e mudanças retrospectivas na lei.

O elemento mais sutil na tarefa de manter a congruência entre a lei e a ação do Estado reside, é claro, no problema da interpretação. A legalidade exige que os juízes e outros funcionários apliquem a lei estatutária não de acordo com sua fantasia ou com uma literalidade ranzinza, mas de acordo com os princípios de interpretação apropriados à sua posição em toda a ordem jurídica. Quais são esses princípios? A melhor resposta curta que conheço

CAPÍTULO II – A MORALIDADE QUE TORNA O DIREITO POSSÍVEL

remonta a 1584, quando os Barões do Tesouro se reuniram para considerar um difícil problema de interpretação no caso Heydon:

> E foi decidido por eles que, para a interpretação certa e verdadeira de todas as normas em geral (sejam elas penais ou benéficas, restritivas ou ampliadoras da lei comum), quatro coisas devem ser discernidas e consideradas:
>
> 1ª. Qual era a lei comum antes da elaboração da lei.
>
> 2ª. Qual foi o dano e o delito para o qual a lei comum estava desprovida de disposições.
>
> 3ª. Que recurso o Parlamento tem e elegeu para curar a doença da comunidade.
>
> E 4ª. A verdadeira razão do recurso; e então a função de todos os juízes é sempre fazer tal construção de modo a eliminar o dano e antecipar a solução.[66]

Se alguma crítica pode ser feita a essa análise, é que deveria incluir um quinto ponto a ser "discernido e considerado", o qual poderia ser lido da seguinte forma: "como aqueles que devem se guiar por suas palavras compreendem razoavelmente a intenção da lei, pois esta não deve se tornar uma armadilha para aqueles que não podem compreender suas razões com tanta profundidade quanto os juízes".

Manter diante de nós a verdade central da Resolução no Caso de Heydon, ou seja, a de que, para entender uma lei, você deve

---

[66] 3 Co. Rep. 7a. É evidente que, no trecho citado, o termo "dano" é usado em um sentido não mais corrente. Como usado no caso de Heydon, era, na verdade, um primo próximo de duas outras palavras então grandes favoritas: "repugnância" e "inconveniência". Todos esses termos descreviam uma situação em que as coisas não se encaixavam, pedaços de caos ainda não reduzidos pelo esforço humano à ordem racional. Talvez deva ser sugerido também que, como o relatório da Resolução é de Coke, é possível que ele relate o que os Barões deveriam ter resolvido, e não o que eles de fato pensavam e diziam.

entender "a doença da comunidade" para a qual ela foi designada a solucionar, nos permitirá esclarecer o problema de interpretação das confusões que normalmente a obscureciam. Algumas delas têm um ar de bom senso falacioso que lhes confere uma longevidade imerecida. Isso é particularmente verdadeiro para o pensamento contido na seguinte passagem de Gray:

> A interpretação é geralmente tida como se sua função principal fosse descobrir qual era realmente o significado do Legislativo. Mas quando um Legislativo tem uma intenção real, de uma forma ou de outra, em um ponto, não é uma vez em cem que qualquer dúvida surge quanto a qual era a sua intenção (...). O fato é que as dificuldades da chamada interpretação surgem quando o Legislativo não teve nenhuma intenção; quando a questão levantada sobre a norma nunca lhe ocorreu (...). [Nesses casos,] quando os juízes professam declarar o que o Legislativo quis dizer, estão, na verdade, eles mesmos, legislando para preencher o caso omisso.[67]

É claro que é verdade que, ocasionalmente, na redação de uma norma, alguma situação provável é inteiramente esquecida, de modo que se pode imaginar o relator dizendo algo como "opa!" quando esse descuido é chamado à sua atenção. Mas casos desse tipo estão longe de ser típicos dos problemas de interpretação. Mais comumente, a norma acaba sendo obtusa e incompleta de forma a errar um alvo óbvio.

Subjacente à visão de Gray, está uma concepção atomística de intenção, juntamente com o que pode ser chamado de teoria indicativa de significado (*pointer theory of meaning*). Essa visão concebe a mente como sendo direcionada para coisas individuais, em vez de se direcionar para ideias gerais, para situações de fato

---

[67] GRAY, John C. *The Nature and sources of the Law*. 2ª ed. Nova York: Macmillan, 1921, pp. 172/173.

CAPÍTULO II – A MORALIDADE QUE TORNA O DIREITO POSSÍVEL

distintas, em vez de se voltar para algum significado quanto aos assuntos humanos compartilhados por essas situações. Se essa visão fosse levada a sério, então, teríamos que considerar a intenção do redator de uma norma dirigida contra "armas perigosas" como sendo dirigida a uma série infinita de objetos individuais: revólveres, pistolas automáticas, punhais, facas da marca Bowie etc. Se um tribunal aplica a norma a uma arma não pensada pelo relator, então, ele estaria "legislando", não "interpretando", como ainda mais obviamente seria se aplicasse a norma a uma arma ainda não inventada quando a norma foi aprovada.[68]

Essa visão atomística da intenção exerce, direta e indiretamente, tanta influência nas teorias de interpretação que se torna essencial opor explicitamente a ela uma visão mais verdadeira do problema. Para esse fim, deixe-me sugerir uma analogia. Um inventor de aparelhos domésticos úteis morre deixando o esboço a lápis de uma invenção na qual estava trabalhando no momento de sua morte. Em seu leito de morte, pede a seu filho que continue trabalhando na invenção, mas acaba morrendo sem ter tido a chance de revelar a que propósito a invenção deveria servir ou qualquer coisa sobre seus próprios planos para completá-la. Ao realizar o desejo de seu pai, o primeiro passo do filho seria decidir qual era o propósito da invenção projetada, quais defeitos ou insuficiências dos dispositivos existentes ela se destinava a remediar. Ele, então, tentaria compreender o princípio subjacente da invenção projetada, a "verdadeira razão do remédio", na linguagem do Caso Heydon. Com esses problemas resolvidos, iria começar, enfim, a descobrir o que era essencial para completar o *design* do dispositivo projetado.

---

[68] A visão "atomística" da intenção descrita no texto está relacionada e pode ser considerada uma expressão do nominalismo filosófico. Lidei com a influência dessa visão sobre o movimento conhecido como realismo jurídico em meu artigo FULLER, Lon L. "American Legal Realism". *University of Pennsylvania Law Review*, vol. 82, nº 5, 1934, pp. 429 e 443-447.

Vamos agora indagar sobre as questões da ação do filho do tipo comumente perguntado sobre a interpretação das normas. O filho foi fiel à intenção do pai? Se quisermos dizer, "ele realizou uma intenção que o pai realmente tinha em relação à maneira de completar o projeto?", porque, é claro, a pergunta é totalmente irrespondível, pois não sabemos se o pai teve tal intenção e, em caso afirmativo, qual foi. Se quisermos dizer, "o filho permaneceu dentro da estrutura definida, aceitando a concepção do pai sobre a necessidade do dispositivo projetado e a abordagem geral do inventor para o problema de suprir essa necessidade?", então, a resposta, com base nos fatos supostos, é sim. Se o filho pudesse pedir ajuda ao espírito do pai, é provável que essa ajuda assumisse a forma de colaborar com o primeiro na solução de um problema que o segundo havia deixado sem solução. Portanto, geralmente é assim que ocorre com problemas de difícil interpretação. Se o relator de uma lei fosse chamado para uma consulta direta, ele normalmente teria que proceder da mesma maneira que o juiz, fazendo perguntas como as seguintes: esse caso se enquadra no dano que a lei procura remediar? Ele se enquadra na "verdadeira razão do remédio" apontada pela norma, isto é, o remédio prescrito é adequado para lidar com essa manifestação particular do dano geral a que a norma foi dirigida?

A analogia da invenção incompleta também pode ser útil para esclarecer uma obscuridade que perpassa o vocabulário de interpretação. Tendemos a pensar na intenção como um fenômeno da psicologia individual, embora o que estejamos interpretando seja um ato corporativo. Assim, questionamos a intenção do "legislador", embora saibamos que tal ser não existe. Outras vezes, falamos da intenção do "Legislativo", embora saibamos que aqueles que votaram por uma lei geralmente o fazem com uma variedade de pontos de vista quanto ao seu significado e, muitas vezes, sem uma compreensão real de seus termos. Aproximando-nos da psicologia individual, podemos falar da intenção do "desenhista", mas, novamente, estamos com problemas. Pode

CAPÍTULO II – A MORALIDADE QUE TORNA O DIREITO POSSÍVEL

haver vários desenhistas, agindo em momentos diferentes e sem qualquer entendimento comum quanto ao objetivo exato pretendido. Além disso, qualquer intenção privada e não comunicada do relator de uma lei é devidamente considerada juridicamente irrelevante para a sua interpretação adequada.[69] Voltemos à analogia da invenção incompleta para ver se ela oferece alguma ajuda nesse impasse. É claro que o filho pode, ao resolver seu problema, achar útil se colocar, por assim dizer, no contexto do pensamento de seu pai, relembrando seus modos de pensamento e suas maneiras características de resolver problemas. No entanto, também está claro que esse procedimento pode não ser essencial nem útil. Na verdade, se o projeto incompleto veio das mãos de algum inventor bastante desconhecido, a tarefa do filho pode não ser essencialmente alterada. Ele olharia para o diagrama em si para ver qual o propósito a ser servido pela invenção e que princípio ou princípios gerais estavam por trás do projeto. Poderíamos falar, nesse caso, de "a intenção do projeto". Isso pode envolver uma metáfora, mas é útil ao menos, por não descreve mal a natureza da tarefa do filho. Portanto, ao falar de intenção legislativa, acho que seria melhor se falássemos de "a intenção da lei", assim como Mansfield, ao lidar com a intenção contratual, uma vez falou de "a intenção da operação comercial".[70]

A fidelidade à lei promulgada é frequentemente identificada com uma atitude passiva e puramente receptiva por parte do juiz. Se ele age "criativamente", pode estar indo além de sua designação como intérprete. Aqueles que preferem a norma editada por juízes

---

[69] Falando da "Lei de Fraudes", Lord Nottingham disse em *Ash vs. Abdy*, 3 Swanston 664 (1678): "eu tinha alguma razão para saber o significado dessa lei; pois teve sua primeira ascensão de mim". Cf. "Se Lord Nottingham a idealizou, ele era o menos qualificado para interpretá-la, o autor de um ato considerando mais o que pretendia em particular do que o significado que expressou". CAMPBELL, John. *Lives of the Lord Chancellors of England*. 3ª ed. Londres: J. Murray, 1848-1850, 423 n.

[70] *Kingston vs. Preston*, 2 Douglas 689 (1773).

às normas editadas pelos legisladores estão aptos a saudar esse afastamento e a se alegrar em ver o juiz aparentemente fazer tanto com tão pouco. Por outro lado, aqueles que desconfiam do poder judicial são capazes de discernir, em qualquer papel criativo, um abandono de princípios e uma busca pelo poder pessoal. Quando a questão é combinada nesses termos, todo o problema é mal interpretado. No caso da invenção incompleta, quando o filho assumia um papel criativo, ele não merecia, apenas por esse ato, elogios ou censura. Estava simplesmente atendendo às demandas de sua atribuição, fazendo o que tinha de fazer para realizar o desejo do pai. O tempo para elogios ou censuras chegaria quando pudéssemos examinar o que ele havia realizado em seu papel inescapavelmente criativo. Então, é com os juízes.

Pode-se objetar que a analogia explorada aqui é enganosa. Uma norma, pode-se dizer, não tem um propósito tão simples e tão fácil de definir como o de um aspirador de pó, por exemplo. O dano social que ela busca remediar é frequentemente sutil e complexo, sua própria existência sendo perceptível apenas para aqueles que possuem certos julgamentos de valor. Novamente, o remédio que uma norma indica para curar "uma doença da comunidade" não é como uma haste conectando um mecanismo a outro. Frequentemente, o legislador tem que escolher entre uma ampla gama de remédios possíveis, alguns proporcionando um tipo muito oblíquo de cura para o defeito que se busca corrigir.

Tudo isso pode ser concedido, mas sugiro que é precisamente nesse ponto de aparente inadimplência que a figura da invenção incompleta se torna mais útil. Alguma obscuridade a respeito do dano que se busca remediar por uma lei pode ser tolerada. Mas se essa obscuridade ultrapassar um certo ponto crucial, então, nenhum virtuosismo no desenho ou habilidade na interpretação pode fazer uma coisa significativa de uma norma afetada por ela. Novamente, alguma frouxidão de pensamento sobre a conexão entre o remédio e o defeito a que ele é designado para curar não invalida inevitavelmente uma norma. Mas se essa conexão for fundamentalmente

CAPÍTULO II – A MORALIDADE QUE TORNA O DIREITO POSSÍVEL

mal concebida, então, toda possibilidade de interpretação coerente será perdida. Supor o contrário seria o mesmo que supor que uma invenção basicamente equivocada em sua concepção poderia ser resgatada ao ser incorporada a um projeto organizado.

Deixe-me dar um exemplo histórico de uma disposição legal que estava viciada por um defeito fundamental em seu projeto. Refiro-me ao parágrafo 5 da Seção 4 do *Statute of Frauds*, aprovado em 1677. A Seção 4 da norma foi baseada no pressuposto de que certos tipos de contratos não deveriam ser legalmente exequíveis, a menos que a prova de sua existência fosse apoiada por um documento assinado. Por outro lado, não foi considerado sábio estender uma exigência tão estrita a todos os contratos, alguns dos quais deveriam ser legalmente válidos, embora expressos oralmente. Consequentemente, os redatores enfrentaram a necessidade de decidir que tipo de contrato deveria ser feito por escrito e que tipo poderia ser deixado para expressão oral com segurança. Uma dessas decisões foi incorporada na seguinte linguagem: "nenhuma ação será proposta (...) (5) sobre qualquer acordo que não deva ser executado no espaço de um ano a partir de sua celebração, a menos que o acordo sobre o qual tal ação seja proposta (...) deva ser por escrito e assinado pela parte a ser acusada".

É possível dizer que poucos atos do Legislativo deram origem a tantas interpretações discordantes e bizarras como as palavras que acabamos de citar. O que deu errado? A norma é expressa em um inglês simples e direto. O engano parece bastante óbvio. Também é bastante fácil ver por que os redatores deveriam selecionar como especialmente necessitantes da segurança de provas escritas os contratos programados para durar um período considerável de tempo; nas palavras de Holt, "o objetivo da norma era não confiar na memória das testemunhas por mais de um ano".[71]

---

[71] *Smith vs. Westfall*, 1 Lord Raymond 317 (1697).

A dificuldade surgiu porque os redatores simplesmente não haviam pensado na relação entre o dano e o remédio destinado a curá-lo. Em primeiro lugar, é claro que não existe relação direta entre o momento em que a testemunha será chamada a depor e o tempo necessário para a execução do contrato; um contrato pode ser programado para ser concluído dentro de um mês e, ainda assim, ser levado à prova em tribunal dois anos depois. Além disso, os redatores não se perguntaram o que os tribunais deveriam fazer com o caso muito comum de contratos em que é impossível dizer, com antecedência, quanto tempo sua execução exigirá, como contratos para empregar um homem pelo resto da vida ou para pagar uma quantia mensal para ele até que esteja curado de uma doença. Ao imaginar eventos inesperados que aceleram ou adiam o desempenho, essa classe de contratos pode ser amplamente expandida. Em um caso que estava sendo submetido à decisão logo após a norma ter sido aprovada, sugeriu-se que a validade do contrato deveria depender do curso real dos eventos.[72] Se fosse descoberto que a execução era devida dentro de um ano, o contrato oral era válido; do contrário, o contrato não era executável. Mas essa solução nunca foi aceita e não poderia ser. As partes precisam saber desde o início, ou pelo menos desde que surgirem problemas, se têm ou não um contrato. Fazer com que a existência de um contrato vinculativo dependa de eventos posteriores seria um convite a todos os tipos de disputas por posição e produziria a maior confusão imaginável. Em suma, os tribunais foram confrontados com uma lei que simplesmente não poderia ser aplicada de forma a cumprir a intenção vagamente concebida de seus redatores. Os britânicos finalmente encontraram, em 1954, a única solução para o caso: a revogação total da seção mencionada. Ainda buscamos a solução para um quebra-cabeça que parece não oferecer maneira de se resolver.

Meu segundo exemplo de legislação fundamentalmente mal concebida é mais moderno em quase três séculos. Trata-se de uma

---

[72] Ver o caso citado na nota anterior.

CAPÍTULO II – A MORALIDADE QUE TORNA O DIREITO POSSÍVEL

lei que padece do defeito de ser impossível definir em termos claros exatamente que dano se destinava a sanar. Com a revogação da proibição, os americanos decidiram "evitar o retorno das antigas tabernas". O que isso significa? A antiga taberna era algo complexo, combinando aspectos arquitetônicos, atmosféricos, artísticos, comerciais, jurídicos e sociológicos. Era altamente improvável que voltasse, ou mesmo pudesse, retornar à sua forma anterior, após quinze anos, durante os quais ocorreram mudanças sociais fundamentais. Ainda assim, para se ter certeza absoluta, em muitos estados, entendeu-se que "deveria haver a promulgação de uma lei".

Como você legisla contra algo como "a taberna"? Bem, as tabernas tinham portas de vaivém; que seja ilegal, portanto, servir bebidas atrás de qualquer coisa que possa ser razoavelmente chamada de porta giratória. Na taberna, os clientes se levantavam para beber; que seja decretado, portanto, que eles devem, agora, sentar-se, embora certamente, como uma proposição original, haja muitas razões para supor que a causa da temperança seria avançada, exigindo dos bebedores a permanência em pé durante o tempo que bebem. Você não podia comprar uma refeição na antiga taberna, embora pudesse receber uma de graça. Vamos criar algo da atmosfera de um restaurante familiar na nova taberna, impondo uma exigência legal para que sirva refeições. Mas isso não deve ser levado muito longe. Seria extremamente injusto exigir que o cliente sedento comprasse comida antes de receber uma bebida. Seja exigência legal, então, que a nova taberna esteja preparada para servir comida a qualquer um que a peça, por poucos que sejam entre seus clientes.

A responsabilidade principal para a administração dessa mistura alopática de normas era, obviamente, atribuída não ao fiscal, mas à autoridade responsável por conceder licenças. Alguém imagina algum senso de função social útil advinda de tal autoridade? É de se admirar que essa área de regulamentação seja conhecida por sua ineficiência e corrupção? Mesmo se um burocrata consciencioso pudesse ser encontrado, um que consideraria sua vida cheia de missão se ele simplesmente tivesse permissão para fazer cumprir as normas, por mais absurdas que fossem, o problema ainda não estaria resolvido. Restariam insolúveis problemas de interpretação, em decidir, por exemplo, o que constitui estar adequadamente preparado para servir uma refeição a um comensal que nunca vem.

Nesse ponto, nossa discussão do problema da interpretação deve ser interrompida. É um assunto com uma textura muito rica para ser exaurido por qualquer analogia ou metáfora. Suas demandas dependem tanto do contexto que casos ilustrativos podem servir apenas para revelar princípios gerais, mas não podem transmitir as nuances que acompanham a aplicação desses princípios a ramos particulares do Direito. Com todas as suas sutilezas, o problema da interpretação ocupa uma posição sensível e central na moralidade interna do Direito. Revela, como nenhum outro problema, a natureza cooperativa da tarefa de manter a legalidade. Se o intérprete pretende preservar o sentido da missão útil, o legislador não deve impor-lhe tarefas sem sentido. Para que o redator legislativo cumpra as suas responsabilidades, ele, por sua vez, deve ser capaz de antecipar modos de interpretação racionais e relativamente estáveis. Essa dependência recíproca permeia de maneiras menos imediatamente óbvias toda a ordem jurídica. Nenhuma concentração única de inteligência, percepção e boa vontade, por mais estrategicamente localizada que seja, pode garantir o sucesso da empreitada de submeter a conduta humana ao estado das normas.

2.13 Legalidade entendida como artes práticas com um propósito utilitário

À longa análise que acabamos de concluir, devem ser acrescentadas algumas observações finais sobre as aplicações práticas dos princípios da legalidade.

Em primeiro lugar, um aviso sobre a palavra "lei" é necessário. Em 1941, foi adicionado às Leis Anotadas de Massachusetts

CAPÍTULO II – A MORALIDADE QUE TORNA O DIREITO POSSÍVEL

(Cap. 2, § 9) uma cláusula determinando que o chapim deveria ser o pássaro oficial do estado. Agora é evidente que o bem-estar público não teria sofrido nenhum revés sério se essa lei tivesse sido mantida em segredo e retroagido ao desembarque do Mayflower. Na verdade, se chamarmos pelo nome de lei qualquer ato oficial de um órgão legislativo, então, pode haver circunstâncias em que todos os detalhes de uma lei devam ser mantidos em segredo. Tal caso poderia surgir quando uma apropriação legislativa fosse feita para financiar a pesquisa de alguma nova arma militar. É sempre lamentável quando qualquer ato de Estado deve ser ocultado do público e, portanto, protegido da crítica. Mas há momentos em que devemos nos curvar à terrível necessidade. A própria Constituição, no artigo V, estabelece que cada "casa deve manter um diário de seus procedimentos e, de tempos em tempos, publicá-lo, exceto as partes que, em seu julgamento, exigirem sigilo". Tudo isso tem muito pouca relevância, no entanto, para as leis que são o assunto em discussão.[73] Não posso conceber, por exemplo, nenhuma emergência que justifique negar ao público o conhecimento de uma lei que estabeleça um novo crime ou altere os requisitos para fazer um testamento válido.

Em segundo lugar, as infrações à moralidade do Direito tendem a se tornar cumulativas. A negligência com a clareza, consistência ou publicidade pode gerar a necessidade de leis retroativas. Mudanças muito frequentes na lei podem anular os benefícios dos procedimentos formais, mas lentos, para tornar a lei conhecida. O descuido em manter as leis possíveis de obediência pode gerar a necessidade de uma aplicação discricionária que, por sua vez, prejudica a congruência entre a ação do Estado e a norma promulgada.

---

[73] Uma discussão sobre problemas de publicidade, visto que afetam a ação governamental, além da aprovação de leis no sentido usual, será encontrada em meu artigo FULLER, Lon L. "Governmental cecrecy and the forms of cocial order". *In*: FRIEDRICH, Carl J. (Coord.). *Community*. Nova York: [s.n.], 1959, pp. 256-268.

Em terceiro lugar, na medida em que a lei traz explicitamente as concepções de certo e errado amplamente compartilhadas na comunidade, a necessidade de que a lei promulgada seja divulgada e claramente declarada diminui em importância. O mesmo ocorre com o problema da retroatividade; onde a lei é em grande parte um reflexo da moralidade extralegal, o que aparece na forma como legislação retrospectiva pode, em substância, representar apenas a confirmação de pontos de vista já amplamente defendidos ou em processo de desenvolvimento em direção à norma finalmente promulgada. Quando, no final do século XVI, os tribunais ingleses deram, enfim, sanção legal ao contrato bilateral executório, eles só alcançaram a prática comercial ao permitir que as partes fizessem diretamente o que antes eram obrigadas a fazer indiretamente.

Em quarto lugar, o rigor com que os oito requisitos como um todo devem ser aplicados, bem como sua prioridade de classificação entre si, serão afetados pelo ramo do Direito em questão, bem como pelos tipos de normas jurídicas em consideração. Assim, é geralmente mais importante que um homem tenha uma noção clara sobre seus deveres legais do que saiba exatamente que consequências desagradáveis podem advir de uma violação; uma norma retroativa que cria um novo crime é totalmente questionável, mas uma norma semelhante que prolonga o prazo de prisão para um crime existente é menos questionável. Uma distinção conhecida entre normas de Direito é aquela que distingue normas que impõem deveres e normas que conferem capacidades jurídicas. Ambos os tipos de normas são afetados em alguma medida por todas as oito exigências da moralidade jurídica. Ao mesmo tempo, normas que concedem e definem poderes legais raramente têm qualquer contrapartida nas práticas da vida cotidiana – apertar as mãos em um negócio nunca foi aceito como uma formalidade legal adequada. Portanto, no que diz respeito às normas definidoras dos poderes legais, os requisitos de publicidade e clareza tendem a ser especialmente exigentes. Ao contrário, conferir validade retroativa ao que, segundo a lei existente, era uma tentativa vã de exercer um poder

CAPÍTULO II – A MORALIDADE QUE TORNA O DIREITO POSSÍVEL

legal, muitas vezes, será visto como uma promoção da causa da legalidade, evitando uma confusão de direitos.

Em quinto e último lugar, é preciso lembrar que, em nossa análise detalhada de cada uma das exigências da moralidade jurídica, geralmente tomamos o ponto de vista de um legislador consciencioso, ansioso por compreender a natureza de sua responsabilidade e disposto a enfrentar suas dificuldades. Essa ênfase nas nuances e nos problemas difíceis não deve nos fazer esquecer que nem todos os casos são difíceis. Cada uma das exigências de legalidade pode ser ultrajada de maneiras que não deixam dúvidas. Diz-se que Calígula, por exemplo, respeitou a tradição de que as leis de Roma fossem afixadas em local público, mas providenciou para que suas próprias leis fossem em letras miúdas e penduradas tão alto que ninguém pudesse lê-las.

O paradoxo de que um assunto pode ser tão fácil e tão difícil ao mesmo tempo pode ser esclarecido por uma figura de Aristóteles. Em sua Ética, Aristóteles levanta a questão de saber se é fácil ser justo com os demais. Ele observa que pode parecer que sim, pois existem certas normas estabelecidas para o trato justo, as quais podem ser aprendidas sem dificuldade. A aplicação de uma norma simples deve ser simples. Mas não é assim, diz Aristóteles, invocando aqui uma analogia predileta, a da medicina: "é fácil conhecer os efeitos do mel, do vinho, do heléboro, da cauterização e da poda. Mas saber como, para quem e quando devemos aplicá-los como remédios não é uma tarefa menos difícil do que ser médico".[74]

Desse modo, podemos, por nossa vez, dizer: é fácil perceber que as leis devem ser expressas com clareza em normas gerais, em vigor prospectivas e divulgadas ao cidadão. Mas saber como, em que circunstâncias e em que equilíbrio essas coisas devem ser alcançadas não é uma tarefa menos difícil do que a de ser um legislador.

---

[74] ARISTÓTELES. *Nichomachean Ethics*, Livro V, 1137a.

CAPÍTULO III

O CONCEITO DE DIREITO

> *Considerando que as ideias referentes à utilidade do Direito estão implícitas naquilo que se concebe como Direito, é conveniente examinar brevemente as ideias relativas à natureza do Direito.*
>
> Roscoe Pound

> *Das Vergessen der Absichten ist die häufigste Dummheit, die gemacht wird.*
>
> Friedrich Nietzsche

O objetivo do presente capítulo é estabelecer uma relação adequada entre a análise apresentada em meu segundo capítulo com as teorias predominantes do Direito e sobre o Direito.

Essa missão se dá não somente para corroborar o que eu disse contrariamente aos pontos de vista opostos aos meus, mas para oferecer um esclarecimento adicional ao que foi dito até agora.

Não obstante entender que um livro sobre teoria jurídica não deve ser meramente "um livro a partir do qual se aprende o conteúdo de outros livros",[75] permanece o fato de que o que aprendemos em outros livros (às vezes indiretamente e sem os ter lido) atua como um prisma através do qual qualquer nova análise é vista.

Alguns questionamentos de pontos de vista próprios em relação àqueles profundamente enraizados no vocabulário e no pensamento de um assunto são uma parte essencial da explicação.

3.1 Moralidade jurídica e Direito Natural

Dando continuidade a essa explicação, a primeira tarefa é relacionar o que chamei de moralidade interna do Direito à tradição milenar do Direito Natural. Os princípios expostos em meu segundo capítulo equivalem a alguma variedade de lei natural? A resposta é um enfático e qualificado sim.

O que tentei fazer foi discernir e articular as leis naturais de um tipo particular de empreendimento humano, o qual descrevi como "o empreendimento de submeter a conduta humana ao Estado das leis". Essas leis naturais não têm nada a ver com qualquer "onipresença ameaçadora dos céus". Tampouco têm afinidade com qualquer proposição tal que a prática da contracepção seja uma violação da lei de Deus. Elas permanecem inteiramente terrestres em sua origem e aplicação. Não são leis "superiores"; se qualquer metáfora de elevação for apropriada, elas deveriam ser chamadas de leis "inferiores". São como as leis naturais da carpintaria ou, ao menos, como as leis seguidas por um carpinteiro que pretende que a casa construída por ele permaneça de pé e sirva ao propósito daqueles que nela habitam.

Embora essas leis naturais tenham relação com uma das atividades humanas essenciais, obviamente não esgotam a inteireza

---

[75] HART, Herbert L. A. *The Concept of law*. Nova York: Oxford University Press, 1961, p. viii.

CAPÍTULO III – O CONCEITO DE DIREITO

da vida moral do homem. Elas nada têm a ver com tópicos como a poligamia, o estudo de Marx, a adoração a Deus, o imposto de renda progressivo ou a opressão das mulheres. Caso seja levantada a questão sobre se algum desses assuntos ou outros como eles devam ser considerados como objetos da legislação, essa questão se relaciona com o que chamei de moralidade externa do Direito.

Como uma maneira conveniente (embora não totalmente satisfatória) de descrever a distinção que está sendo feita, podemos falar de um processo distinto a um Direito Natural substantivo. O que chamei de moralidade interna do Direito é, nesse sentido, uma versão processual do Direito Natural, embora, para evitar mal-entendidos, a palavra "processual" deva receber um sentido especial e expandido de modo que inclua, por exemplo, um acordo substantivo entre ação do Estado e lei promulgada. O termo "processual" é, no entanto, bastante apropriado para indicar que estamos preocupados não com os objetivos substantivos das normas jurídicas, mas com a maneira pelas quais um sistema de normas destinado a regular a conduta humana deva ser construído e administrado se for para ser eficaz e, ao mesmo tempo, permanecer o que pretende ser.

Na história atual do pensamento jurídico e político, que associação encontramos entre os princípios expostos em meu segundo capítulo e a doutrina do Direito Natural? Esses princípios fazem parte da tradição do Direito Natural? Eles são invariavelmente rejeitados pelos pensadores positivistas que se opõem a essa tradição? Não há respostas simples a essas perguntas.

Os positivistas certamente não assumem nenhum padrão claro. Austin definiu o Direito como o comando de um superior político. No entanto, ele insistiu que as "leis propriamente ditas" eram normas gerais e que "ordens ocasionais ou particulares" não eram leis.[76] Bentham, que explorou seu vocabulário singular para

---

[76] Ver nota 33, capítulo II.

contrariar as leis da natureza, sempre se preocupou com certos aspectos daquilo que chamei de moralidade interna do Direito. Na verdade, ele parecia quase obcecado com a necessidade de tornar as leis acessíveis aos que estavam sujeitos a elas. Por outro lado, em tempos mais recentes, Gray tratou a questão de saber se o Direito deve assumir a forma de normas gerais como uma questão de "pouca importância prática", embora admitindo que exercícios específicos e isolados de poder jurídico não sejam um assunto adequado para a teoria do Direito.[77] Para Somló, as leis retroativas podem ser tidas como injustas, mas de nenhuma forma devem ser entendidas como violadoras de qualquer premissa geral subjacente ao próprio conceito de Direito.[78]

Referindo-me a pensadores associados à tradição do Direito Natural, é certo dizer que nenhum deles demonstraria a indiferença de um Gray ou Somló em relação às exigências da moralidade do Direito. Por outro lado, sua preocupação mais premente é com o que chamei de lei natural substantiva e com os fins adequados a serem buscados por meio de normas jurídicas. Quando eles tratam das exigências da moralidade do Direito, creio eu, isso se dá geralmente de forma incidental, apesar de um aspecto do assunto receber, ocasionalmente, considerável desenvolvimento. Tomás de Aquino é provavelmente representativo nesse assunto. Em relação à necessidade de normas gerais (em contraposição à tomada de decisões caso a caso), ele desenvolve uma demonstração surpreendentemente elaborada, incluindo um argumento de que a escassez de homens sábios é uma questão de precaução econômica em relação a seus talentos, colocando-os para redigir normas gerais

---

[77] Ver nota 33, capítulo II.
[78] "Es kann somit bloss ein Rechtsinhaltsprinzip sein, das die nickwirkende Kraft von Rechtsnormen ausschliesst, nicht ein Voraussetzungsprinzip". SOMLÓ, Felix. *Juristische Grundlehre*. 2ª ed. Leipzig: Meiner, 1927, p. 302. Ver também a nota 40, capítulo II.

CAPÍTULO III – O CONCEITO DE DIREITO

que homens comuns possam, então, aplicar.[79] Por outro lado, ao explicar por que Isidoro exigia que as leis fossem "expressas de maneira clara", ele se contenta em dizer que isso é desejável para evitar "qualquer dano decorrente da própria lei".[80]

Acredito que, para os escritores de todas as convicções filosóficas, é verdadeiro dizer que, quando eles lidam com problemas de moralidade do Direito, geralmente o fazem de forma casual e incidental. O motivo para que isso ocorra não é difícil de descobrir. Os homens geralmente não veem necessidade de explicar ou justificar o óbvio. É provável que quase todo filósofo do Direito de qualquer importância na história das ideias tenha tido a oportunidade de declarar que as leis devem ser publicadas para que as pessoas sujeitas a elas possam conhecê-las. Poucos se sentiram obrigados a explicar as razões para essa proposição ou a trazê-la para a cobertura de qualquer teoria mais inclusiva.

Sob certo ponto de vista, é lamentável que as exigências da moralidade do Direito pareçam geralmente tão óbvias. Essa aparência escondeu detalhes e induziu os homens a acreditar que nenhuma análise detalhada sobre o assunto é necessária ou mesmo possível. Quando se afirma, por exemplo, que a lei não deve contradizer seus próprios ditames, parece não haver mais nada a dizer. No entanto, como tentei mostrar, em algumas situações, o princípio que veda a contradição pode se tornar um dos mais difíceis de aplicar dentre os que constituem a moralidade interna do Direito.[81]

Há uma exceção significativa à generalização de que, na história do pensamento político e jurídico, os princípios da legalidade receberam um tratamento casual e incidental – como convém ao que é evidente em si próprio. E ela repousa na literatura que surgiu na Inglaterra durante o século XVII, um século de manifestações,

---

79 AQUINO, Tomás de. *Summa Theologica*, Pt. I-II, ques. 95, Art 1.
80 AQUINO, Tomás de. *Summa Theologica*, Pt. I-II, ques. 95, Art. 3.
81 Supra, pp. 83-88.

impeachment, conspirações e guerra civil, um período durante o qual as instituições existentes passaram por um reexame fundamental.

É esse período que os estudiosos identificam como os "fundamentos do Direito Natural" da Constituição dos Estados Unidos. Essa literatura – curiosa e principalmente representada nos dois panfletos anônimos radicais e nas decisões judiciais – era intensa e quase inteiramente preocupada com os problemas que considerei como os da moralidade interna do Direito. Falava sobre repugnâncias, de leis impossíveis de serem obedecidas, de parlamentos que caminhavam contra suas próprias leis antes de as terem revogado. Duas amostras representativas dessa literatura aparecem no início de meu segundo capítulo.[82] Mas o pronunciamento mais famoso daquele grande período é o de Coke em *Dr. Bonham's Case.*

Henrique VIII havia dado ao *Royal College of Physicians* (em uma concessão posteriormente confirmada pelo Parlamento) poderes amplos para licenciar e regular a prática da medicina em Londres. À faculdade foi concedido o direito de julgar crimes contra seus regulamentos, impor multas e penas de prisão. No caso de multa, metade do valor deveria ir para o rei, ficando a outra metade para a própria faculdade. Thomas Bonham, doutor em medicina pela Universidade de Cambridge, exerceu a prática da medicina em Londres sem o certificado do *Royal College*. Foi julgado pela faculdade, multado e posteriormente preso. Ele abriu processo por prisão indevida.

No decorrer do julgamento de Coke, quando acolhe a causa de Bonham, aparece esta famosa passagem:

> Os membros do Conselho (do *Royal College*) não podem ser juízes, ministros e partes; juízes para sentenciar ou julgar;

---

[82] Supra, p. 103. Um relato excelente sobre esse material será encontrado em GOUGH, John W. *Fundamental Law in English Constitutional History*. Oxford: The Clarendon Press, 1954 (reimpresso com poucas alterações em 1961).

CAPÍTULO III – O CONCEITO DE DIREITO

ministros para fazer convocações; e as partes terão a metade do valor da multa, *quia aliquis non debet esse Judex in propria causa, imo iniquum est aliquem suae rai esse judicem*; e não se pode ser juiz e advogado de nenhuma das partes. E parece que, em nossos livros, em muitos casos, as normas da *common law* controlarão os Atos do Parlamento e, às vezes, os julgarão totalmente nulos: pois, quando um Ato do Parlamento for contra as normas da *common law* e a razão, ou repugnante ou impossível de ser executado, as normas da *common law* irão controlá-lo e invalidá-lo.[83]

Hoje, esse pronunciamento é frequentemente considerado a quintessência do ponto de vista do Direito Natural. No entanto, observe o quão fortemente enfatiza procedimentos e práticas institucionais. Na verdade, há apenas uma passagem que pode ser considerada relacionada à retidão ou justiça substantiva, aquela que fala de atos parlamentares "contra o direito e a razão comuns". Ainda assim, por *common right*, Coke pode ter desejado se referir aos direitos adquiridos por meio da lei e depois retirados por lei, o tipo de problema, em outras palavras, frequentemente apresentado pela legislação retroativa. Pode parecer estranho falar de leis repugnantes em um contexto principalmente preocupado com a impropriedade de um homem agir como juiz em causa própria. No entanto, para Coke, havia aqui uma associação de ideias bem próximas. Assim como as normas jurídicas podem ser repugnantes umas às outras, as instituições também podem ser repugnantes. No tribunal, Coke e seus pares se esforçaram para criar uma atmosfera de imparcialidade do Judiciário, na qual seria impensável que um juiz, digamos, de primeira instância ou de instância intermediária devesse julgar seu próprio caso. Então, vieram o rei e o Parlamento metendo o bedelho onde não eram

---

[83] Rep. 118a (1610). Para uma análise interessante da relevância que esse trecho teve para a decisão da ação judicial movida por Dr. Bonham, cf. THORNE, Samuel E. "Dr. Bonham's Case". *Law Quarterly Review*, vol. 54, 1938, pp. 543-552.

chamados, criando um "tribunal" de médicos para julgar infrações de seu próprio monopólio e cobrando para si metade das multas. Quando Coke associou essa indecência legislativa à repugnância, não estava simplesmente expressando sua aversão por ela; ele quis dizer que isso contradizia esforços essenciais que se moviam na direção oposta.

A visão, comum entre os estudiosos modernos, de que Coke, na passagem citada, trai uma fé genuína e ingênua no Direito Natural nos diz pouco na tentativa de compreender o clima intelectual do século XVII. Diz-nos muito sobre a nossa própria época, a qual, de alguma forma, ao menos se considera capaz de acreditar que nenhum apelo à natureza humana ou à natureza das coisas pode ser mais do que um disfarce para a preferência subjetiva, e que, sob a rubrica "preferência subjetiva", devem ser listadas indiferentemente proposições tão distantes quanto as leis devam ser claramente expressas, sendo o único imposto justo aquele que faz o cidadão pagar o equivalente exato do que ele próprio recebe do Estado.

Aqueles que realmente criaram nossa República e nossa Constituição estavam muito mais próximos em seu pensamento da época de Coke do que da nossa época. Eles, também, estavam preocupados em evitar repugnâncias em suas instituições e em fazer com que estas se adaptassem à natureza do homem. Hamilton rejeitou a "heresia política" do poeta que assim escreveu: "quanto às formas de Estado, deixe os tolos contestarem – aquilo que é melhor administrado é o melhor.[84]

Ao apoiar o poder do Judiciário de declarar a inconstitucionalidade de atos do Congresso, Hamilton alertou que o Judiciário nunca pode ser inteiramente passivo em relação à legislação; mesmo na ausência de uma Constituição escrita, os juízes são obrigados, por exemplo, a desenvolver alguma norma para lidar com promulgações contraditórias, sendo essa norma derivada não

---

[84] *The Federalist*, nº 68.

CAPÍTULO III – O CONCEITO DE DIREITO

"de qualquer lei positiva, mas da natureza e da razão da coisa".[85] Um debate contínuo neste país diz respeito a saber se, na interpretação da Constituição, os tribunais devem ser influenciados por considerações extraídas do "Direito Natural".[86] Entendo que esse debate poderia contribuir mais para um esclarecimento das questões se fosse feita uma distinção entre um Direito Natural de fins substantivos e um Direito Natural preocupado com procedimentos e instituições. Deve-se confessar, entretanto, que o termo "Direito Natural" foi tão mal-empregado por todos os lados que é difícil recuperar uma atitude desapaixonada em relação a ele.

O que está perfeitamente claro é que muitas das disposições da Constituição têm a qualidade que descrevi como sendo rudes e incompletas.[87] Isso significa que, de uma maneira ou de outra, seu significado deve ser preenchido. Certamente aqueles cujo destino em qualquer grau depende do ato criativo de interpretação pelo qual esse significado é suprido, bem como aqueles que enfrentam a responsabilidade da interpretação propriamente dita, devem desejar que ela advenha da base mais segura possível, que deve ser fundamentada, tanto quanto possível, nas necessidades do Estado democrático e da própria natureza humana em si mesma considerada.

Sugiro que esse ideal está mais próximo de nosso alcance na área do Direito Constitucional que diz respeito ao que chamei de moralidade interna do Direito. Nessa área, a interpretação pode muitas vezes se afastar amplamente das palavras explícitas da Constituição e, ainda assim, permanecer segura na convicção de que ela é fiel a uma intenção implícita em toda a estrutura de nosso Estado. Não há, por exemplo, nenhuma proibição explícita na Constituição da existência de legislação vaga ou obscura. No

---

[85] *The Federalist*, nº 78.
[86] Dentro do próprio Tribunal, foi iniciado um debate entre os juízes Black e Frankfurter em *Adansom vs. California* 332 U.S. 46 (1947).
[87] Ver pp. 104/105 supra.

entanto, duvido que alguém possa considerar uma usurpação judicial a afirmação de que uma norma penal viola o "devido processo legal" se não fornece uma descrição razoavelmente clara do ato que ela proíbe.[88] Quando se reflete sobre os problemas de redigir uma Constituição, a justificativa para essa posição torna-se óbvia. Se fosse incluída na Constituição uma disposição expressa contra leis vagas, algum padrão, explícito ou tácito, teria que estabelecer qual o grau de obscuridade para viciá-la. Esse padrão teria que ser executado em termos bastante gerais. Partindo da premissa de que a lei rege e julga as ações dos homens por normas gerais, qualquer lei penal deve ser suficientemente clara para servir ao duplo propósito de dar ao cidadão uma advertência adequada sobre a natureza do ato proibido e de fornecer diretrizes adequadas para a julgamento de acordo com a lei. Se alguém quisesse resumir tudo isso em uma frase, seria difícil encontrar uma expressão melhor do que "devido processo legal".

A Constituição invalida qualquer "lei que enfraqueça a obrigatoriedade dos contratos". No entanto, os tribunais sustentaram que uma lei que aumenta indevidamente a obrigação estabelecida em contratos existentes pode ser igualmente questionável e, portanto, inconstitucional.[89] Esse parece um resultado surpreendente, mas se firma em uma base constitucional segura. O contexto da cláusula de redução da coercibilidade dos contratos ao valor recuperável deixa claro que ela foi considerada uma das várias manifestações do malefício da legislação retroativa, tendo os redatores se abstido (sabiamente, devido à dificuldade da tarefa) de tentar qualquer medida abrangente sobre o assunto. Quando julgamos a cláusula de redução da coercibilidade do contrato levando em consideração seu propósito geral, fica claro que a mesma objeção aplicada a leis que reduzem as obrigatoriedades dos contratos existentes pode igualmente se

---

[88] Ver as referências na nota 48, capítulo 2, supra.
[89] Os casos são discutidos em HALE, Robert L. "The Supreme Court and the contract clause". *Harvard Law Review*, vol. 57, nº 4, 1944, pp. 512 e 514-516.

CAPÍTULO III – O CONCEITO DE DIREITO

aplicar a leis que ampliam essa obrigatoriedade. Ao assumir os riscos inerentes a um compromisso contratual, uma pessoa pode levar em consideração o que a lei existente prescreve como sua obrigação em caso de inadimplência. Se essa lei for radicalmente mudada para seu desfavor, o legislador quebrou a fé que nele repousava.

Nessas últimas observações, posso parecer estar atribuindo qualidades contraditórias à moralidade interna do Direito. Propus que essa moralidade não se presta a uma Constituição escrita. Ao mesmo tempo, afirmei que, ao lidar com questões que afetam a moralidade interna do Direito, a interpretação judicial pode proceder com um grau incomum de confiança em sua objetividade, e isso apesar das expressões constitucionais fragmentárias e inadequadas sobre as quais ela deve se basear. Como pode uma tarefa tão difícil para o redator que ele deve deixar seu trabalho pela metade ser considerado como fornecedor de diretrizes relativamente firmes para a interpretação judicial?

A resposta a essa pergunta, creio eu, já foi dada, embora em termos de certa forma não familiares. Descrevi a moralidade interna do Direito como sendo principalmente uma moralidade de aspiração, ao invés de uma moralidade do dever.[90] Mesmo que essa moralidade possa ser vista como feita de demandas separadas ou "aspirações" – eu discerni oito –, estas não se prestam a nada como declaração separada e categórica.[91] Todos elas são meios para um único fim, e, em circunstâncias variadas, a organização ideal desses meios pode mudar. Assim, um afastamento inadvertido de um desejo pode exigir um afastamento compensatório de outro; esse é o caso quando a omissão de dar publicidade adequada a um novo requisito de forma pode exigir, para seu atendimento, uma norma retroativa.[92]

---

[90] Cf. pp. 57-59 supra.
[91] Cf. pp. 57-61 supra, no segundo capítulo.
[92] Cf. pp. 113/114 supra.

Em outras ocasiões, a negligência de um desejo pode representar um fardo adicional para outro; assim, onde as leis mudam com frequência, a exigência de publicidade torna-se cada vez mais rigorosa. Em outras palavras, em circunstâncias diversas, os elementos de legalidade devem ser combinados e recombinados tal qual um cálculo econômico que os adapte ao caso presente.

Essas considerações parecem-me levar à conclusão de que é no âmbito constitucional que designei como o da moralidade interna do Direito que a instituição da revisão judicial é tanto mais necessária como mais eficaz. Onde quer que haja possibilidade de escolha, o tribunal deve permanecer dentro dessa área. *Robinson vs. California*[93] é, creio eu, um caso em que a Suprema Corte claramente tomou o caminho errado. Conforme observado pela maioria em relação aos problemas naquele caso, a questão apresentada era se uma norma poderia constitucionalmente tornar o estado ou a condição de viciado em drogas em um crime punível com seis meses de pena privativa de liberdade. Entendeu-se como um fato científico que essa condição poderia aparecer inocentemente. O Tribunal considerou que a lei violava a Oitava Emenda ao impor uma "punição cruel e incomum".

É evidente que ser mandado para a prisão por seis meses não seria normalmente considerado como "punição cruel e incomum" – o que me vem à mente ao mesmo tempo é o poste de açoitamento e os locais de tortura. Na tentativa de responder a essa objeção, o Tribunal argumentou que, para decidir se uma determinada punição era cruel e incomum, era necessário levar em consideração a natureza do crime pelo qual ela foi imposta. Assim, o Tribunal assumiu desnecessariamente uma responsabilidade geral – certamente opressiva, mesmo que tenha sido descrita como nobre – de fazer com que a punição se adequasse ao crime.

Essa digressão pela justiça substantiva foi, creio eu, totalmente desnecessária. Temos uma proibição constitucional expressa

---

[93] *Robinson vs. California*, 370 U.S. 660 (1962).

CAPÍTULO III – O CONCEITO DE DIREITO

de leis criminais *ex post facto* e uma norma bem estabelecida de lei constitucional de que a definição legal de crime deve atender a certos padrões mínimos de clareza. Ambas as restrições à liberdade legislativa partem do pressuposto de que o Direito Penal deve ser apresentado ao cidadão de tal forma que este possa moldar sua conduta por meio dele, que possa, em suma, obedecê-la. Encontrar-se inocentemente em um estado ou condição de dependência de drogas não pode ser interpretado como um ato e, certamente, não é um ato de desobediência. Entender a decisão de *Robinson vs. Califórnia* dentro dos limites tradicionais do devido processo certamente não teria apresentado maior dificuldade do que seria apresentada por um caso, digamos, em que uma lei penal foi mantida em segredo pelo Legislativo até que uma acusação foi trazida sob ela. (Deve-se lembrar que nossa Constituição não tem exigência expressa de que as leis sejam publicadas).

3.2 Moralidade do Direito e o conceito de Direito Positivo

Nossa próxima tarefa é trazer a visão implícita do Direito nestes capítulos em sua relação adequada com as definições atuais do Direito Positivo. A única fórmula que pode ser chamada de definição de Direito oferecida nestes escritos é agora totalmente familiar: o Direito é o desafio de submeter a conduta humana ao governo das normas. Ao contrário da maioria das teorias modernas, essa visão trata o Direito como uma atividade e considera um sistema jurídico como o produto de um esforço intencional sustentado. Vamos comparar as implicações de tal visão com outras que podem se opor a ela.

A primeira dessas teorias a ser considerada é aquela que, em modo e ênfase, se posiciona no polo oposto a que apresentei nestes capítulos e, ainda assim, paradoxalmente, apresenta uma tese que se reconcilia facilmente com a minha. A famosa teoria do Direito preditivo de Holmes preconiza que: "prever o que os tribunais decidirão de fato, e nenhuma pretensão a mais, é o que eu entendo por Direito".[94]

Agora, claramente, a habilidade de profetizar pressupõe algum tipo de ordem. A teoria preditiva do Direito deve, portanto, assumir alguma constância nas influências que determinam o que "os tribunais decidirão de fato". Holmes preferiu sintetizar o estudo dessas influências, concentrando sua atenção na vanguarda do Direito.

Ele mesmo explicou que fez essa abstração para distinguir nitidamente o Direito da moralidade. Mas ele poderia entender que tinha chegado a esse objetivo apenas se abstendo de qualquer tentativa de descrever o processo real de previsão em si mesmo considerado.

Se quisermos prever com inteligência o que os tribunais farão de fato, devemos perguntar o que eles estão tentando fazer. Devemos, de fato, ir mais além e participar indiretamente de todo o esforço intencional feito na criação e manutenção de um sistema para direcionar a conduta humana por meio das normas. Se quisermos entender esse esforço, devemos entender que muitos de seus problemas característicos são de natureza moral. Assim, precisamos nos colocar no lugar do juiz diante de uma norma extremamente vaga em seus termos operativos, mas que revela com bastante clareza, em seu preâmbulo, um objetivo que o juiz considera bastante imprudente. Precisamos compartilhar a angústia do legislador exausto que, às 2h00 da manhã, diz a si mesmo: "eu sei que isso tem que estar certo e, caso contrário, as pessoas podem ser levadas ao tribunal por coisas que não pretendemos abranger. Mas por quanto tempo devo continuar a reescrever isso?"

A concentração na ordem imposta pelo Direito na abstração do esforço intencional feito para criá-lo não é de forma alguma uma peculiaridade da teoria preditiva de Holmes. O professor

---

[94] HOLMES JR., Oliver W. "The Path of the Law". *Harvard Law Review*, vol. 10, n° 8, 1897, p. 46.

CAPÍTULO III – O CONCEITO DE DIREITO

Friedmann, por exemplo, em uma tentativa de oferecer um conceito neutro de Direito em que não importe, para a própria noção de Direito, nenhum ideal particular de justiça substantiva, propõe a seguinte definição:

> O Estado de Direito significa simplesmente a "existência da ordem pública". Isso significa Estado organizado, operando por meio dos diversos instrumentos e canais de comando jurídico. Nesse sentido, todas as sociedades modernas vivem sob o império da lei, tanto os estados fascistas quanto os socialistas e liberais.[95]

Agora está claro que uma aparência de "ordem pública" pode ser criada pelo terror sem lei, o qual pode servir para manter as pessoas afastadas das ruas e em suas casas. Obviamente, Friedmann não tem esse tipo de ordenamento em mente, pois fala de "Estado organizado, operando por meio dos vários instrumentos e canais de comando legal". Mas, além dessa vaga sugestão do tipo de ordenamento que tem em mente, ele nada diz. Friedmann indica claramente, no entanto, a convicção de que, considerado apenas "como Direito", o Direito da Alemanha nazista era tão Direito quanto o de qualquer outra nação. Essa proposição, não preciso dizer, está em total desacordo com a análise apresentada aqui.

A maioria das teorias do Direito afirma explicitamente, ou pressupõe tacitamente, que uma marca distintiva do Direito consiste no uso da coerção ou da força. Essa marca distintiva não é reconhecida neste livro. Nesse sentido, o conceito de Direito que defendi contradiz a seguinte definição proposta por um antropólogo que buscava identificar o elemento "jurídico" distintivo entre as várias formas de ordem social constituintes de uma sociedade primitiva:

---

[95] FRIEDMANN, Wolfgang G. *Law and social change in contemporary Britain*. Londres: Stevens & Sons, 1951, p. 281.

> Para fins de trabalho, o Direito pode ser definido nestes termos: uma norma social é considerada legal se sua negligência ou infração for regularmente repreendida, em ameaça ou de fato, pela aplicação de força física por um indivíduo ou grupo que possua o privilégio socialmente reconhecido de agir assim.[96]

A noção de que sua autorização para o uso da força física pode servir para identificar o Direito e distingui-lo de outros fenômenos sociais é muito comum nos escritos modernos. Em minha opinião, isso prejudicou muito a clareza de pensamento sobre as funções desempenhadas pelo Direito. Será bom perguntar como essa identificação apareceu.

Em primeiro lugar, dada a natureza humana, é perfeitamente óbvio que um sistema de normas jurídicas pode perder sua eficácia caso se permita ser desafiado pela violência sem lei. Às vezes, a violência só pode ser contida pela violência. Portanto, é bastante previsível que normalmente deva haver, na sociedade, algum mecanismo pronto para aplicar a força em apoio à lei, caso seja necessário. Mas isso em nenhum sentido justifica tratar o uso ou o uso potencial da força como a característica identificadora do Direito. A ciência moderna depende muito do uso de aparelhos de medição e teste; sem tal aparato, não poderia ter alcançado o que alcançou. Mas ninguém concluiria com isso que a ciência deveria ser definida como o uso de aparelhos para medir e testar. Assim é com a lei. O que o Direito deve previsivelmente fazer para atingir seus objetivos é algo bem diferente do próprio Direito.

Há outro fator que tende identificar a lei com a força. É justamente quando o próprio sistema jurídico inicia a violência que lhe impomos os mais rigorosos requisitos do devido processo.

---

[96] HOEBEL, E. Adamson. *The Law of primitive man*. Toronto: McCelland & Stewart, 1954, p. 28.

CAPÍTULO III – O CONCEITO DE DIREITO

Nos países civilizados, é nos processos criminais que somos mais exigentes quanto às garantias de que a lei se mantenha fiel a si mesma. Assim, o ramo do Direito mais intimamente identificado com a força é também aquele que associamos mais intimamente com a formalidade, o ritual e a solenidade do devido processo. Essa identificação tem uma relevância particular para a sociedade primitiva em que os primeiros passos em direção a uma ordem jurídica provavelmente serão direcionados para a prevenção ou reconciliação quando existir surtos de violência privada.

Essas considerações explicam, mas não justificam, a tendência moderna de ver a força física como a marca identificadora do Direito. Vamos testar essa identificação com um caso hipotético. Uma nação admite comerciantes estrangeiros dentro de suas fronteiras apenas com a condição de que eles depositem uma quantia no banco nacional, garantindo a observância de um corpo de lei especialmente aplicável às suas atividades. Essa legislação é administrada com integridade e, em caso de disputa, é interpretada e aplicada por tribunais especiais. Se for constatada uma infração, o Estado, conforme ordem judicial, cobra uma multa na forma de dedução do depósito do comerciante. Nenhum esforço, mas uma mera operação de contabilidade é necessária para realizar essa dedução; nenhuma força está disponível para o comerciante que poderia impedi-lo. Certamente seria perverso negar o termo "lei" a tal sistema, simplesmente porque ele não teve oportunidade de usar a força ou a ameaça da força para efetuar seus requisitos. Poderíamos, no entanto, recusar-nos muito apropriadamente a chamá-lo de sistema de lei se fosse determinado que suas normas publicadas e os juízes togados eram uma mera fachada para o que foi de fato um ato ilegal de confisco.

As considerações implícitas nessa ilustração nos livram, penso eu, de ter que explorar em detalhes outra questão: o que significa força quando é tomada como a marca identificadora do Direito? Se, em uma sociedade teocrática, a ameaça do fogo do inferno é suficiente para assegurar a obediência às suas leis, isso é "uma ameaça de força"? Se assim for, então, a força começa a adquirir um novo significado e simplesmente indica que um sistema jurídico, para ser apropriadamente chamado assim, deve atingir alguma eficácia mínima em questões práticas, qualquer que seja a base dessa eficácia – uma proposição ao mesmo tempo irrepreensível e bastante desinteressante.

Na maioria das teorias do Direito, o elemento força está intimamente associado à noção de uma hierarquia formal de comando ou autoridade. Na passagem de Hoebel citada, essa associação estava ausente porque, como antropólogo, ele se preocupava com a lei primitiva, em que geralmente falta qualquer ordenação hierárquica de autoridade claramente definida. Desde o surgimento do Estado nacional, no entanto, uma longa linha de filósofos jurídicos, que vai de Hobbes a Kelsen e Somló, passando por Austin, viu a essência do Direito em uma estrutura piramidal do poder estatal. Essa visão abstrai a atividade objetiva necessária para criar e manter um sistema de normas jurídicas, contentando-se com uma descrição da estrutura institucional dentro da qual essa atividade deve ocorrer.

A filosofia do Direito pagou um preço alto por essa abstração. Dentro da escola que aceita isso, muitas disputas são deixadas sem nenhum princípio inteligível para resolvê-las. Tome, por exemplo, o argumento se o "Direito" inclui apenas normas de alguma generalidade, ou deve ser considerado como abrangendo também "ordens privadas ou ocasionais". Alguns dizem que o Direito implica generalidade de algum tipo, outros negam isso. Aqueles que concordam com a necessidade de generalidade discordam sobre a maneira adequada de defini-la; requer uma classe de atos, uma classe de pessoas ou ambos?[97] Todo o argumento, apoiado meramente na afirmação e contra-afirmação, termina em um beco sem saída. Sugiro que esse debate carece de conteúdo inteligível,

---

[97] Ver nota 33, capítulo 2.

CAPÍTULO III – O CONCEITO DE DIREITO

a menos que se comece com a verdade óbvia de que o cidadão não pode orientar sua conduta pela lei se o que se chama de lei o confronta apenas com uma série de exercícios esporádicos e sem padrão de poder estatal.

Se perguntarmos qual é o propósito da concepção do Direito como uma hierarquia de comando, a resposta pode ser que essa concepção representa a expressão jurídica do Estado nacional político. Uma resposta menos vaga e mais justa, creio eu, seria dizer que expressa uma preocupação com o problema da resolução de conflitos no ordenamento jurídico. Na verdade, pode-se dizer que ele converte um princípio da moralidade interna da lei – aquele que condena as leis contraditórias – em um princípio absoluto para a negligência de todos os outros. Para Kelsen e Somló, essa concentração na coerência interna torna-se explícita como um elemento fundamental de suas teorias.[98]

Certamente, é desejável que as contradições não resolvidas dentro de um sistema jurídico sejam evitadas ou estejam sujeitas à resolução quando surgirem. Mas, vendo o assunto sem preconcepções, que motivo pode haver para qualquer preferência entre um sistema jurídico cheio de contradições e um no qual as normas são tão vagas que é impossível saber se elas se contradizem ou não?

Pode-se responder que o bom senso e a preocupação em tornar efetivas suas medidas normalmente levarão o legislador a tornar suas leis razoavelmente claras, ao passo que as contradições entre as normas aplicadas pelos diversos órgãos do Estado constituem um problema perene. Antes de aceitar essa resposta, certamente devemos refletir sobre as tentações muito reais que um Estado possa

---

[98] Ver KELSEN, Hans. *General Theory of Law and State*. Cambridge: Harvard University Press, 1945, pp. 401-404 e a entrada *non-contradiction, principle of* de LEGISLATIVE DRAFTING RESEARCH FUND. *Digest of State Constitutions*. 2ª ed. Nova York: Columbia University, 1959; SOMLÓ, Felix. *Juristische Grundlehre*. 2ª ed. Leipzig: Meiner, 1927, entrada *Widersprüche des Rechts*.

ter de tornar suas leis vagas. Porém, mais fundamentalmente, toda a questão é mal interpretada quando, em vez de esclarecer nossos problemas e buscar soluções adequadas, tentamos encerrar nossas dificuldades com uma ideia definitiva.

É muito bom definir o Direito de tal forma que ele não possa ser contraditório porque, em teoria, sempre há uma instância superior que pode resolver disputas em um nível inferior. Mas isso deixa intactos os problemas práticos da contradição, particularmente o de esclarecer o que, em casos fechados, deve ser considerado uma contradição. Não obstante Kelsen e Somló deem muita importância ao problema de resolver contradições, até onde posso determinar, nenhum deles discute um único problema do tipo que provavelmente causará dificuldades na prática real. Em vez disso, toda a discussão trata de abstrações da seguinte maneira: "é logicamente impossível afirmar tanto 'A deve ser' quanto 'A não deve ser'"[99] – uma proposição certamente improvável de ajudar um juiz em dificuldade com uma norma que, em uma de suas seções, parece dizer que o "Sr. A" deve pagar um imposto e, em outra, o isenta; tampouco um juiz que se deparasse com essa norma obteria muita ajuda do princípio de Somló de que onde há uma contradição "real", em contraste com uma "aparente", as normas opostas devem ser consideradas como anuladoras uma da outra.[100]

Mesmo se pudéssemos resolver todos os problemas de contradição por uma definição, não é de forma alguma claro que uma hierarquia de autoridade bem definida é sempre a melhor maneira de resolver conflitos dentro de um sistema jurídico. Quando os tribunais inferiores discordam, Gray pressupõe uma hierarquia

---

[99] KELSEN, Hans. *General Theory of Law and State*. Cambridge: Harvard University Press, 1945, p. 374.
[100] SOMLÓ, Felix. *Juristische Grundlehre*. 2ª ed. Leipzig: Meiner, 1927, p. 383.

CAPÍTULO III – O CONCEITO DE DIREITO

judicial e dá a resposta óbvia de que, em tal caso, o que o Supremo Tribunal diz é a lei.[101]

Mas pode-se facilmente conceber um sistema de tribunais de igual posição, no qual os juízes se reuniriam, de tempos em tempos, para resolver quaisquer conflitos entre eles por um processo de discussão e acomodação recíproca. Sem dúvida, algo assim ocorria quando os juízes de apelação costumavam presidir os julgamentos e trazer casos duvidosos para discussão perante todo o tribunal.

Nas indústrias sindicalizadas deste país, temos uma instituição que tem sido chamada de "teoria do Direito industrial". As normas que regulam as relações dentro de uma planta industrial são estabelecidas não por meio de decreto de algum órgão legislativo, mas por contrato entre a administração e um sindicato. O Judiciário desse sistema jurídico é constituído por árbitros, novamente eleitos por acordo. Em tal sistema, existem, é claro, oportunidades de insucesso. A carta fundamental dos direitos das partes, o acordo coletivo de trabalho, pode não existir por causa de uma dificuldade de acordo entre a administração e o sindicato. Quando uma disputa surge em um acordo negociado com sucesso, as partes podem não chegar a um acordo sobre a nomeação de um árbitro. Normalmente alguma provisão formal é feita em antecipação a essa possibilidade; na hipótese de as partes não chegarem a um acordo sobre um árbitro, a *American Arbitration Association* pode, por exemplo, ser autorizada a nomeá-lo. Mas tal disposição não é indispensável para o sucesso, nem uma garantia contra o insucesso. Todos os sistemas jurídicos podem entrar em colapso, incluindo aqueles com as cadeias de comando mais ordenadas.

Em sua discussão das teorias que identificam o Direito com um ordenamento hierárquico de autoridade, Pashukanis astutamente

---

[101] GRAY, John C. *The Nature and sources of the Law*. 2ª ed. Nova York: Macmillan, 1921, p. 117.

observa[102] que, se uma rede de comando organizada fosse a qualidade mais significativa do Direito, deveríamos considerar os militares como a expressão arquetípica da ordem jurídica. No entanto, tal visão violaria o senso comum. A fonte dessa tensão entre a teoria e a sabedoria cotidiana reside, obviamente, em uma concentração da teoria na estrutura formal, negligenciando a atividade intencional que essa estrutura supostamente organiza. Não há necessidade aqui de tentar qualquer análise elaborada das diferenças entre o tipo de ordenamento hierárquico exigido para fins militares e aquele que pode ser considerado essencial para um sistema jurídico. Basta lembrar o problema comum e bastante preocupante enfrentado por uma ordem jurídica quanto a saber o que fazer quando um cidadão leigo se baseia em uma interpretação errônea da lei feita por uma entidade que ocupa um degrau inferior da escala jurídica. Obviamente, nenhuma questão semelhante poderia surgir dentro de uma ordem militar, exceto em tempos de lei marcial, quando os militares assumem a função de governar a conduta leiga.

Nossas discussões sobre as teorias do Direito seriam incompletas se não fizéssemos menção ao princípio da soberania parlamentar, a doutrina segundo a qual, no Reino Unido, por exemplo, o Parlamento é considerado possuidor de competência ilimitada na elaboração das leis. Essa doutrina merece exame aqui por conta de sua associação íntima com teorias que aceitam uma ordem hierárquica de autoridade como a marca essencial de um sistema jurídico.

A soberania parlamentar pode, naturalmente, ser apoiada inteiramente por um argumento de prudência política no sentido de que é sempre desejável ter uma reserva de Poder Legislativo pronta para enfrentar circunstâncias imprevistas. Limitações explícitas ao poder do Legislativo que parecem sábias e benéficas,

---

[102] PASHUKANIS, Eugene. *The General Theory of Law and Marxism*. Cambridge: Harvard University Press, 1951 [1927], p. 154.

CAPÍTULO III – O CONCEITO DE DIREITO

quando adotadas, podem servir posteriormente para bloquear as medidas necessárias para lidar com condições drasticamente alteradas. Se a pressão das circunstâncias for muito alta, a restrição pode ser contornada por esquivas e ficções as quais acarretam um alto custo nas distorções que introduzem na atmosfera moral do Estado e até mesmo em sua estrutura institucional. Esses pontos podem ser ilustrados hipoteticamente por uma referência à restrição mais rigorosa contida em nossa própria Constituição. Essa é a disposição que estabelece que nenhuma unidade estatal deve, sem seu consentimento, "ser privada de seu direito a voto igualitário no Senado".[103] Esta é a única restrição constitucional agora operante que é removida até mesmo do efeito de mudança por emenda da própria Constituição.

Agora é possível que ocorra – talvez como resultado de algum desastre natural – uma redução radical da população de alguns dos estados, de modo que, digamos, um terço dos estados conteria uma população de apenas cerca de mil pessoas cada um. Em tal situação, a representação igualitária no Senado pode se tornar um absurdo político. Se o direito à representação igualitária for respeitado, toda a vida política da nação pode ser totalmente paralisada. Nesse caso, a possibilidade de alguma manobra jurídica acontecer vem naturalmente à mente. Poderíamos talvez usar o poder de emenda para diminuir o papel do Senado a algo como o da Câmara dos Lordes? Ou abolir o Senado em favor de um Congresso unicameral? Ou a opinião pública nos apoia, tornando fácil renomear o Senado como "O Conselho dos Anciãos" e, em seguida, realocar a representação nele?

Ao comparar a rigidez de uma Constituição escrita com o princípio da supremacia parlamentar, não devemos ser enganados pela simplicidade que esse último princípio aparenta. A soberania parlamentar significa, com efeito, que o Parlamento está acima da

---

[103] Art. V.

lei no sentido de que pode alterar qualquer lei que não seja do seu agrado. Mas, paradoxalmente, ele ganha essa posição de estar acima da lei apenas ao se sujeitar à lei – a lei de seu próprio procedimento interno. Para que uma entidade corporativa aprove leis, ela deve estar em conformidade com as leis que irão determinar quando uma lei se considera aprovada. Esse corpo de leis está sujeito a todos os tipos de acidentes que podem afetar qualquer outro sistema jurídico – pode ser muito vago ou contraditório para fornecer uma diretriz segura e, acima de tudo, seus padrões podem ser tão desconsiderados na prática a ponto de não serem cumpridos quando são necessários. O tipo de crise que pode causar um colapso nas restrições constitucionais rígidas ao Poder Legislativo também pode, e talvez com a mesma facilidade, causar um colapso nos processos legislativos. Mesmo na Inglaterra, onde os homens tendem a seguir as normas e a manter as coisas em ordem, é dito que os tribunais já aplicavam como lei – com base em uma entrada na Lista Parlamentar – uma medida que nunca foi realmente aprovada pelo Parlamento.[104] A estrutura de autoridade, tantas vezes levianamente considerada como lei organizadora, é, ela própria, um produto do Direito.

Em um país onde a doutrina da soberania parlamentar é mais vigorosamente cultivada, as discussões a seu respeito acontecem não em termos de sua sabedoria, mas, sim, em questões de Direito. Aqueles que defendem a doutrina geralmente a têm considerado como um princípio de Direito a ser sustentado ou refutado inteiramente por argumentos jurídicos; os críticos da doutrina geralmente aceitaram essas alegações. Quando o argumento assume essa forma, mostra-se uma abertura para a entrada de teorias sobre a natureza do Direito. As teorias que realmente embasaram a doutrina são aquelas que demostram aquilo que descrevi como uma abstração fatal da iniciativa de criar e administrar um sistema de normas para o controle da conduta humana.

---

[104] DICEY, Albert Venn. *Introduction to the study of the Law of the Constitution.* 10ª ed. Londres: MacMillan, 1960, p. xl.

CAPÍTULO III – O CONCEITO DE DIREITO

Os efeitos dessa abstração tornam-se aparentes em uma passagem crucial na defesa clássica de Dicey acerca da soberania do Parlamento. No parágrafo final de seu argumento principal, ele afirma que certas leis aprovadas pelo Parlamento constituem "o mais alto esforço e a prova definitiva do poder soberano".[105]

Que leis possuem essas qualidades extraordinárias? Nas próprias palavras de Dicey, elas são "atos como aqueles que declaram casamentos válidos que, devido a algum erro de forma ou a outras circunstâncias, não foram devidamente celebrados", e normas "cujo objetivo é tornar legais transações jurídicas que, quando ocorreram, eram ilegais, ou para libertar pessoas, às quais a norma se aplica, da responsabilidade por terem infringido a lei".[106] Referindo-se a tais leis, Dicey escreveu, "tal como eram, a legalização da ilegalidade, elas constituem o maior esforço e a prova definitiva do poder soberano".

É apenas uma teoria que desconsidera completamente as realidades de criar e administrar de um sistema jurídico que poderia passar por tal julgamento abrangente – embora, felizmente, de alto teor metafórico – sobre as leis retroativas. Deve-se lembrar que outros adeptos da mesma escola geral de pensamento à qual Dicey pertencia viam as leis retroativas como um exercício rotineiro do Poder Legislativo, não apresentando problemas especiais para a teoria jurídica.[107] Essas visões diametralmente opostas que surgem na estrutura da mesma teoria geral são, suponho eu, ausências sintomáticas de qualquer preocupação real com os problemas de legislar.

---

[105] DICEY, Albert Venn. *Introduction to the study of the Law of the Constitution*. 10ª ed. Londres: MacMillan, 1960, p. 50.

[106] DICEY, Albert Venn. *Introduction to the study of the Law of the Constitution*. 10ª ed. Londres: MacMillan, 1960, pp. 49/50.

[107] Ver, especialmente: SOMLÓ, Felix. *Juristische Grundlehre*. 2ª ed. Leipzig: Meiner, 1927, p. 97.

Uma falta de preocupação semelhante aparece nas conclusões que Dicey está disposto a extrair da norma da supremacia parlamentar. A mais famosa dessas conclusões se expressa nos seguintes dizeres: "o Parlamento poderia extinguir-se, dissolvendo-se legalmente e não deixando meios pelos quais um Parlamento subsequente pudesse ser legalmente convocado".[108]

Seria como afirmar que a força da vida se manifesta até mesmo no ato de suicídio – uma declaração que pode ter certa poesia existencial sobre ela, mas é tão distante dos assuntos e das preocupações comuns dos homens quanto é a autorização de Dicey para o "suicídio" de um ordenamento jurídico.

A tradição de se discutir a onipotência jurídica do Parlamento é testar declarações que são extremadas ao ponto do absurdo por ilustrações igualmente absurdas. Essa tradição é totalmente respeitada em minha próxima ilustração. Vamos juntar duas das afirmações de Dicey, de que o Parlamento pode encerrar a si próprio legalmente e de "que o Parlamento (...) tem, sob a Constituição inglesa, o direito de fazer ou desfazer qualquer lei".[109] Agora, vamos supor que, em algum futuro psicótico, o Parlamento seja levado a aprovar as seguintes medidas: (1) que todas as pessoas então membros do Parlamento, devam, doravante, estar livres da restrição de quaisquer leis e devam ser autorizadas a roubar, matar e estuprar sem penalidades legais; (2) que qualquer interferência nas ações de tais pessoas deva ser considerada um crime, sujeito à pena de morte; (3) que todas as outras leis de qualquer tipo foram revogadas; e (4) que o Parlamento seja permanentemente dissolvido. É difícil imaginar que qualquer advogado aconselhe seu cliente, após consultar Dicey, de que, "por uma questão estritamente de direito", os membros do parlamento alvoroçados e violentos estavam no exercício de seus

---

[108] SOMLÓ, Felix. *Juristische Grundlehre*. 2ª ed. Leipzig: Meiner, 1927, pp. 68-70.

[109] SOMLÓ, Felix. *Juristische Grundlehre*. 2ª ed. Leipzig: Meiner, 1927, pp. 39/40.

CAPÍTULO III – O CONCEITO DE DIREITO

direitos e que o cliente teria de enfrentar por si mesmo a questão moral de violar o direito por levantar a mão contra eles. Em algum momento, abandonamos o campo gravitacional dentro do qual a distinção entre direito e não direito faz sentido. Eu sugiro que esse ponto seja alcançado muito aquém da situação que descrevi e, de fato, seja alcançado quando começamos a perguntar se o suicídio parlamentar é possível, ou se o Parlamento pode formalmente atribuir todos os seus poderes a um ditador, ou se o Parlamento pode decidir que todas as leis futuras promulgadas por ele devam ser mantidas em segredo daqueles que estão sujeitos a elas. As duas primeiras perguntas são extremamente fáceis para Dicey; a terceira, certamente, ele não considera, embora seja a menos fantasiosa das três em termos da experiência histórica.

Isso encerra minha crítica a certas teorias do Direito que podem se opor à análise apresentada nestes capítulos. Em resumo da visão que apresentei, posso repetir que tentei ver a lei como uma atividade com propósito, tipicamente acompanhada por certas dificuldades que ela deve superar se quiser ter sucesso em alcançar seus fins. Em contrapartida, as teorias que rejeitei parecem-me brincar com os limites dessa atividade, sem nunca se preocupar diretamente com seus problemas. Assim, o Direito é definido como "a existência de uma ordem pública" sem se questionar a que tipo de ordem se refere ou como se realiza. Novamente, diz-se que a marca distintiva do Direito reside em um meio, nomeado como "força", que é tipicamente empregada para realizar seus objetivos. Não se reconhece que, salvo quando aumentam os riscos, os problemas essenciais daqueles que fazem e administram as leis ficam inalterados pelo uso ou não da força. Por fim, há teorias que se concentram na estrutura hierárquica que comumente organiza e dirige a atividade que chamei de Direito, embora novamente sem reconhecer que essa estrutura é, ela mesma, um produto da atividade que ela entende que irá organizar.

A essa altura, estou certo de que haverá aqueles que, embora concordando de maneira geral com minhas negações e rejeições, sentirão, no entanto, certo desconforto com a visão do Direito que apresentei como minha. Para eles, o conceito de Direito que subjaz a esses escritos irá parecer muito vago, muito complacente, bastante aplicado em uma gama muito ampla de casos, para servir significativamente como uma forma diferente de olhar o Direito. Essas são críticas que devo tratar brevemente. Mas, primeiro, gostaria de explorar uma analogia que pode servir para apoiar a concepção que esposei até aqui.

3.3 O conceito de ciência

A analogia que pensei é a da ciência e me refiro principalmente às chamadas ciências físicas e biológicas.

A ciência também pode ser considerada como uma tendência particular do esforço humano, que encontra problemas especiais e, frequentemente, falha em certas maneiras típicas de resolvê-los. Assim como existem filósofos do Direito, existem filosofias da ciência. Alguns filósofos da ciência, notadamente Michael Polanyi, preocupam-se principalmente com a atividade do cientista, procurando discernir seus objetivos próprios e as práticas e instituições que levam a alcançá-los. Outros parecem enfeitar com originalidade suas teorias, em volta do trabalho do cientista. Uma pesquisa bibliográfica como a que fiz indicaria que os paralelos entre as filosofias jurídicas e científicas são realmente impressionantes. A definição de Direito de Holmes, em termos de vanguarda, certamente tem afinidade com a "teoria operacional dos conceitos" de Bridgman.[110] Um defensor do "empirismo científico" afirmou expressamente que sua filosofia não tem nada a dizer sobre o ato da descoberta científica em si, pois, conforme ele próprio afirma, isso "escapa à

---

[110] BRIDGMAN, Percy W. *The Logic of Modern Physics*. Nova York: MacMillan, 1949, pp. 3-9 e ss.

CAPÍTULO III – O CONCEITO DE DIREITO

análise lógica".[111] Somos imediatamente lembrados da relegação de Kelsen de todos os problemas importantes envolvidos na formulação e interpretação de leis para o domínio do "metajurídico".

Não farei aqui, entretanto, qualquer outra digressão na literatura da filosofia científica. Em vez disso, construirei três definições hipotéticas de ciência de acordo com os modelos apresentados pela teoria jurídica.

Ao definir a ciência, é perfeitamente possível e, de fato, bastante usual concentrar em seus próprios resultados, e não na atividade da qual advém esse resultado. Dessa forma, em relação à visão de que o Direito é apenas a "existência da ordem pública", podemos afirmar que "a ciência existe quando os homens têm a capacidade de prever e controlar os fenômenos da natureza". Paralelamente a essa visão de que o Direito é caracterizado pelo uso da força, é possível, como já sugeri, propor uma teoria da ciência que a defina como o uso de determinados tipos de instrumentos. Buscando uma analogia com as teorias hierárquicas do Direito, salvo em um contexto totalitário, não podemos pensar na ciência como um ordenamento hierárquico da autoridade científica. Mas podemos lembrar, segundo a acepção de Kelsen, que a pirâmide do Direito não apresenta uma hierarquia de atos humanos, mas, sim, uma hierarquia de normas. Com base nessa concepção, podemos, então, definir a ciência como "um arranjo de proposições, em ordem ascendente de generalidade, sobre os fenômenos naturais".

Agora, não se pode dizer que qualquer uma dessas visões seja falsa. Ocorre que nenhuma delas colocaria o cidadão leigo em seu caminho em direção a qualquer compreensão real da ciência e de seus problemas. Tampouco elas serviriam ao cientista que pretendia esclarecer para si mesmo os objetivos da ciência e os arranjos institucionais que promoveriam essas aspirações.

---

[111] REICHENBACH, Hans. *The Rise of Scientific Philosophy*. Berkeley: University of California Press, 1951, p. 231.

Tem havido um movimento recente de reforma na educação científica, em particular no ensino dos cursos gerais de ciências destinados aos que não pretendem se tornar cientistas. Os cursos mais antigos desse tipo, geralmente, ofereciam uma espécie de visão panorâmica das realizações da ciência, complementada por uma discussão bastante abstrata de alguns dos problemas do método científico, notadamente a indução e a verificação. Os cursos mais recentes têm procurado dar ao aluno uma visão sobre a maneira como o cientista alcança novas verdades. No curso iniciado por Conant, isso é feito por meio de estudos de casos. O objetivo é dar ao aluno uma experiência vicariante no ato da descoberta científica. Dessa forma, espera-se que ele venha a ter alguma compreensão sobre as "táticas e estratégias da ciência".[112]

As maiores conquistas de Michael Polanyi provavelmente foram suas teorias sobre o que pode ser amplamente chamado de epistemologia da descoberta científica. Mas, em relação ao tema desses ensaios, sua contribuição mais marcante é a concepção do empreendimento científico.[113] Com ele, esse empreendimento é colaborativo, buscando as formas institucionais e as práticas adequadas aos seus objetivos e problemas peculiares. Embora os homens geniais possam introduzir mudanças teóricas revolucionárias, eles são capazes de fazê-lo apenas construindo, sobre o pensamento, as descobertas e os erros de seus predecessores e contemporâneos. Dentro da comunidade científica, a liberdade do cientista individual não é simplesmente uma oportunidade de autoafirmação, mas um meio indispensável para organizar efetivamente a busca comum pela verdade científica.

A vocação do cientista tem seu *ethos* distinto, sua moralidade interna. Como a moralidade do Direito, e considerando a própria

---

[112] CONANT, James B. *Science and common sense.* New Haven: Yale University Press, 1951.

[113] POLANYI, Michael. *The Logic of Liberty.* Londres: Routledge and Kegan Paul, 1951; POLANYI, Michael. *Personal Knowledge.* Londres: Routledge and Kegan Paul, 1958.

CAPÍTULO III – O CONCEITO DE DIREITO

natureza das exigências a que tem de atender, ela deve ser uma moralidade de aspiração e não uma moralidade do dever. Um único exemplo será suficiente, penso eu, para deixar claro por que isso deve ser assim.

Um cientista acredita que fez uma descoberta fundamental, do tipo que pode tocar e fazer avançar as pesquisas de outros. Quando ele deve publicar? É claro que, se ele de fato fez uma descoberta importante, deve torná-la conhecida para a comunidade científica, embora, por exemplo, possa prever que um cientista rival, com base nela, talvez possa fazer outra descoberta que ofusque a sua. Por outro lado, ele deve ter certeza de que realmente fez a descoberta que acredita ter feito, pois, se publicar apressadamente, pode desperdiçar o tempo dos outros, dando uma pista falsa às suas pesquisas.

São questões desse tipo que Polanyi tem em mente quando, tomando emprestado um termo jurídico, fala de um conceito "fiduciário" de ciência. Há, de fato, uma correspondência bastante próxima entre as moralidades da ciência e do Direito. As partidas ultrajantes são facilmente reconhecidas em ambos os casos. Em ambos os campos, uma adesão aos métodos tradicionais, ou uma coincidência entre o interesse próprio e a ética da profissão, pode impedir o surgimento de qualquer questão moral. Ainda, ambas as moralidades podem, às vezes, apresentar problemas difíceis e sutis que nenhuma fórmula simples de dever pode resolver. Para ambas as moralidades, o nível geral de percepção e de comportamento pode variar consideravelmente de uma nação para outra, ou dentro de uma única nação, de um contexto social para outro.

Sem alguma compreensão sobre a tática e estratégia do empreendimento científico e de seu *ethos* distinto, o cidadão leigo não pode, eu proponho, ter uma opinião informada de forma inteligente sobre questões como as seguintes: qual deve ser a política do Estado em relação à ciência? Como a pesquisa científica pode ser introduzida e cultivada de maneira mais eficaz nas nações emergentes? Qual é exatamente o custo que a sociedade paga, direta e indiretamente, quando as responsabilidades da moralidade científica são ignoradas ou observadas de forma vaga? Acho que não preciso me esforçar para provar que todas essas questões têm semelhanças no Direito. Nem há necessidade de demonstrar que as questões jurídicas correspondentes a essas da ciência devem permanecer sem resposta em qualquer filosofia do Direito que se abstraia da natureza da atividade que chamamos de Direito.

3.4 Objeções ao ponto de vista sobre Direito aqui abordado

Agora, volto minhas atenções para certas objeções que podem ser levantadas contra qualquer análise que trate o Direito como "o empreendimento de submeter a conduta humana à submissão às normas".

A primeira dessas objeções poderia ser formulada nos seguintes termos: falar de um sistema jurídico como de um "empreendimento" implica que ele possa ser realizado com vários graus de sucesso. Isso significaria que a existência de um sistema jurídico é uma questão de grau. Qualquer um desses pontos de vista contradiria as suposições mais elementares do pensamento jurídico. Nem o Estado de Direito nem qualquer sistema jurídico pode "existir pela metade".

Minha resposta a isso é, obviamente, que tanto as normas jurídicas quanto os sistemas jurídicos podem existir e existem pela metade. Essa condição ocorre quando o esforço intencional necessário para os levar à plenitude foi, por assim dizer, apenas parcialmente bem-sucedido. A verdade de que há graus de sucesso nesse esforço é obscurecida pelas convenções da linguagem jurídica comum. Essas convenções surgem de um desejo louvável de não incorporar em nossos modos de falar um incentivo generalizado à anarquia. Provavelmente, é bom que nosso vocabulário jurídico trate um juiz como um juiz, embora eu possa dizer, com toda a

CAPÍTULO III – O CONCEITO DE DIREITO

sinceridade, a um colega advogado: "ele não é juiz". As restrições tácitas que excluem o reconhecimento das imperfeições e dos tons de cinza de nossa maneira comum de falar sobre o Direito têm seu lugar e função. Elas não têm lugar ou função em qualquer tentativa de analisar os problemas fundamentais que devem ser solucionados na criação e administração de um sistema de normas jurídicas.

Em nenhum outro empreendimento humano complexo, jamais se assumiria a possibilidade de encontrar outra coisa senão vários graus de sucesso. Se eu perguntasse se a educação "existe" em um determinado país, a resposta esperada, depois que o destinatário da minha pergunta tivesse se recuperado de alguma perplexidade quanto à sua forma, seria algo assim: "sim, claro, suas realizações nesse campo são muito boas", ou "veja, sim, mas apenas de uma forma muito rudimentar". O mesmo aconteceria com a ciência, a literatura, o xadrez, a obstetrícia, a conversação e a arte funerária. Certamente, poderiam surgir divergências sobre os padrões adequados para julgar realizações e, claro, qualquer tentativa de avaliação quantitativa (tal qual o "sucesso pela metade") teria de ser considerada metafórica. No entanto, a expectativa normal seria de algum desempenho oscilando entre zero e uma perfeição teórica.

Apenas com o Direito é diferente. É verdadeiramente surpreendente até que ponto permeia o pensamento moderno na filosofia jurídica a suposição de que o Direito é como um pedaço de matéria inerte – existe ou não existe. É apenas tal suposição que poderia levar os juristas a presumir, por exemplo, que as "leis" promulgadas pelos nazistas em seus anos finais, consideradas como leis e em abstração de seus objetivos malignos, eram tão leis quanto as da Inglaterra e as da Suíça.

Um afloramento ainda mais grotesco dessa suposição é a noção de que a obrigação moral do cidadão alemão de bem de obedecer a essas leis não foi de forma alguma afetada pelo fato de que, em parte, mantinha-se em segredo que algumas delas, retroativamente, "remediavam" o extermínio em massa, continham amplas delegações de discricionariedade administrativa para redefinir os crimes prescritos e, em qualquer caso, tinham seus termos amplamente desconsiderados quando convinha aos tribunais militares designados para aplicá-los.[114]

Uma segunda objeção possível ao ponto de vista aqui assumido é que ele permite a existência de mais de um sistema jurídico para governar a mesma população. A resposta é, claro, que tais sistemas múltiplos existem e foram mais comuns na história do que sistemas unitários.

Em nosso país, hoje, o cidadão de qualquer estado está sujeito a dois sistemas jurídicos distintos, o do Estado federal e o dos estados. Mesmo na ausência de um sistema federal, pode haver um corpo de lei que rege o casamento e o divórcio, outro regulando as relações comerciais e ainda um terceiro regulando o que resta, todos os três sistemas sendo administrados separadamente por tribunais especiais. Vários sistemas podem dar origem a dificuldades tanto para a teoria quanto para a prática. Dificuldades da primeira espécie podem surgir apenas se a teoria se comprometer com a visão de que o conceito de Direito requer uma hierarquia de autoridade claramente definida com um Poder Legislativo supremo no topo, ele próprio, livre de restrições legais. Uma maneira de acomodar essa teoria aos fatos da vida política é dizer que, embora possa parecer haver três sistemas, A, B e C, na verdade B e C existem apenas pela tolerância legal de A. Levando isso um passo adiante, pode-se afirmar que aquilo que o poder jurídico supremo permite, ele implicitamente ordena, de modo que o que aparece como três sistemas é, na verdade, um – "na contemplação do direito".

Podem surgir dificuldades práticas quando há um conflito real entre os sistemas porque seus limites de competência não foram e talvez não possam ser claramente definidos. Uma solução para esse problema, visto que afeta a divisão de competência entre nação e

---

[114] Ver a discussão e as referências supra, p. 55.

CAPÍTULO III — O CONCEITO DE DIREITO

Estado em um sistema federal, é sujeitar as disputas à decisão judicial nos termos de uma Constituição escrita. Esse dispositivo é útil, mas nem sempre é indispensável. Historicamente, os sistemas duplos e triplos funcionaram sem atrito sério e, quando o conflito surgiu, muitas vezes foi resolvido por algum tipo de acomodação voluntária.

Isso aconteceu na Inglaterra quando os tribunais da *common law* começaram a absorver em seu próprio sistema muitas das normas desenvolvidas pelos tribunais mercantis, embora o fim desse desenvolvimento tenha sido que os últimos foram finalmente suplantados pelos primeiros.

Uma possível terceira crítica aponta para a mesma objeção básica que a segunda, mas, agora, ampliada muitas vezes. Se a lei é considerada como "o empreendimento de submeter a conduta humana à governança de normas", então, esse empreendimento está sendo conduzido não em duas ou três frentes, mas em milhares. Envolvidos nesse empreendimento estão aqueles que elaboram e administram as normas reguladoras dos assuntos internos de clubes, igrejas, escolas, sindicatos, associações comerciais, feiras agrícolas e de uma centena de outras formas de associação humana.

Se, portanto, estivermos preparados para aplicar a concepção de Direito proposta nestes capítulos, deve-se concluir que só neste país existem "sistemas de Direito" que chegam a centenas de milhares. Entendendo essa conclusão como absurda, pode-se dizer que qualquer teoria que possa dar origem a ela deve ser igualmente absurda.

Antes de tentar qualquer resposta geral a essa crítica, consideremos um exemplo hipotético do funcionamento de um desses minissistemas jurídicos. Uma universidade promulga e administra um conjunto de normas internas que regem a conduta dos alunos em seus dormitórios. A um aluno ou ao conselho docente é confiada a tarefa de ter conhecimento das infrações; quando for estabelecido que uma violação ocorreu, entende-se que o conselho tem o poder de impor medidas disciplinares, as quais, em casos graves, podem incluir o equivalente organizacional da pena capital, ou seja, expulsão.

Se extrairmos da palavra "Direito" qualquer conotação de poder ou autoridade do Estado, não há a menor dificuldade em chamar isso de sistema de leis. Além disso, um sociólogo ou filósofo interessado principalmente no Direito do Estado pode estudar as normas, as instituições e os problemas desse corpo de leis internas que possam tornar compreensíveis os processos do Direito em geral.

No entanto, tão inveterada se tornou a associação da palavra "Direito" com a lei do ente político que chamar um sistema de normas internas com toda a seriedade de "sistema de lei" sugere uma ofensa às normas de propriedade linguística. Se esse fosse nosso único problema, poderíamos imediatamente fazer as pazes com nossos críticos, estabelecendo que eles podem considerar qualquer uso como metafórico e podem qualificá-lo tanto quanto quiserem com aquele antigo termo "quase". A dificuldade é mais profunda, entretanto. Suponha que, de acordo com o sistema de normas internas, um aluno seja julgado pelo conselho e, sendo considerado culpado de uma infração grave, acabe expulso da escola. Ele instaura um processo e pede ao tribunal que ordene sua reintegração.

Há bastante jurisprudência no sentido de que os tribunais podem e devem ter jurisdição em tal caso, e isso sem referência à questão de a escola envolvida ser privada ou pública.[115] Como o tribunal decidirá tal caso? Se o aluno expulso argumentar que, embora sua expulsão estivesse de acordo com as normas publicadas, as próprias normas eram grosseiramente injustas, o tribunal pode, embora normalmente com relutância, julgar essa disputa.

---

[115] Para um melhor entendimento, consulte YALE LAW JOURNAL. "Private Government on the campus: judicial review of university expulsions". *Yale Law Journal*, vol. 72, 1963, pp. 1362-1410.

CAPÍTULO III – O CONCEITO DE DIREITO

Assumindo que nenhuma objeção seja levantada, o tribunal perguntará a si mesmo a questão que pode ser expressa nos seguintes termos: a escola, ao criar e administrar suas normas internas, respeitou a moralidade interna do Direito? Essas normas foram promulgadas? – uma questão, nesse caso, expressa por meio do questionamento se o aluno foi devidamente informado sobre elas. As normas eram claras quanto ao significado de modo a permitir que o aluno soubesse quais atos constituiriam uma infração? A conclusão do conselho estava de acordo com as normas? Os procedimentos de investigação foram conduzidos de forma a assegurar que o resultado tivesse fundamento nas normas publicadas e no conhecimento preciso dos fatos relevantes?

Quer o tribunal reintegre o aluno ou mantenha sua expulsão, seu padrão de decisão é fundamentado nas próprias normas da faculdade. Se, para adquirir força de lei, essas normas precisam do aval do Estado, agora, o receberam na medida em que afetam a questão decidida pelo tribunal. Uma vez que aceitamos as normas internas que se aplicam ao caso, vinculativas tanto para as autoridades da faculdade quanto para os tribunais, a situação não é essencialmente diferente daquela em que um tribunal de apelação analisa a decisão de um juiz de primeira instância.

Por que, então, hesitamos em descrever as normas internas simplesmente como Direito? A resposta fácil é dizer que tal extensão da palavra violaria o uso linguístico comum. Isso levanta a questão de porque o uso linguístico tomou o rumo que tomou.

Penso que a resposta repousa em considerações tais como estas: nós percebemos intuitivamente que, em casos como o que venho discutindo, somos confrontados com questões sobre a manutenção de um equilíbrio adequado da função institucional em nossa sociedade. Que tais questões estão em jogo torna-se aparente se o caso trazido para análise judicial envolver um aluno expulso de uma escola administrada por uma ordem religiosa por causa de heresia, ou de uma academia militar privada porque "ele é constitucionalmente incapaz de aceitar a disciplina militar no espírito adequado". Quando questões tão delicadas como essas estão sob consideração, hesitamos em lançar na balança uma palavra tão carregada de implicações de poder absoluto e autoridade estabelecida quanto a palavra "Direito".

Pode-se aprovar os motivos que levam a essa restrição. Proponho, entretanto, que a verdadeira fonte de dificuldade reside nas filosofias que investiram a palavra "Direito" com conotações que a tornam imprópria para uso precisamente onde ela é mais necessária. Pois, no caso em questão, é extremamente necessária. Sem ela, enfrentamos este dilema: por um lado, somos proibidos de chamar de lei as normas pelas quais uma faculdade determina as expulsões; por outro lado, essas normas recebem claramente força de lei nas decisões judiciais. O fato de os tribunais poderem derrubar normas grosseiramente injustas não as diferencia das leis aprovadas pelo Congresso, as quais também podem ser declaradas nulas quando violam restrições constitucionais impostas ao Poder Legislativo. Como não temos o termo "lei", somos obrigados a procurar algum outro conceito sob o qual possamos abrigar essas normas. Isso geralmente é encontrado em uma noção de Direito privado: contrato. As normas internas, diz-se, constituem um contrato entre a escola e o aluno, por meio do qual seus respectivos direitos são determinados.[116]

Esse "nexo contratual inteiramente artificial"[117] causou muitos problemas. Ao considerar seus inconvenientes e defeitos, devemos lembrar que os casos de expulsão escolar constituem apenas uma pequena amostra tirada de um vasto conjunto de

---

[116] Estou deixando de considerar o uso limitado que os tribunais fizeram de conceitos de propriedade e da "Lei da Difamação", quando lidaram com casos de expulsão, especialmente aqueles que envolvem clubes sociais.

[117] LLOYD, Dennis. "Disqualifications imposed by trade associations: jurisdiction of Court and Natural Justice". *Modern Law Review*, vol. 21, 1958, pp. 661-668.

CAPÍTULO III – O CONCEITO DE DIREITO

precedentes que lidam com problemas semelhantes à medida que surgem em sindicatos, igrejas, clubes e uma série de outras formas institucionais. Como um mecanismo para lidar com essa ampla gama de problemas, o conceito de inadimplência contratual falha em vários aspectos importantes. Por um lado, ele aponta para soluções que são inadequadas ao contexto. Por outro, sugere que, se a instituição ou associação julgar conveniente fazê-lo, pode estipular contratualmente o privilégio irrestrito de cancelamento da associação. Mais fundamentalmente, a teoria do contrato é inconsistente em relação à responsabilidade realmente assumida pelos tribunais nesses casos. É fácil dizer, por exemplo, que as normas parietais constituem um contrato entre a faculdade e o aluno, mas como podemos explicar a deferência dada pelos tribunais à interpretação dessas normas pelas autoridades da faculdade no processo de aplicação a uma suposta infração? Quando as partes discutem sobre o significado de um contrato, normalmente não nos submetemos à interpretação feita por qualquer uma delas, mas julgamos imparcialmente. Essas dificuldades e outras que deixei de mencionar podem ser sanadas partindo-se do pressuposto de que o contrato em questão é muito especial, no qual todos os desvios necessários do Direito contratual comum devem ser entendidos como tacitamente pretendidos pelas partes. Mas quando isso acontece, o "contrato" torna-se uma ficção vazia, oferecendo uma prateleira conveniente para se acomodar qualquer resultado considerado adequado à situação. A objeção à teoria do contrato é que, como qualquer ficção jurídica, ela tende a obscurecer as questões reais envolvidas e adiar um confronto direto com elas.

Sugiro que o corpo de lei que venho discutindo é essencialmente um ramo do Direito Constitucional, em grande parte e adequadamente desenvolvido fora da estrutura de nossas Constituições escritas. É Direito Constitucional na medida em que envolve a distribuição de poder jurídico entre as várias instituições de nossa sociedade, ou seja, a autoridade para promulgar normas e alcançar decisões consideradas como devidamente vinculativas para aqueles por elas afetados.

Que esse corpo de lei constitucional tenha crescido fora de nossas Constituições escritas não deveria ser uma fonte de preocupação.

Teria sido impossível para os redatores de nossas primeiras Constituições escritas antecipar o rico crescimento institucional ocorrido desde sua época. Além disso, o clima intelectual do final do século XVIII foi tal que ofuscou o reconhecimento dos centros de autoridade criados por associação voluntária dos homens.[118] À luz dessas considerações, não devemos mais ficar incomodados ao descobrir que temos um corpo de Direito Constitucional não escrito quando os britânicos, desde o Estatuto de Westminster de 1931, descobriram que eles adquiriram os rudimentos de uma Constituição escrita vivendo confortavelmente no meio de sua Constituição não escrita.

Uma visão que procura entender o Direito em termos da atividade que o sustenta, ao invés de considerar apenas as fontes formais de sua autoridade, pode, às vezes, sugerir um uso de palavras que violam as perspectivas comuns da linguagem. Esse inconveniente pode, eu recomendo, ser compensado pela capacidade de tal entendimento nos fazer perceber semelhanças essenciais. Pode nos ajudar ver que os sistemas jurídicos imperfeitamente alcançados dentro de um sindicato ou universidade podem afetar mais profundamente a vida de um homem do que qualquer decisão judicial proferida contra ele. Por outro lado, também pode nos ajudar a perceber que todos os sistemas jurídicos, grandes e pequenos, estão sujeitos às mesmas enfermidades. Em nenhum caso, o feito jurídico pode ultrapassar a percepção dos seres humanos que o orientam. A revisão judicial de medidas disciplinares institucionais atinge seu objetivo mais óbvio quando corrige injustiças ultrajantes; a longo prazo, pode ser mais útil se ajudar a criar uma atmosfera dentro das instituições e associações que irão torná-la desnecessária.[119]

---

[118] WYZANSKI, Charles E. "The Open window and the open door". *California Law Review*, vol. 35, 1947, p. 341.

[119] Para um exame geral da lei, no valor de um pequeno tratado, consultar a nota HARVARD LAW ASSOCIATION. "Developments in the law-judicial

CAPÍTULO III – O CONCEITO DE DIREITO

Chego agora à quarta crítica – e até onde posso contar, final – que pode ser feita ao ponto de vista do Direito aqui adotado. Isso é, que ele não distingue suficientemente entre Direito e moralidade. A moralidade também está preocupada em controlar a conduta humana por meio de normas. Também se preocupa que essas normas sejam claras, consistentes umas com as outras e entendidas por aqueles que devem obedecê-las. Uma visão que parece reconhecer como a marca característica do Direito um conjunto de preocupações compartilhadas com a moralidade convida à crítica de que esconde uma distinção essencial.

Essa crítica esconde, eu acho, vários problemas distintos. Um deles aparece ao perguntarmos, quando estamos diante de um sistema de normas, como decidimos se o sistema como um todo deve ser chamado de sistema de Direito ou de moralidade. A única resposta a essa pergunta aventurada aqui é a contida na palavra "empreendimento", quando afirmei que o Direito, visto como uma direção do esforço humano intencional, consiste no "empreendimento de submeter a conduta humana à governança de normas".

Pode-se imaginar um pequeno grupo – transferido, digamos, para alguma ilha tropical – vivendo conjuntamente com sucesso apenas a orientação de certos padrões de conduta compartilhados, tendo sido esses padrões moldados de várias maneiras indiretas e informais pela experiência e educação. O que pode ser chamado de experiência jurídica pode vir, pela primeira vez, a tal sociedade quando ela escolhe uma comissão para redigir a declaração oficial dos padrões de conduta aceitos. Tal comitê se veria *ex necessitate rei* embarcado no empreendimento jurídico. As contradições dos padrões, antes latentes e despercebidas, teriam que ser resolvidas. Percebendo que o esclarecimento não poderia ser realizado sem

---

control of actions of private associations". *Harvard Law Review*, vol. 76, nº 5, 1963, pp. 983-1100. A melhor introdução geral é o artigo bastante legível de CHAFEE, Zechariah. "The International affairs of associations not for profit". *Harvard Law Review*, vol. 43, nº 7, 1930, p. 993.

alguma mudança de significado, o comitê teria que se preocupar com a possível dureza de uma aplicação retroativa das normas estabelecidas em sua declaração. À medida que a sociedade gradualmente passe a adquirir os outros instrumentos familiares a um sistema jurídico – como juízes e uma assembleia legislativa –, ela se veria mais profundamente envolvida no empreendimento do Direito. Ou, novamente, em vez de começar com uma tentativa de redigir uma declaração oficial das normas, a sociedade em questão poderia iniciar pela nomeação de alguém para servir como juiz. Nada, parece-me, depende da maneira particular pela qual os membros da sociedade, ou alguns deles, são mergulhados no que chamei de "empreendimento" do Direito.

Embora se possa dizer que a lei e a moralidade compartilhem certas preocupações – por exemplo, as normas devem ser claras –, é à medida que essas preocupações se tornam cada vez mais objeto de uma responsabilidade explícita que um sistema jurídico é criado. Por exemplo, a generalidade é tida como certa para a moralidade e dificilmente pode ser chamada de problema. Torna-se um problema, e um problema urgente, entretanto, quando um juiz condena um homem à prisão e não consegue encontrar nenhuma maneira de expressar qualquer princípio geral pelo qual sua decisão possa ser explicada ou justificada.

É certo que essas observações deixam incerto o ponto específico em que se pode dizer que um sistema jurídico foi criado. Não vejo razão para fingir ver preto e branco onde a realidade se apresenta em tons de cinza. Certamente, não adianta impor à situação alguma norma que a defina, dizendo, por exemplo, que consideraremos que o Direito existe apenas onde haja tribunais.

A questão que acaba de ser rejeitada, embora muito discutida na literatura da filosofia do Direito, não é de grande interesse prático. Aqui, o problema difícil é, antes, o de definir a relação adequada entre o que é indubitavelmente um sistema de Direito estabelecido e em funcionamento, de um lado, e os padrões gerais

CAPÍTULO III – O CONCEITO DE DIREITO

de moralidade, do outro. Ao lidar com esse problema, não acho que se possa dizer que a visão do Direito adotada nestes ensaios obscurece ou distorce as questões essenciais. Pelo contrário, proponho que a distinção entre as moralidades externa e interna do Direito pode oferecer um esclarecimento útil. Tomemos, por exemplo, os problemas que um juiz pode enfrentar ao interpretar uma lei. No que diz respeito aos objetivos externos da norma, faz parte do *ethos* de seu ofício que o juiz permaneça neutro, tanto quanto a capacidade humana o admita, entre as posições morais que possam ter sido assumidas na lei em relação a questões como divórcio, contracepção, jogos de azar ou requisição de propriedade privada para uso público.

Mas as mesmas considerações que exigem uma atitude de neutralidade em relação aos objetivos externos do Direito exigem um compromisso do juiz com a moralidade interna do Direito. Por exemplo, seria considerado abdicação das responsabilidades de seu cargo se o juiz adotasse uma posição neutra entre a interpretação de uma lei que impõe a obrigação de obediência dentro da capacidade do cidadão comum e uma interpretação que tornaria a sua obediência impossível.

A distinção entre as moralidades externas e internas do Direito é, naturalmente, uma ferramenta de análise e não deve ser considerada como um substituto para o exercício do julgamento. Tive o trabalho de mostrar que, ao longo da imagem ocupada por essas duas moralidades, pode aparecer, em certas aplicações, uma área intermediária onde elas se sobrepõem.[120] As duas moralidades, em qualquer caso, interagem uma com a outra de maneiras que irei analisar em meu capítulo final.[121] Por ora, basta apontar que um juiz, diante de duas interpretações

---

[120] Ver especialmente a discussão dos problemas de generalidade (supra, pp. 61-65; infra, pp. 189-192), contradições (supra, pp. 87/88) e possibilidade de obediência (supra, pp. 98/99).
[121] Ver infra, pp. 187-189.

igualmente plausíveis de uma lei, pode preferir apropriadamente aquela que harmonizaria seus termos com os princípios de certo e errado geralmente aceitos. Embora esse resultado possa ser baseado em uma intenção legislativa presumida, ele também pode ser justificado com o fundamento de que tal interpretação seria menos provável de fazer da lei uma armadilha para os inocentes, trazendo, assim, o problema dentro das considerações relevantes para a moralidade interna do Direito.

Um debate perene se refere ao problema de "legislar sobre a moral". Recentemente, tem havido uma discussão animada sobre a relação apropriada do Direito com o comportamento sexual e, mais particularmente, com as práticas homossexuais.[122] Devo confessar que não considero esse argumento bastante convincente de ambos os lados, baseando-se em suposições iniciais que não são explícitas na própria discussão. Eu, entretanto, não teria dificuldade em afirmar que o Direito não deveria considerar um crime consentir que adultos pratiquem atos homossexuais no âmbito privado. A razão para essa conclusão seria que qualquer lei desse tipo simplesmente não pode ser aplicada e sua existência nos livros constituiria um convite aberto à chantagem, de modo que haveria uma grande discrepância entre a lei escrita e sua aplicação na prática. Sugiro que muitas questões relacionadas podem ser resolvidas em termos semelhantes, sem que tenhamos que chegar a um acordo sobre as questões morais substantivas envolvidas.

---

[122] DEVLIN, Patrick A. *The Enforcement of morals*. Londres: Oxford University Press, 1959. DEVLIN, Patrick A. *Law and morals*. Birmingham: Holdsworth Club of the University of Birmingham, 1961. HART, Herbert L. A. *Law, liberty and morality*. Stanford: Stanford University Press, 1963.

CAPÍTULO III – O CONCEITO DE DIREITO

3.5 O conceito de Direito de Hart

Até agora, deixei de lado a obra da qual peguei emprestado o título deste capítulo. *The Concept of Law*,[123] de H. L. A. Hart, é certamente uma contribuição para a literatura da filosofia do Direito como não temos há muito tempo. Não é uma coleção de ensaios disfarçados de livro. Não é um livro didático no sentido usual. Em vez disso, representa uma tentativa de apresentar resumidamente as próprias soluções do autor para os principais problemas da filosofia do Direito.

O livro é excelente em diversos aspectos. A escrita é primorosa e repleto de aperitivos brilhantes. Aprendi muitas coisas com essa obra. Com sua análise fundamental do conceito de Direito, entretanto, estou em completo desacordo.

Em meu capítulo final, farei alguns comentários críticos sobre o tratamento que Hart dá ao que chamei de moralidade interna do Direito. Em resumo, a crítica que devo apresentar é que toda a análise de Hart procede em termos que excluem sistematicamente qualquer consideração dos problemas analisados em meu segundo capítulo.

No presente contexto, minha disputa é com "a norma de reconhecimento", um conceito que Hart parece considerar como o tema central de seu livro e sua principal contribuição. Ao desenvolver esse conceito, Hart começa com uma distinção entre as normas que impõem deveres e normas que conferem poderes jurídicos. Até aqui, nada a comentar. A distinção é familiar, especialmente neste país onde ela serviu como a pedra angular da análise *hohfeldiana*.[124] Obviamente, há uma diferença importante

---

[123] HART, Herbert L. A. *The Concept of law*. Nova York: Oxford University Press, 1961.

[124] Ver HOHFELD, Wesley N. *Fundamental legal conceptions*. Londres: Yale University Press, 1923. A melhor introdução ao sistema Hohfeldiano é CORBIN, Arthur L. "Legal analysis and terminology". *Yale Law Journal*, vol. 29, 1919, pp. 163-173. A análise hohfeldiana discerne quatro relações

entre uma norma que diz "não matarás" e outra que diz "se você quer fazer um testamento válido, faça-o por escrito e assine-o perante três testemunhas".

Observe-se que essa distinção, esclarecedora em alguns casos, pode ser mal utilizada de modo a tornar confusas questões que não podem ser superadas. Há evidências abundantes disso em alguns dos escritos baseados na análise *hohfeldiana*.

Deixe-me desenvolver brevemente as ambiguidades implícitas na distinção com a ajuda de duas ilustrações. Na primeira, apresentaremos a nós mesmos o problema de classificar uma norma que diz: "quando um administrador pagou de seu próprio bolso as despesas devidamente imputáveis ao patrimônio fiduciário, ele tem o direito de se reembolsar dos fundos fiduciários em seu poder". O uso da palavra "direito" sugere um dever correspondente por parte do beneficiário, mas o administrador não tem necessidade de fazer cumprir esse dever; por meio de uma espécie de autoajuda jurídica, ele simplesmente efetua uma transferência legalmente válida dos fundos fiduciários para sua própria conta. Consequentemente, podemos concluir que estamos lidando aqui com uma norma de atribuição de poder, ao invés de uma norma de imposição de dever. Mas suponha que o instrumento que cria o fideicomisso dê ao beneficiário, por sua vez, o poder de, ao atingir a maioridade, efetuar uma transferência do patrimônio do fideicomisso diretamente para si mesmo. Suponha, ainda, que o beneficiário exerça esse poder antes que o administrador tenha a chance de se reembolsar com os fundos fiduciários. Simplesmente, o beneficiário passou a ter o dever legal de reembolsar o administrador fiduciário. O princípio

---

jurídicas básicas: direito-dever, direito-não-privilégio, poder-responsabilidade e deficiência-imunidade. Destes, no entanto, o segundo e o quarto são simplesmente as negações do primeiro e do terceiro. Consequentemente, a distinção básica sobre a qual todo o sistema é construído é entre o dever de direito e a responsabilidade pelo poder; essa distinção coincide exatamente com a feita por Hart.

CAPÍTULO III – O CONCEITO DE DIREITO

fundamental, no entanto, é o mesmo para ambos os casos, qual seja, o de que o mandatário tem direito ao reembolso a expensas do beneficiário; se lhe é dado um poder para ajudar a si mesmo, como foi, por assim dizer, ou um direito contra o beneficiário (com uma obrigação correspondente), é simplesmente uma questão da forma mais adequada de alcançar o resultado.

Minha segunda ilustração se refere a uma norma familiar relativa à mitigação de danos. A e B firmam um contrato pelo qual A deve construir uma máquina especialmente projetada para B, e este deve pagar US$ 10.000 quando o trabalho for concluído. Depois que A começa a trabalhar na máquina, B rescinde de seu contrato. Não há dúvida de que B é responsável pelos danos, os quais incluiriam o reembolso a A pelas despesas incorridas até o momento da desistência, bem como qualquer lucro que A teria obtido com todo o trabalho. A questão crucial é se A pode desconsiderar a desistência de B, continuar trabalhando na máquina e, quando terminar, cobrar o preço total. A lei afirma que ele não pode cobrar de B quaisquer despesas incorridas na execução do contrato depois que B desistiu; quer continue a trabalhar ou não, o limite de seu ressarcimento é estabelecido pelo montante a que teria direito se tivesse abandonado o trabalho após a desistência de B. Os tribunais têm comumente expressado essa ideia, dizendo que, na desistência, A tem "o dever de mitigar os danos" ao cessar o trabalho na máquina, a noção de que ele não pode ser ressarcido por custos incorridos em violação a essa obrigação.

Essa visão foi severamente criticada por ofuscar a distinção entre normas que impõem obrigações e aquelas que concedem ou tiram poderes legais. Se A tolamente continuar a trabalhar na máquina após a desistência de B ao contrato, este não tem nenhum motivo para propor uma ação contra o primeiro para fazer cumprir qualquer "dever". A única sanção que esse dever erroneamente denominado tem é que, se A continuar a trabalhar, não poderá ressarcir o custo de fazê-lo de B. Antes da desistência, A tinha um poder legal no sentido de que, ao continuar trabalhando dia a dia, estava aumentando uma possível obrigação de B para com ele. Agora, perdeu esse poder. A situação é comparável à produzida pela aprovação da lei que estabelece que alguns tipos de contratos são válidos apenas se celebrados por escrito (*Statute of Frauds*). Antes da lei, os homens tinham o poder de criar contratos vinculantes oralmente; depois que foi promulgada, esse poder, com relação a certos tipos de contratos, foi removido. Assim corre um debate baseado na análise *hohfeldiana*.[125]

Essa discussão parece bastante convincente até que reflitamos que, em casos como o da máquina, os tribunais começam com a suposição de que A deve parar de trabalhar, pois, ao continuar, ele desperdiça tanto recursos seus como recursos da sociedade em algo que não atende mais a nenhuma necessidade. Isso é o que os tribunais querem dizer quando afirmam que A tem o dever de mitigar. Não há motivo para B processar por violação desse dever; visto que ele não tem que pagar pelo trabalho feito após seu repúdio, não é pessoalmente prejudicado pela continuidade do trabalho de A. A lei que estabelece que alguns tipos de contratos são válidos apenas se celebrados por escrito, por outro lado, não diz que os homens devem redigir seus contratos; simplesmente diz que, se certos contratos forem deixados na forma oral, não serão legalmente cumpridos. As partes contratantes, familiarizadas com os termos da lei, podem, de fato, deliberadamente abster-se de assinar um memorando escrito a fim de preservar a condição de "acordo de cavalheiros".

Nos casos da máquina e da lei mencionada, o que se convencionou chamar de "sanção de nulidade" é empregado para fins bem diversos. Em um caso, é usado para compelir A a fazer o que deveria, cortando seu pagamento, por assim dizer; no outro, é usado para assegurar que o poder de celebrar contratos vinculantes

---

[125] CORBIN, Arthur L. *Contracts*. vol. 5. St. Paul: West Publishing, 1951, § 1039, pp. 205-207.

CAPÍTULO III – O CONCEITO DE DIREITO

será exercido em circunstâncias que protegerão contra fraude e memória equivocada.

É impossível tratar aqui adequadamente dos muitos problemas que podem surgir da distinção entre normas que impõem deveres e aquelas que conferem poderes, especialmente quando se trata de argumentos que envolvem a analogia. Mesmo o relato superficial apresentado aqui deixa claro, entretanto, que existem dois padrões diferentes para a aplicação da distinção. O primeiro questiona sobre o propósito legislativo fundamental; o segundo, sobre o mecanismo jurídico pelo qual o propósito da norma é efetivado. A falha em perceber que esses são padrões distintos atrapalhou muitas tentativas de aplicar a análise *hohfeldiana* na prática.[126] Por outro lado, se alguém tenta sempre penetrar na intenção das formas jurídicas para atingir a intenção subjacente, a distinção perde muito de seu apelo e dificilmente fornece a inspiração generalizada e esperada pelos *hohfeldianos*. A experiência frustrante com a análise *hohfeldiana*, projetada contra o entusiasmo com que foi originalmente saudada, inclina-me a ver com certo ceticismo a sugestão de que a distinção proposta por Hart é "uma ferramenta muito poderosa para a análise que intrigou tanto o jurista quanto o teórico político".[127]

Essas dúvidas se aproximam de algo como uma certeza quando se trata da "norma de reconhecimento" de Hart. Deixe-me expressar o que entendo como sendo o significado dessa norma com a ajuda de uma ilustração de simplicidade talvez grotesca. Um pequeno país é governado pelo Rei Rex. Dentro desse país, é unânime que o poder jurídico máximo é de Rex. Para deixar isso bem claro, podemos supor que todo cidadão adulto assine, com

---

[126] Um exemplo notável é COOK, W. W. "The Utility of jurisprudence in the solution of legal problems". *In*: ASSOCIATION OF THE BAR OF THE CITY OF NEW. *Lectures on legal topics*. Nova York: Macmillan, 1928, pp. 337-390.

[127] HART, Herbert L. A. *The Concept of law*. Nova York: Oxford University Press, 1961, p. 95.

alegre sinceridade, uma declaração dizendo: "reconheço em Rex a única e última fonte de Direito em meu país".

Agora é evidente que existe em seu reino uma norma aceita, segundo a qual Rex tem a palavra final sobre o que deve ser considerado lei. Hart propõe chamar isso de "norma de reconhecimento". Seguramente, não pode haver disputa com essa proposta. Mas Hart vai além e insiste para que apliquemos a essa norma a distinção entre normas que conferem poderes e aquelas que impõem deveres. A norma de reconhecimento, declara ele, deve ser considerada uma norma de atribuição de poder. Novamente, isso parece quase um axioma.

Mas Hart parece entender nessa caracterização a noção adicional de que a norma não pode conter qualquer disposição expressa ou tácita no sentido de que a autoridade que ela confere possa ser retirada em caso de abuso. Para alguém preocupado em desencorajar tendências em relação à anarquia, algo pode ser dito sobre isso, e Hobbes, de fato, tinha muito a dizer sobre a questão. Hart, no entanto, parece considerar que está lidando com uma necessidade de pensamento lógico. Se se pretende preservar uma distinção nítida entre normas que impõem deveres e normas que conferem poderes, há razões para ficar descontente com qualquer sugestão no sentido de que pode ser possível retirar a autoridade legislativa uma vez que tenha sido conferida pela norma de reconhecimento. Se Rex começou a manter suas leis em segredo daqueles legalmente obrigados a obedecê-las e teve a sua coroa tirada por fazer isso, certamente pareceria tolo perguntar se ele foi deposto porque violou um dever implícito, ou porque, por exceder os limites tácitos de seu poder, operou uma perda automática de seu trabalho e, portanto, ficou sujeito à "sanção de nulidade". Dito de outra maneira, uma norma que confere um poder e prevê, expressamente ou por implicação, que esse poder pode ser revogado por abusos apresenta, em sua cláusula, uma estipulação que se estende de forma ambígua à distinção entre normas que impõem deveres e aquelas que concedem poderes.

CAPÍTULO III – O CONCEITO DE DIREITO

Disso se entende que, se Hart pretende preservar sua distinção-chave, ele é obrigado a presumir que a autoridade legislativa não pode ser legalmente revogada. Em toda a sua análise da norma de reconhecimento, parece-me que Hart caiu em uma armadilha familiar devidamente temida por todos nós no campo da filosofia do Direito. Ele está aplicando às atitudes que dão origem e sustentam um sistema jurídico distinções jurídicas que não podem ter nenhum significado nessa aplicação. Não há dúvida de que um sistema jurídico deriva seu apoio final da sensação de que está "certo". No entanto, esse sentido, derivado de expectativas e aceitações tácitas, simplesmente não pode ser expresso em termos como obrigações e capacidades.

Suponha que, para tomar emprestado um exemplo famoso de Wittgenstein, uma mãe de saída para assistir a uma matinê diga à babá: "enquanto eu estiver fora, ensine um jogo a meus filhos". A babá ensina as crianças a jogar dados por dinheiro ou a duelar com facas de cozinha. Antes de julgar esse ato, a mãe deve se perguntar se a babá violou uma promessa tácita ou simplesmente excedeu sua autoridade? Sugiro que ela ficaria tão confusa com essa questão quanto ficaria com aquela que o próprio Wittgenstein levanta: ela pode dizer, com sinceridade, "eu não quis dizer esse tipo de jogo", quando nunca pensou na possibilidade de tal jogo sendo ensinado a seus filhos? Existem alguns resultados nas relações humanas absurdos demais para serem elevados ao nível de exclusão consciente. Assim seria, pelo menos nos tempos modernos, se um Parlamento esquecesse que sua função aceita é, afinal, fazer leis e começasse a agir como se tivesse recebido o poder de salvar almas ou de declarar a verdade científica. E se as expectativas e aceitações subjacentes ao poder de um parlamento o confinam à formulação de leis, isso não implica tacitamente outras limitações? Não se presume, por exemplo, que o Parlamento não realizará uma bebedeira por entender que os membros que ainda estão de pé à meia-noite terão o poder de fazer as leis? E vai muito mais longe – ou mesmo tão longe – para dizer que está tacitamente entendido que o Parlamento não irá ocultar suas promulgações do conhecimento daqueles que devem obedecê-las ou expressar suas leis em termos deliberadamente ininteligíveis?

Hart está empenhado em resgatar o conceito de Direito de sua identificação com o poder coercitivo. Um sistema legal, afirma ele, não é igual à "situação do atirador em larga escala". Mas se a norma de reconhecimento significa que qualquer coisa chamada lei pelo legislador é considerada lei, então, a situação do cidadão é, de certa forma, pior do que a da vítima do atirador. Se um atirador disser "seu dinheiro ou sua vida", certamente se espera que, se eu der meu dinheiro, ele poupará minha vida. Se aceitar minha bolsa e depois me atirar ao chão, suponho que sua conduta não seria apenas condenada pelos moralistas, mas também por qualquer assaltante que se respeite. Nesse sentido, nem mesmo uma "rendição incondicional" é realmente incondicional, pois deve haver uma expectativa, por parte daquele que se rende, de que não está trocando a morte súbita por uma tortura vagarosa.

A própria distinção de Hart entre a "situação do atirador" e um sistema jurídico[128] não contém nenhuma sugestão de qualquer elemento de reciprocidade tácita. Ao contrário, a distinção ocorre inteiramente em termos formais ou estruturais. O atirador comunica sua ameaça em uma única situação face a face; a lei se expressa normalmente em ordens permanentes e gerais que podem ser publicadas, mas que não constituem uma comunicação direta entre legislador e sujeito. Agir por meio de normas gerais é

> a forma padrão de atuação do Direito, apenas porque nenhuma sociedade poderia suportar o número de funcionários necessários para garantir que cada membro da sociedade

---

[128] HART, Herbert L. A. *The Concept of law*. Nova York: Oxford University Press, 1961, pp. 20-25.

CAPÍTULO III – O CONCEITO DE DIREITO

fosse oficialmente e individualmente informado de cada ato que seria obrigado a fazer.[129]

É como se cada etapa da análise tivesse sido projetada para excluir a noção de que poderia haver qualquer expectativa legítima por parte do cidadão que poderia ser violada pelo legislador.

Não tentarei detalhar a aplicação da norma de reconhecimento de Hart em uma democracia constitucional complexa. Basta dizer que ele admite que, nesse caso, não há uma norma de reconhecimento, mas todo um complexo de normas, práticas e convenções que determinam como os legisladores são eleitos, quais devem ser as qualificações e jurisdição dos juízes e todas as outras questões que afetam a determinação, em um determinado caso, do que deve ou não ser considerado Direito.[130]

Ele também admite "que uma grande proporção de cidadãos comuns – talvez a maioria – não tem uma concepção geral da estrutura jurídica ou de seus critérios de validade".[131] Finalmente, ele admite que nem sempre é possível traçar uma linha nítida de distinção entre as normas comuns de Direito e as normas que conferem poderes legislativos.[132] No entanto, ele parece insistir que, apesar de todas essas concessões, a norma de reconhecimento da soberania jurídica da rainha no Parlamento pode, de alguma forma, resumir e absorver todas as pequenas normas que permitem aos legisladores reconhecer o Direito em uma centena de contextos especiais diferentes. Ele parece ainda afirmar que essa opinião

---

[129] HART, Herbert L. A. *The Concept of law*. Nova York: Oxford University Press, 1961, p. 21.

[130] HART, Herbert L. A. *The Concept of law*. Nova York: Oxford University Press, 1961, pp. 59, 75 e 242.

[131] HART, Herbert L. A. *The Concept of law*. Nova York: Oxford University Press, 1961, p. 111.

[132] HART, Herbert L. A. *The Concept of law*. Nova York: Oxford University Press, 1961, p. 144.

sobre o assunto não é uma construção jurídica imposta de fora, nem uma expressão de confiança no poder político do Parlamento para resolver quaisquer conflitos concebíveis que possam surgir dentro do sistema, mas, sim, algo que pode ser demonstrado empiricamente nas práticas diárias de seu Estado.

Tenho dificuldade de entender como isso pode ser. Afinal, "Parlamento" é apenas o nome de uma instituição que mudou drasticamente de natureza ao longo dos séculos. A memória de uma dessas mudanças é preservada na graciosa ficção que ainda hoje prevê não a elaboração de leis pelo Parlamento, mas pela "rainha no Parlamento". Falar de uma norma de reconhecimento apontando para algo em constante mudança é, parece-me, quase como dizer que, em um determinado país, a norma de reconhecimento sempre concedeu o poder supremo de legislar ao Grande X, em que X, em uma determinada década, significava um funcionário eleito; na seguinte, o filho mais velho dos últimos X; na terceira, um triunvirato escolhido por sorteio entre membros do Exército, do Clero e do Sindicato dos Trabalhadores.

Parece, portanto, no relato de Hart, que o dedo indicador que a norma de reconhecimento direciona para a fonte do Direito pode se mover através de um amplo arco sem perder seu alvo. Quão abrangente esse arco pode se tornar? Talvez seja uma questão de sabedoria política não pedir uma resposta muito precisa a essa questão. É aceitável examinar a história de um país para ver continuidades, mesmo onde os contemporâneos viram revoluções. Mas quando a norma de reconhecimento é usada como uma "ferramenta poderosa de análise", torna-se essencial saber quando há algo para o qual ela pode apontar e quando mudou de A para um B.

Afirmo que um erro básico de método permeia todo o tratamento dado por Hart à norma de reconhecimento. Ele está sempre tentando, com a ajuda dessa norma, dar respostas jurídicas claras a questões que são essencialmente sociológicas. Essa aplicação incorreta da norma é mais aparente em sua discussão sobre o que ele chama de problema da "persistência do Direito".[133]

Um monarca absoluto, o Rei Rex V, assume o trono com a morte de seu pai, Rex IV. Apesar desse deslocamento na fonte humana do Direito, as leis promulgadas por Rex IV são comumente consideradas como persistentes e permanecem inalteradas até que Rex V anuncie alguma alteração nelas. Esse é o fato sociológico que Hart procura explicar. Foi descrito há mais de um século e meio por Portalis nessas palavras: *l'experience prouve que les homines changent plus facilement de domination que de lois*.[134]

A explicação de Hart para esse fato da experiência é dizer que a norma de reconhecimento não se refere ao homem, mas ao cargo, e inclui em si as normas da sucessão legítima. De igual modo, Hart explica por que uma lei promulgada pelo Parlamento em 1735 ainda pode estar vigente em 1944.

Mas suponha que, em nosso caso hipotético, Rex IV seja sucedido não por seu filho, Rex V, mas por Brutus I, que destitui Rex IV do trono sem a menor pretensão de título e em violação aberta das normas de sucessão aceitas. Devemos dizer que é uma consequência necessária desse evento que todas as leis anteriores, incluindo as de propriedade, contrato e casamento, agora perderam sua força? Esse é o resultado exigido pela análise de Hart, ainda que viole a experiência da história. Nesse caso, Hart teria que empregar, presumivelmente, algum argumento no sentido de que Brutus I, ao não dizer nada sobre o assunto, tacitamente promulgou novamente a lei anterior – argumento este que o próprio Hart critica em Hobbes, Bentham e Austin, além de ser um argumento que a análise de Hart pretende tornar desnecessário.

---

[133] HART, Herbert L. A. *The Concept of law*. Nova York: Oxford University Press, 1961, pp. 60-64.

[134] LOCRE, Jean G. "Discours preliminaire". *In*: _____. *La Legislation de la France*. Paris: Treuttel et Würtz, 1827, p. 251.

Talvez haja uma ironia aqui no fato de que o golpe de Estado antiquado, militar e não ideológico apresenta o modelo mais claro de uma mudança na "norma de reconhecimento", mas talvez configure a menor ameaça à "persistência da lei". A revolução ideológica moderna, insinuando-se no poder por meio da manipulação das formas jurídicas, representa precisamente o tipo de mudança com maior probabilidade de criar dúvidas sobre se as leis anteriores (digamos, isentar as igrejas de impostos) permanecem em vigor. Como explicação para a persistência do Direito, a norma de reconhecimento faz a balança pender exatamente na direção contrária.

Uma aplicação igualmente infeliz da norma de reconhecimento ocorre, parece-me, quando Hart tenta usá-la para explicar como e quando uma sociedade primitiva dá seu "passo do pré-jurídico para o mundo jurídico".[135] Uma sociedade que vive no mundo pré-jurídico conhece apenas normas primárias de obrigação, ou seja, normas de imposição de deveres.[136] Esse sistema de normas é defeituoso em vários aspectos: ele não fornece nenhum mecanismo para resolver dúvidas e contradições, ou para efetuar mudanças deliberadas; suas normas dependem, para sua eficácia, de pressões sociais difusas.[137] Uma transição para o "mundo jurídico" ocorre quando uma sociedade primeiro concebe e aplica aos seus negócios a noção de que uma norma pode conferir o poder de fazer ou alterar normas de dever. Essa descoberta "é um passo tão importante para a sociedade quanto a invenção da roda".[138]

---

[135] HART, Herbert L. A. *The Concept of law*. Nova York: Oxford University Press, 1961, p. 41.
[136] HART, Herbert L. A. *The Concept of law*. Nova York: Oxford University Press, 1961, p. 89.
[137] HART, Herbert L. A. *The Concept of law*. Nova York: Oxford University Press, 1961, pp. 90/91.
[138] HART, Herbert L. A. *The Concept of law*. Nova York: Oxford University Press, 1961, pp. 41 e 61.

CAPÍTULO III – O CONCEITO DE DIREITO

Agora, parece-me que essa concepção essencialmente austiniana representa, novamente, uma aplicação errada das distinções jurídicas a um contexto que não as apoiará. Por um lado, em uma sociedade onde existe uma crença generalizada na magia e onde a natureza é invocada por uma fórmula, é evidente que não pode haver distinção clara entre poderes "naturais" e "legais". O legislador carismático não está autorizado a legislar por nenhuma norma de reconhecimento feita pelo homem. Em vez disso, a autoridade de que goza na sociedade deriva da crença de que possui uma capacidade especial para discernir e declarar o Direito.[139] Se podemos falar do aparecimento de algo como uma norma explícita de reconhecimento, isso ocorreu ao longo dos séculos e envolveu a mudança gradual da noção de poderes como um atributo da pessoa para poderes conferidos por um papel social atribuído a essa pessoa. Antes que essa transição estivesse completa, nós, há muito, abandonamos tudo o que poderia ser chamado de estado primitivo da sociedade. Na verdade, pode-se dizer que essa transição nunca é segura contra uma recaída em noções mais primitivas. O culto da personalidade permanece, em certa medida, sempre conosco.

Além disso, há dúvidas quanto ao fato de a sociedade primitiva ter sido dominada por algo semelhante à concepção moderna do dever. É pelo menos discutível que, entre o poder e o dever, o poder representa a concepção mais primitiva. O que hoje chamaríamos de "punição" de maneira bastante geral assumia a forma, na sociedade primitiva, de um exercício de poderes mágicos sobre o ofensor para expurgar da comunidade uma impureza. Uma limpeza semelhante foi alcançada pelo uso generoso do ostracismo. Em vez de uma noção generalizada de dever, encontramos atos

---

[139] Ver WEBER, Max. *Law in economy and society*. Trad. Shils e Rhein Stein. Cambridge: Harvard University Press, 1954, pp. 73-82. A distinção feita na filosofia chinesa entre um governo por homens e um governo por leis também é digna de nota, uma vez que pode servir para neutralizar um pouco a insistência de Weber no caráter não racional do "carisma". Cf. ESCARRA, Jean. *Le droit chinois*. Paris: Recueil Sirey, 1936, pp. 7-57.

permitidos e proibidos, próprios e impróprios, *fas et nefas*. Os primeiros procedimentos jurídicos frequentemente tomavam a forma não de uma determinação judicial de culpa, mas de uma autoajuda ritualística. Cada delito exigia para sua cura um remédio distinto e especialmente receitado. Pode-se talvez dizer que uma concepção generalizada de dever surge apenas quando temos vários remédios para a violação de um único dever, ou vários deveres que podem ser curados por um único remédio. Enquanto as consequências de um delito são identificadas com os passos formais necessários para curá-lo, parece que somos confrontados com uma noção de poder, em vez de dever.

Será útil testar a hipótese de Hart sobre a transição para "o mundo jurídico" contra a experiência real de um povo primitivo fazendo essa transição em tempos bastante modernos. A experiência em questão é a do povo Manus, das Ilhas do Almirantado, conforme relatado por Margaret Mead.[140]

Depois da Segunda Guerra Mundial, o povo Manus aprendeu com seus governantes australianos que havia uma maneira de lidar com disputas das quais não tinham conhecimento prévio. Esse foi o procedimento de adjudicação. Seus próprios métodos de resolução de disputas eram extremamente insatisfatórios, consistindo em "disputas, ataques repentinos e subsequentes cerimônias de efêmeras de pacificação, muitas vezes com pagamentos em expiação". Agora, eles perceberam que uma disputa poderia ser decidida e resolvida por meio de sua apresentação a um árbitro imparcial. Seguiu-se uma verdadeira moda de julgamento, na qual seus próprios anciãos mais velhos foram designados ou assumiram um papel social totalmente desconhecido, o de juiz. Curiosamente, a Justiça assim dispensada era uma espécie de mercadoria do mercado clandestino, uma vez que os "juízes" que decidiam suas disputas careciam de

---

[140] MEAD, Margaret. *New Lives for old*. Nova York: Morrow, 1956. As citações no texto foram retiradas das páginas 306 e 307.

CAPÍTULO III – O CONCEITO DE DIREITO

qualquer legitimidade com o Estado australiano; seus poderes não eram sustentados por nenhuma norma de reconhecimento, exceto uma muito informal e inconstante entre o próprio povo Manus.

A atitude dos povos indígenas em relação a essa inovação é assim descrita por Mead:

> Para o nativo da Nova Guiné, recentemente animado pelo desejo de manter sua sociedade "em ordem", todo o sistema jurídico parece novo e bonito. Ele o vê como uma invenção magnífica, tão maravilhosa quanto o avião, de modo que, no interior da Nova Guiné propriamente dita, a instituição dos "tribunais" ilegais vem se espalhando.

Se o relato de Margaret Mead estiver correto, então, a norma de reconhecimento entre o povo Manus dirigia-se principalmente não a uma agência humana habilitada pela norma para fazer leis, mas a um procedimento. Certamente, se vamos falar de uma invenção comparável à da roda ou do avião, convém pensar em um procedimento e não em uma mera concessão de autoridade.

3.6 O Direito como um empreendimento com propósito e o Direito como um fato manifesto do poder social

Pode-se dizer que as oposições de ponto de vista diferentes examinadas neste capítulo refletem em contextos mutáveis uma única discordância subjacente. A natureza dessa divergência fundamental pode ser expressa nos seguintes termos: insisti que a lei seja vista como um empreendimento intencional que depende, para seu sucesso, da energia, do discernimento, da inteligência e da consciência daqueles que a conduzem, e é destinada, por causa dessa dependência, a ficar um pouco distante do atendimento a seus objetivos. Em oposição a essa visão, insiste-se que o Direito deve ser tratado como um fato manifesto de autoridade ou poder social, a ser estudado pelo que é e faz, e não pelo que está tentando fazer ou se tornar.

Ao lidar com essa oposição fundamental, deixe-me começar com uma declaração das considerações que me parecem ter levado à visão à qual me oponho. Como não tenho autoridade para falar em nome da oposição, essa declaração terá de ser hipotética na forma. Vou, no entanto, tentar formulá-la da maneira mais persuasiva que puder.

Tal declaração começaria com uma concessão cujo propósito tem um papel adequado a desempenhar na interpretação de leis individuais. Uma lei é obviamente uma coisa com propósito, servindo a algum fim ou conjunto de fins relacionados. O que se objeta não é a atribuição de propósitos a leis particulares, mas ao Direito como um todo.

Qualquer opinião que atribua algum propósito ou fim a todo um complexo institucional tem, pode-se dizer, antecedentes muito pouco atraentes na história da filosofia. Lembremos os excessos do idealismo alemão e britânico. Isso sugere que, se começarmos a falar sobre o propósito do Direito, podemos terminar falando sobre o propósito do Estado. Mesmo se rejeitarmos como irreal o perigo de que o espírito de Hegel possa cavalgar novamente, o entendimento em consideração tem outras afinidades que estão longe de ser tranquilizadoras. Ele lembra, por exemplo, as discussões solenes sobre o Propósito dos Pântanos, conduzidas por Thomas Jefferson com seus associados na Sociedade Filosófica Americana.[141] Uma teleologia ingênua, pode-se dizer, mostrou-se o pior inimigo para a busca da ciência pela verdade objetiva.

Mesmo que suas afinidades históricas fossem menos perturbadoras, há uma improbabilidade intrínseca de qualquer teoria

---

[141] BOORSTIN, Daniel J. *The Lost world of Thomas Jefferson*. Boston: Beacon Press, 1948, pp. 45-47.

CAPÍTULO III – O CONCEITO DE DIREITO

que tente atribuir uma finalidade a uma instituição como um todo. As instituições são constituídas por uma infinidade de ações humanas individuais. Muitas delas seguem hábitos e dificilmente podem ser consideradas como intencionais. Daquelas intencionais, os objetivos buscados pelos atores são das mais diversas naturezas. Mesmo aqueles que participam da criação de instituições podem ter visões muito diferentes do propósito ou função das instituições criadas por eles.

Ao responder a essas críticas, começarei lembrando que o propósito que atribuí à instituição do Direito é modesto e sóbrio: submeter a conduta humana à orientação e ao controle de normas gerais. Tal propósito dificilmente se presta aos excessos hegelianos. A atribuição disso ao Direito faria parecer um axioma inofensivo se suas implicações não fossem, como acredito ter demonstrado em meu segundo capítulo, longe de ser evidentes ou sem importância.

Antes de negar a nós mesmos a modesta indulgência em teleologia que propus, devemos considerar cuidadosamente o custo dessa negação. O elemento mais significativo desse custo reside no fato de que perdemos totalmente qualquer padrão para definir a legalidade. Se o Direito é simplesmente um fato manifesto de autoridade ou poder social, então, embora ainda possamos falar sobre a justiça substantiva ou injustiça de normas particulares, não podemos mais falar sobre o grau em que um sistema jurídico como um todo atinge o ideal de legalidade; se formos coerentes com nossas premissas, não podemos, por exemplo, afirmar que o sistema jurídico do país X tem uma medida de legalidade maior do que o do país Y. Podemos falar sobre contradições na lei, mas não temos um padrão para definir o que uma contradição é. Podemos lamentar alguns tipos de leis retroativas, mas não podemos nem mesmo explicar o que haveria de errado com um sistema de leis totalmente retroativo. Se observarmos que o poder do Direito normalmente se expressa na aplicação de normas gerais, não podemos pensar em nenhuma explicação melhor para isso do que dizer que o poder jurídico supremo dificilmente pode se dar ao luxo de colocar um subordinado em cada esquina para dizer às pessoas o que devem fazer. Resumindo, não podemos formular nem tampouco responder aos problemas aos quais meu segundo capítulo foi dedicado.

Pode-se dizer que, se esses problemas, na verdade, não podem ser formulados de maneira que nos permitam respondê-los, devemos enfrentar esse fato com coragem, e não nos iludir com ficções. É nesse ponto que a questão está mais nitidamente ligada. A questão é: não qual entendimento é mais reconfortante e tranquilizador, mas qual entendimento é o correto, qual corresponde mais fielmente à realidade com que devemos lidar. No restante deste capítulo, procurarei mostrar que o entendimento que pretende abstrair-se do propósito do Direito e tratá-lo simplesmente como um fato manifesto do poder social não pode ser sustentado, salvo por meio de um falseamento da realidade sobre a qual pretende construir.

O entendimento que estou criticando vê a realidade do Direito pela existência de uma autoridade legislativa estabelecida. O que essa autoridade determina ser lei é lei. Nessa determinação, não há graduação; não se pode aplicar a ela os adjetivos "bem-sucedido" ou "malsucedido". Esta, parece-me, é a essência da teoria que se opõe àquela subjacente a estes capítulos.

Agora, essa teoria pode parecer sustentável apenas se nós, sistematicamente, eliminarmos de vista dois elementos na realidade que ela se propõe a descrever. O primeiro deles reside no fato de que a autoridade estabelecida para nos dizer o que é o Direito é, ela própria, o resultado do Direito.[142] Na sociedade moderna, o Direito é tipicamente criado pela ação coletiva. A ação coletiva – por um Parlamento, por exemplo – só é possível ao se adotarem e se seguirem normas de procedimento que permitirão a um grupo de homens falar legalmente a uma só voz. Essas normas

---

[142] Tive a oportunidade de tocar nesse ponto ao discutir a supremacia parlamentar; cf. pp. 139/140 supra.

CAPÍTULO III – O CONCEITO DE DIREITO

de procedimento podem fracassar em todas as oito vias abertas a qualquer sistema jurídico. Portanto, quando afirmamos que o Parlamento do Reino Unido tem a palavra final sobre o que é o Direito, assumimos tacitamente alguma medida de sucesso em pelo menos um empreendimento jurídico, que visa dar ao Parlamento o poder corporativo de "dizer" coisas. Essa presunção de sucesso é normalmente justificada em países com uma longa tradição parlamentar. Porém, se formos fiéis à realidade que pretendemos descrever, reconheceremos que a capacidade de um Parlamento de promulgar leis é em si uma conquista de um esforço intencional, e não simplesmente um dado da natureza.

A segunda representação falsa da realidade consiste em ignorar o fato de que a própria estrutura formal de autoridade geralmente depende do esforço humano que não é exigido por nenhuma lei ou ordem. Weber aponta que todas as estruturas sociais formais – estejam elas incorporadas em uma tradição ou em uma Constituição escrita – são suscetíveis de ter lacunas que não aparecem como tais porque são preenchidas por ações apropriadas tomadas, muitas vezes, sem qualquer consciência de que uma alternativa está aberta.[143] Em outras palavras, os homens geralmente não fazem coisas absurdas pelo que iriam frustrar todo o empreendimento em que estão engajados, embora as direções formais sob as quais operam permitam esses absurdos.

Um bom exemplo de lacuna na estrutura formal pode ser encontrado na Constituição dos Estados Unidos. Provavelmente, a exigência mais óbvia da legalidade é de que as leis sejam promulgadas. É também a exigência que mais facilmente se reduz a

---

[143] WEBER, Max. *Law in economy and society*. Trad. Shils e Rhein Stein. Cambridge: Harvard University Press, 1954, pp. 31-33. Weber escreve: "é um fato que as questões mais 'fundamentais', muitas vezes, são deixadas sem regulamentação mesmo em ordens jurídicas que são completamente racionalizadas". Ele prossegue dizendo que geralmente os homens agem de forma que "a situação 'absurda', embora legalmente possível", não surja na prática.

um requisito constitucional formal. No entanto, a Constituição não diz nada sobre a publicação de leis. Apesar disso, duvido que alguma vez tenha passado pela mente de algum congressista que ele poderia agradar aos contribuintes por meio da promessa de economizar dinheiro, deixando de publicar leis. Pode-se, naturalmente, argumentar que uma exigência constitucional de publicação pode ser alcançada por meio da interpretação, caso contrário, as disposições contrárias a certas leis retroativas teriam pouco sentido. Mas a questão é que nenhuma interpretação desse tipo foi dada por aqueles que, desde o início, presumiram como algo natural o dever de publicar as leis.

O estudioso pode se recusar a ver o Direito como um empreendimento e tratá-lo simplesmente como uma emanação do poder social. Aqueles que agem em nome desse poder, entretanto, consideram-se engajados em um empreendimento e geralmente fazem as coisas essenciais para que ele tenha sucesso. Na medida em que suas ações devem ser guiadas por *insights* e não por normas formais, graus na obtenção de sucesso são inevitáveis.

O problema de Hart da "persistência do Direito" – como é possível que a lei feita por Rex IV ainda possa ser lei quando Rex V chega ao trono? – é outro exemplo de uma lacuna na estrutura formal postulada que não aparece como tal na prática. A necessidade de continuidade do Direito, apesar das mudanças no Estado, é tão óbvia que todos normalmente assumem essa continuidade como algo natural. Torna-se um problema apenas quando alguém tenta definir o Direito como emanação da autoridade formal e exclui de suas operações a possível influência do julgamento humano e suas percepções.

A ênfase que a teoria tende a colocar em uma definição exata do mais alto poder jurídico expressa, sem dúvida, uma preocupação de que a obscuridade nesse ponto pode causar a desintegração do sistema jurídico como um todo. Novamente, esquece-se que nenhum conjunto de orientações emanadas de um superior dispensa

CAPÍTULO III – O CONCEITO DE DIREITO

a necessidade de ação inteligente guiada por um propósito. Mesmo um juiz de paz que não consegue entender a linguagem pela qual sua jurisdição é limitada, geralmente, terá a percepção de que seus poderes derivam de um cargo que faz parte de um sistema mais amplo. Ele terá, pelo menos, que proceder ao julgamento com cautela. A coordenação entre os elementos de um sistema jurídico não é algo que pode ser simplesmente imposto; deve ser alcançado. Felizmente, um senso de papel adequado, reforçado por um mínimo de inteligência, geralmente será suficiente para sanar quaisquer defeitos do sistema formal.

Entendo que há uma ironia curiosa em qualquer entendimento que se recuse em atribuir ao Direito como um todo qualquer propósito, por mais modesto ou restrito que seja. Nenhuma escola de pensamento jamais se aventurou a afirmar que poderia compreender a realidade sem discernir sua estrutura, conexão ou padrão. Se estivéssemos rodeados por acontecimentos distintos e não relacionados uns com os outros, não haveria nada que pudéssemos entender ou falar. Quando consideramos o Direito como um "fato", devemos assumir que é um tipo especial de fato, detentor de qualidades definíveis que o distinguem de outros fatos. Na verdade, todos os teóricos do Direito se esforçam para nos dizer exatamente que tipo de fato é – não é "a situação do atirador em larga escala"; normalmente envolve a aplicação de normas gerais ao comportamento humano etc., etc.

Esse esforço para descobrir e descrever as características que identificam a lei geralmente encontra uma medida de sucesso. Por que deveria ser assim? Não há mistério algum. A razão para isso reside no fato de que, em quase todas as sociedades, os homens percebem a necessidade de submeter certos tipos de conduta humana ao controle explícito de normas. Quando eles embarcam no empreendimento de cumprir essa sujeição, percebem que esse empreendimento contém uma certa lógica interna própria, a qual impõe demandas que devem ser atendidas (às vezes, com considerável inconveniente) se houver intenção de que seus objetivos sejam atingidos. Como os homens percebem em alguma medida essas demandas e as respeitam, os sistemas jurídicos apresentam certa semelhança em sociedades bastante diversas. É, então, precisamente porque o Direito é um empreendimento intencional que ele exibe constâncias estruturais que o teórico do Direito pode descobrir e tratá-las como uniformidades da realidade fática. Se ele percebeu sobre o que construiu sua teoria, poderia estar menos inclinado a se conceber como o cientista que descobre uma uniformidade de natureza inanimada. Mas talvez ao repensar o assunto, ele possa atingir um novo respeito por sua própria espécie e vir a perceber que ela também, e não apenas o elétron, pode apresentar um padrão possível de ser compreendido.

CAPÍTULO IV
O PROPÓSITO MATERIAL DO DIREITO

No entanto, acadêmicos que cumprem a lei, dizem que ela não é errada ou correta, ela deve ser cumprida.

W. H. Auden

Não devemos esperar uma boa Constituição porque aqueles que a fazem são homens morais. Pelo contrário, é por causa de uma boa Constituição que podemos esperar uma sociedade composta por homens morais.

Immanuel Kant

A filosofia do Direito de Holmes tem como tema central a necessidade de manter uma separação bem clara entre o Direito e a moral. Ainda assim, em *O Caminho do Direito*, ele escreveu: "não digo que não haja um ponto de vista mais amplo a partir do qual a distinção entre Direito e moral se torna de importância secundária, na medida em que todas as distinções matemáticas desaparecem na presença do infinito.[144]

Portanto, agora é o momento – sem, para ser correto, ter certeza de estar chegando perto do fim – de verificar se não existem contextos em que diferenças persistentes podem se tornar de importância secundária. As duas principais diferenças sobre as quais a discussão foi construída até agora são, vale relembrar, a distinção entre as moralidades do dever e da aspiração e a distinção entre as moralidades internas e externas do Direito.

4.1 A neutralidade da moralidade do Direito em relação a seus propósitos materiais

Ao apresentar minha análise sobre a moralidade interna do Direito, insisti que ela é, sob uma gama ampla de questões, indiferente em relação aos propósitos materiais do Direito e está apta a servir para uma variedade de tais propósitos com igual eficácia. Uma questão moral que hoje está em discussão é a que se refere à contracepção. É evidente que os princípios da legalidade não são, por si só, capazes de resolver essa questão. Também está claro que um sistema jurídico deve manter sua integridade interna, sejam suas normas concebidas para proibir ou encorajar a contracepção.

Mas o reconhecimento de que a moralidade interna do Direito pode apoiar e dar eficácia a uma ampla variedade de propósitos materiais não deve nos induzir a acreditar que *qualquer* propósito material pode ser adotado sem comprometer a legalidade. Mesmo a adoção de um objetivo tal qual a supressão legal da contracepção pode, em algumas circunstâncias, afetar a moralidade jurídica. Se, como às vezes parece ser o caso, as leis que proíbem a venda de contraceptivos são mantidas nos livros como uma espécie de ato

---

[144] HOLMES JR., Oliver W. "The Path of the Law". *Harvard Law Review*, vol. 10, nº 8, 1897, p. 459.

CAPÍTULO IV – O PROPÓSITO MATERIAL DO DIREITO

simbólico, sabendo que elas não vão e não podem ser aplicadas, a moralidade jurídica é afetada seriamente. Não há como impedir a propagação para outras partes do sistema jurídico. Infelizmente, é uma técnica política familiar para pacificar interesses por meio da aprovação de uma lei e deixá-la em grande parte, para apaziguar um interesse oposto, sem aplicação prática.

Um dos objetivos do presente capítulo é analisar em termos gerais a forma como as moralidades internas e externas do Direito interagem. Antes de apresentar essa análise, será útil contrapor a visão defendida por H. L. A. Hart em *The Concept of Law*.[145] Em seu capítulo "Law and morals", Hart escreve:

> Se o controle social [por meio de normas legais] funcionar, as normas devem satisfazer certas condições: elas devem ser inteligíveis e dentro da capacidade da maioria de obedecer e, em geral, não devem ser retroativas, embora excepcionalmente possam ser. Claramente, essas características de controle por norma estão intimamente relacionadas aos requisitos da justiça que os advogados denominam princípios de legalidade. De fato, um crítico do positivismo tem visto nesses aspectos do controle por meio de normas algo que equivale a uma conexão necessária entre o Direito e a moralidade, e sugere que eles podem ser chamados "a moralidade interna do Direito". Mais uma vez, se isso é o que significa a conexão necessária entre o Direito e a moralidade, podemos aceitá-la. Ela é infelizmente compatível com uma iniquidade bastante grande.[146]

Certamente não se poderia pretender a negação de qualquer interação possível entre as moralidades internas e externas da lei

---

[145] Essa obra foi discutida anteriormente com alguma profundidade; ver pp. 133-145 supra.

[146] HART, Herbert L. A. *The Concept of law*. Nova York: Oxford University Press, 1961, p. 202. O "crítico do positivismo" não identificado da citação acima sou eu mesmo.

tal qual a contida nessa última frase. Devo confessar que estou intrigado com isso. Hart entende apenas que é possível, quando se aguça a imaginação, conceber o caso de um monarca maligno que persegue os fins mais injustos, mas em todos os momentos preserva um verdadeiro respeito pelos princípios da legalidade? Se a resposta for positiva, a observação parece fora de lugar em um livro que visa trazer "o conceito de Direito" para uma relação mais próxima com a vida. Seria o entendimento de Hart de que a história de fato oferece exemplos significativos de regimes que combinaram uma adesão fiel à moralidade interna do Direito com uma brutal indiferença à Justiça e ao bem-estar humano? Se a resposta for positiva, teria sido grato por exemplos que poderiam ensejar alguma discussão significativa.

A opinião de Hart de que os problemas de legalidade não merecem mais do que consideração casual e passageira não se revela apenas nas poucas frases que citei. Ela permeia seu livro como um todo. Em sua discussão sobre o que chama de "o núcleo do bom senso na doutrina do Direito Natural",[147] ele se preocupa exclusivamente com propósitos objetivos, passando por cima da tradição inglesa refinada de "Direito fundamental", uma tradição em grande parte preocupada com o que pode ser denominada de leis da legitimidade.[148] Quando ele trata de "The Pathology of a legal system",[149] as questões discutidas em grande parte reduzem-se no vernáculo à pergunta: "afinal, quem é o chefe por aqui?" Por fim, a situação da Alemanha do pós-guerra, na tentativa de limpar os detritos morais e legais deixados pelos nazistas, ainda não leva em conta a drástica deterioração da moralidade jurídica que ocorreu no período de Hitler. Em suma, enquanto Hart

---

[147] HART, Herbert L. A. *The Concept of law*. Nova York: Oxford University Press, 1961, pp. 189-195.

[148] Ver pp. 99-101.

[149] HART, Herbert L. A. *The Concept of law*. Nova York: Oxford University Press, 1961, pp. 114-120.

CAPÍTULO IV – O PROPÓSITO MATERIAL DO DIREITO

reconhece de passagem que existe algo que pode ser chamado de moralidade interna do Direito, ele parece considerar que ela não tem nenhuma influência significativa sobre as preocupações mais graves da filosofia do Direito.

Em direção oposta a essa visão de Hart – certamente não atípica do pensamento jurídico moderno –, tentarei, a seguir, restaurar os canais intelectuais que, a mim parece, devem conectar o problema da legalidade com as outras grandes questões da filosofia jurídica.

4.2 A legalidade como condição de eficácia

Acho que não preciso repetir aqui o argumento implícito em todo o meu segundo capítulo de que a moralidade interna do Direito não é alguma coisa adicionada ou imposta ao poder do Direito, mas é uma condição essencial desse poder em si mesmo. Se essa conclusão for aceita, então, a primeira observação que precisa ser feita é que a lei é uma precondição de bom Direito. Um carpinteiro consciente, que aprendeu bem seu ofício e mantém suas ferramentas afiadas, pode, por assim dizer, por suposição, dedicar-se tanto a construir um ponto de encontro para ladrões quanto construir um orfanato. Mas ainda é verdade que é preciso um carpinteiro, ou a ajuda de um carpinteiro, para construir um orfanato e que será um lugar melhor se ele for um artesão habilidoso equipado com ferramentas usadas com cuidado e mantidas em condições adequadas.

É claro que, se não tivéssemos carpinteiros, nossa primeira necessidade não seria elaborar plantas para hospitais e asilos, ou discutir sobre os princípios de um projeto bom, mas recrutar e treinar carpinteiros. É nesse sentido que grande parte do mundo hoje precisa mais de leis do que de um bom Direito.

Vale lembrar que, na acusação estabelecida na Declaração de Independência, Jorge III foi acusado de negar a lei assim como de impor leis injustas:

Ele não se recusou a editar a lei, a parte mais benéfica e necessária para o bem público.

Ele proibiu seus governadores de aprovar leis de importância imediata e urgente. Ele dissolveu casas representativas repetidamente.

Ele se recusou por muito tempo, depois de tais dissoluções, a causar problemas para que outros fossem eleitos. Ele obstruiu a administração da justiça, recusando seu parecer favorável às leis para estabelecer poderes judiciários.

Ele abdicou do Estado aqui, declarando-nos fora de sua proteção e travando uma guerra contra nós.

Quando essas palavras foram escritas, os norte-americanos estavam a caminho de serem "descolonizados". Tivemos a sorte de termos aprendido com nossos professores britânicos algo sobre a necessidade do Direito e de preservar sua integridade e aplicação. Hoje, grande parte do mundo anseia por justiça, mesmo tendo passado por um período de tutela similar. Nunca houve um tempo que pudesse revelar mais claramente a ausência da visão de que o Direito simplesmente presume um poder social legítimo, nem houve uma época em que era mais perigoso levar essa visão a sério.

Peço desculpas por insistir em uma proposta tão óbvia, pois que alguma adesão mínima à moralidade jurídica é essencial para a eficácia prática da lei, não fosse o fato de o ponto ser tão frequentemente desconsiderado precisamente em contextos em que precisa ser explicitado. Um exemplo notável disso ocorre, creio eu, no tratamento dado por Hart em "The Pathology of a legal system".[150] Todas as situações que ele discute sob esse título envolvem ou um conflito de autoridade máxima ou "a simples quebra do controle legal ordenado em face da anarquia ou banditismo sem pretensões políticas de governar". Aqui, como em outros lugares

---

[150] HART, Herbert L. A. *The Concept of law*. Nova York: Oxford University Press, 1961, pp. 114-120.

CAPÍTULO IV – O PROPÓSITO MATERIAL DO DIREITO

da obra de Hart, a lei é concebida inteiramente em termos de sua fonte formal, ao invés de ser considerada uma realização complexa, apta a atingir vários graus de sucesso. Não há reconhecimento de que possa existir uma aceitação pública contínua de uma única fonte de Poder Legislativo, como também de que o poder possa ser exercido de forma tão inepta ou corrupta que impeça o atingimento de um sistema legal efetivo. Também não há qualquer reconhecimento de que algum grau de "patologia" permeie todos os sistemas legais, incluindo os mais exemplares. Mesmo que se interesse apenas em mudanças de uma fonte formal de poder legal para outra, nenhuma consideração realista pode ser dada se os problemas da moralidade do Direito forem excluídos. No curso da história, Estados estabelecidos com base na lei foram destituídos em nome da lei. A ameaça de uma revolução sem parâmetros legais pode dificultar a manutenção da legalidade nas ações de um Estado genuinamente dedicado à legalidade. Essas antinomias que dominam o drama real da história foram perdidas de vista de maneira formal e protocolar simplesmente para dizer, com efeito: "primeiramente, existiu a Lei I, depois a II".

4.3 Legalidade e justiça

Uma profunda afinidade entre legalidade e justiça tem sido frequentemente comentada e é, de fato, explicitamente reconhecida pelo próprio Hart.[151] Isso reside em uma qualidade compartilhada por ambas, ou seja, que elas agem por meio de uma norma conhecida. A moralidade interna do Direito exige que haja normas, que elas se façam conhecidas e que sejam observadas na prática pelos responsáveis por sua gestão. Essas exigências podem parecer eticamente neutras no que diz respeito aos objetivos externos da lei. No entanto, assim como a lei é uma precondição para o bom

---

[151] HART, Herbert L. A. *The Concept of law*. Nova York: Oxford University Press, 1961, p. 202.

Direito, agir com base em uma norma conhecida é uma precondição para qualquer avaliação significativa da justiça da lei. "Um poder ilimitado e sem lei", expressando-se unicamente em intervenções imprevisíveis e sem padrões em relação aos assuntos humanos, poderia ser considerado injusto apenas no sentido de que não age por uma norma conhecida. Seria difícil chamá-lo de injusto em qualquer sentido mais específico até que se descubra que princípio oculto, se houver, intervenções direcionadas. A virtude de uma ordem jurídica é conscientemente construída e administrada pela exposição ao escrutínio público das normas pelas quais atua.

E, de forma geral, esquece-se da maneira pela qual os nazistas evitaram a divulgação pública. Durante o regime, se via em vitrines de lojas alemãs o sinal que dizia *Judisches Geschaft*. Em nenhum momento, uma lei exigindo a exibição de tais sinais foi aprovada. Eles foram instalados "a pedido" de membros do partido, os quais fizeram a sua distribuição em estabelecimentos cuja visibilidade era entendida como apropriada. A explicação sobre esse procedimento comum entre os cidadãos alemães era a de que os nazistas sabiam que promulgar uma lei de maneira formal e depois publicá-la torná-la-ia passível de críticas estrangeiras. Em verdade, esse ardil foi parcialmente bem-sucedido. Em tempos em que se esperava um fluxo de estrangeiros, digamos, durante uma feira comercial, novamente a pedido do partido, os sinais eram removidos temporariamente. Em Berlim, onde muitos turistas estrangeiros iam e vinham o tempo todo, os sinais não eram usados. Em vez disso, lojas de propriedade de judeus foram "solicitadas" pelo partido a usar uma tinta diferente nas molduras de suas vitrines. O turista estrangeiro casual provavelmente observaria a frequência com que essa cor foi usada, mas geralmente não sabia o seu significado e que tinha sido usada em conformidade com uma norma nunca promulgada.

Em nosso próprio país, é bastante comum que as práticas das agências governamentais sejam controladas por normas não escritas e não publicadas. Por vezes, essas normas não têm muita

CAPÍTULO IV – O PROPÓSITO MATERIAL DO DIREITO

relevância quanto a seu conteúdo, embora a ausência de conhecimento delas pudesse prejudicar o cidadão em sua relação com a agência. Outras vezes, essas normas "ocultas" estão longe de ser inocentes. Um exemplo particularmente brutal de normas como essas aconteceu recentemente em Boston. Parece que, quando uma pessoa é detida por uma noite, a prática é exigir que ela assine um documento isentando a polícia de toda a responsabilidade civil por atos relacionados com sua prisão e custódia. Assinar tal papel é uma condição de retirar a responsabilidade da custódia. Não há dúvidas de que muitos policiais, que não refletiram sobre essa prática, seguiram aplicando a norma com um senso de observação consciente do procedimento operacional padrão. É difícil imaginar qualquer legislador que esteja disposto a autorizar tal procedimento por uma norma publicada.

Até agora, falei como se a afinidade entre legalidade e justiça consistisse simplesmente no fato de que uma norma articulada e publicada permite ao público proferir um julgamento sobre sua justiça. A afinidade tem, no entanto, raízes mais profundas. Mesmo que um homem responda apenas à sua própria consciência, ele responderá com mais responsabilidade se for obrigado a articular os princípios com os quais atua. Muitas pessoas que ocupam posições de poder acabam revelando, em suas relações com os subordinados, uniformidades de comportamento que podem ser definidas como normas não escritas. Nem sempre aqueles que agem de acordo com essas normas estão cientes delas. Foi dito que a maioria das injustiças do mundo são causadas com os "punhos", mas com os "cotovelos". Diz-se (de maneira figurada) que quando agimos com os "punhos", o fazemos para um propósito específico, nos responsabilizamos perante os outros e perante nós mesmos em relação à nossa intenção. Quando agimos "pelos cotovelos", podemos supor, de maneira confortável, que traçamos um padrão aleatório pelo qual não somos responsáveis, mesmo que nosso vizinho possa estar dolorosamente ciente de que ele está sendo sistematicamente tirado de seu lugar. Um compromisso forte com o princípio da legalidade obriga um governante a responsabilizar-se não somente por seus "punhos", mas também por suas cotoveladas.

4.4 Moralidade do Direito e leis objetivando malefícios que não podem ser definidos

A simples exigência de que as leis sejam expressas em termos inteligíveis faz parecer que elas têm uma face eticamente neutra em relação aos propósitos objetivos a serem alcançados. Se qualquer princípio de moralidade jurídica é, nas palavras de Hart, "compatível com uma iniquidade muito grande", esse parece ser o caso. No entanto, se um legislador está tentando remover algum mal e não consegue identificar claramente o alvo a que se direciona a lei, é óbvio que ele terá dificuldade em deixar suas leis compreensíveis. Já tentei ilustrar esse ponto referindo-me às leis destinadas a impedir o "retorno do *status quo* anterior".[152] Nesse caso, todavia, temos que lidar com tolices legislativas, em vez de algo que esbarrasse na iniquidade.

É bem diferente com as leis que tentam fazer com que os direitos dependam da raça. É comum hoje pensar no Estado da África do Sul aliando a observância estrita da legalidade com a promulgação de um corpo de leis que é cruel e desumano. Essa visão só poderia vir à tona agora por causa da confusão incorrigível entre a deferência à autoridade constituída e a fidelidade à lei. Um exame da legislação pela qual a discriminação racial é mantida na África do Sul revela um afastamento significativo das exigências da moralidade interna do Direito.

Os seguintes excertos são extraídos de um estudo cuidadoso e objetivo das leis raciais promulgadas na união da África do Sul:

---

[152] Ver pp. 110-112 supra.

CAPÍTULO IV – O PROPÓSITO MATERIAL DO DIREITO

> A Legislação é abundante em anomalias e a mesma pessoa pode, ao final, se enquadrar em categorias raciais diferentes a depender da lei. (...) o Ministro do Interior, em 22 de março de 1957, afirmou que cerca de 100.000 casos de classificação racial estavam, então, pendentes perante o Diretor de Censo e Estatística pois eram considerados "casos limítrofes" (...). Conforme revelado pelo presente estudo, a ausência de uniformidade da definição advém principalmente da ausência de qualquer base uniforme ou científica de classificação racial (...). Em última análise, o legislador tenta definir o indefinível.[153]

Mesmo o juiz sul-africano que, em sua vida privada, compartilha dos preconceitos que moldaram a lei que ele tende e é obrigado a interpretar e aplicar, se respeitar a ética de sua vocação, deverá sentir um profundo desgosto pelas manipulações arbitrárias que essa legislação exige dele.

Não se deve pensar que as leis que impõem consequências jurídica às diferenças raciais deram origem a sérias dificuldades de interpretação são apenas na África do Sul. Em 1948, em *Perez vs. Sharp*,[154] a Suprema Corte da Califórnia considerou inconstitucional uma lei que prevê que "nenhuma licença pode ser emitida autorizando o casamento de uma pessoa branca com um negro, mulato, mongol ou membro da raça malaia". A alegação de que a lei era inválida repousava, em parte, no fundamento de que ela não cumpria a exigência constitucional "de que uma lei fosse definitiva e seu significado apurado por aqueles cujos direitos e deveres são regidos assim".

---

[153] SUZMAN, Arthur. *Race classification and definition in the legislation of the Union of South Africa, 1910-1960*. Johannesburg: South African Institute of Race Relations, 1960, pp. 339-367. Os trechos citados no texto foram tirados das pp. 339, 355 e 367.

[154] *Perez vs. Sharp*, 32 Cal. 2d 711.

Nossas leis de naturalização agora estabelecem expressamente que o "direito de uma pessoa se tornar um cidadão naturalizado não deve ser negado por causa da raça".[155] Assim, a Suprema Corte está a salvo do perigo de se envolver em imbróglios em relação às suas próprias interpretações, como fez em 1922 e 1923. Em *Ozawa vs. Estados Unidos*,[156] o Tribunal teve que conferir algum significado a uma disposição que restringia a naturalização a "pessoas brancas". O Tribunal declarou: "manifestamente, o pré-julgamento proporcionado pela mera cor da pele de cada indivíduo é impraticável, pois isso difere muito entre as pessoas da mesma raça". Na tentativa de alcançar algo como a exatidão científica, a Tribunal declarou que "pessoa branca" deveria ser interpretada para significar uma pessoa da raça caucasiana. Em um caso discutido alguns meses após essa decisão, o requerente do pedido de cidadania era oriundo de uma alta casta hindu.[157] Seu advogado produziu provas convincentes afirmando que essa raça estaria entre aquelas para as quais os antropólogos empregariam o termo "caucasiano". O Tribunal observou que o termo caucasiano era desconhecido para aqueles que redigiram a lei em 1790 e que,

> como usado na ciência da etnologia, a conotação da palavra não é clara de maneira nenhuma e o uso dela em seu sentido científico seria equivalente às palavras usadas na lei (...) e simplesmente significaria a substituição de uma perplexidade por outra. As palavras de um discurso comum e conhecido, usadas pelos autores originais da lei, tinham a intenção de incluir apenas o tipo de homem que eles conheciam como branco.

Finalmente, por uma amarga ironia, o Supremo Tribunal de Justiça israelense (*Israeli High Court of Justice*) enfrentou problemas

---

[155] USCA, Tit. 8, § 1422.
[156] *Ozawa vs. Estados Unidos*, 260 U.S. 178 (1922).
[157] *United States vs. Thind*, 261 U.S. 204 (1923).

CAPÍTULO IV – O PROPÓSITO MATERIAL DO DIREITO

insolúveis na tentativa de dar alguma interpretação simples e compreensível à Lei do Retorno, que concedeu cidadania automática aos imigrantes "judeus". Em 6 de dezembro de 1962, um tribunal dividido considerou que um monge católico romano não era judeu para fins daquela lei. Seu advogado alegou que, sendo de ascendência judaica, ele ainda era um judeu pela lei rabínica. O tribunal admitiu que isso era verdade, mas disse que a questão não era de direito religioso, mas, sim, relativa à lei secular de Israel. Por essa lei, ele não era mais judeu porque tinha se preparado para a religião cristã.[158]

4.5 A visão do homem que está implícita na moralidade do Direito

Vou agora tratar do mais importante aspecto em relação à observância das exigências da moralidade jurídica, como um objetivo mais amplo para a vida humana em geral. Na visão do homem, isso se manifesta implícita na moralidade interna do Direito. Tenho dito repetidamente que a moralidade do Direito pode ser considerada neutra em relação a uma ampla gama de questões éticas. Não pode ser neutra na sua visão do homem em si mesmo considerado. Embarcar na aventura de submeter a conduta humana à governança das normas envolve a necessidade de um compromisso com a visão de que o homem é, ou pode se tornar, um agente responsável, capaz de compreender e cumprir as normas e ser responsabilizado por seus erros.

Qualquer desvio dos princípios da moralidade interna do Direito é uma afronta à dignidade do homem considerado como um agente responsável. Julgar as ações do homem com base em leis não publicadas ou retroativas, ou ordená-lo a realizar um ato impossível, é transmitir a ele sua indiferença em relação ao seu poder de autodeterminação. Por outro lado, quando se aceita a visão de que

---

[158] Ver *New York Times*, 7 dez. 1962, pp. 1 e 15; e 8 dez. 1962, p. 13.

o homem é incapaz de agir de maneira responsável, a moralidade do Direito perde sua razão de ser. Julgar as ações do homem com base em leis não publicadas ou retroativas deixa de ser uma afronta, pois não há mais nada que afrontar – realmente, até mesmo o verbo "julgar" torna-se incongruente em si próprio nesse contexto; nós não julgamos mais um homem, nós agimos em relação a ele.

Hoje, todo um complexo de posturas, práticas e teorias parece nos levar a uma visão que nega que o homem é, ou pode se esforçar significativamente para se tornar, um centro de ação responsável e com autodeterminação. As causas desse desenvolvimento são as mais variadas; em sua motivação, elas parecem ter alcance do mais básico para o mais nobre.

Um fluxo de influência vem da ciência e, mais particularmente, de certas escolas doutrinárias de pensamento nas ciências sociais. Permita-me que o eminente psicólogo B. F. Skinner fale por si mesmo neste momento:

> Se quisermos usar a metodologia da ciência no campo dos assuntos humanos, devemos assumir que o comportamento é legal e determinado. Temos que descobrir que aquilo que um homem faz é o resultado de condições específicas e, uma vez que essas condições tenham sido descobertas, podemos antecipar e, em certa medida, determinar suas ações. Essa possibilidade é considerada ofensiva para muitas pessoas. Ela se opõe a uma tradição que considera o homem como um agente livre (...). Ninguém que seja um produto da civilização ocidental pode [aceitar a visão científica do comportamento humano] sem dificuldade. A concepção de um indivíduo livre e responsável está inserida em nossa língua e permeia nossas práticas, códigos e crenças. Dado um exemplo de comportamento humano, a maioria das pessoas pode descrevê-lo imediatamente em termos de tal concepção. A prática é tão natural que raramente é examinada. Uma formulação científica, por outro lado, é nova e estranha. Não entendemos que as pessoas sejam responsáveis

CAPÍTULO IV – O PROPÓSITO MATERIAL DO DIREITO

> por seus reflexos – por exemplo, por tossir na igreja. Nós as responsabilizamos por seu comportamento operante – por exemplo, por sussurrar na igreja ou permanecer na igreja enquanto tossia. Mas há variáveis que são responsáveis por sussurrar, bem como tossir, e estas podem ser inexoráveis. Quando reconhecemos isso, é provável que abandonemos completamente a noção de responsabilidade e, com ela, a doutrina do livre-arbítrio como um agente causal interno. Isso pode fazer uma grande diferença em nossas posturas. A doutrina da responsabilidade pessoal está associada a certas técnicas de controle do comportamento, técnicas que geram "senso de responsabilidade" ou apontam "uma obrigação com a sociedade". Essas técnicas são relativamente mal adaptadas aos seus próprios propósitos.[159]

Visões tais quais as citadas representam um exagero da "ciência" e são baseadas em uma epistemologia ingênua;[160] não parece seriamente prejudicar seu apelo. Ninguém, inclusive o professor Skinner, realmente acredita nelas para adotá-las como uma base consistente para a ação; reconhecemos que expressam uma verdade parcial. Ao exagerar essa verdade e deixar indefinidos os seus limites adequados, eles encorajam uma atitude de indiferença em relação à decadência do conceito de responsabilidade implícito em muitos desdobramentos no Direito, a maioria dos quais certamente não serve aos fins para os quais o professor Skinner se esforça tanto.

Assim, para fazer justiça a Skinner, deve-se notar que o professor não duvida simplesmente da validade do conceito de

---

[159] SKINNER, Burrhus F. *Science and human behavior*. Nova York: Macmillan, 1953. Os trechos citados no texto foram retirados das pp. 6/7, 10 e 115/116.

[160] Dois temas que perpassam o pensamento de Skinner são: (1) esse propósito deve ser excluído da explicação científica, uma vez que envolve um estado futuro concebido como governando o presente, ao passo que é um princípio aceito pela ciência que o passado controla o presente; (2) o comportamento humano deve, tanto quanto possível, ser explicado em termos de causas "fora" do organismo, ao invés de operativo "dentro" dele.

responsabilidade; ele passa a construir um modo alternativo de controle social. Dito em termos muito simples, propõe que, em vez de falarmos aos homens para que sejam bons, nós os condicionamos a ser bons. Quaisquer que sejam os méritos ou falhas desse programa, eles não têm afinidade com o do promotor sobrecarregado que busca simplificar seu trabalho por meio de leis que tornarão a responsabilidade criminal independente de qualquer prova de culpa ou intenção.

Falei de impulsos "nobres" como tendo desempenhado um papel na confusão do conceito de responsabilidade. Um bom exemplo reside nos abusos do ideal de reabilitação presente no Direito Penal. Como Francis Allen demonstrou,[161] quando esse ideal é mal aplicado, ele pode tornar a lei penal, a qual procurou tornar mais humana, mais cruel. Quando, por exemplo, a reabilitação é tomada como objetivo exclusivo do Direito Penal, toda a preocupação com o devido processo legal e uma definição clara do que é criminoso podem ser perdidas. Se o pior que pode acontecer ao réu é que a ele deve ser dada a chance de melhorar às custas do Estado, por que razão toda a preocupação com um julgamento justo?

Desde que o professor Allen publicou seu artigo, os receios que ele expressou receberam nova confirmação na opinião do Sr. Juiz Clark em *Robinson vs. Califórnia*.[162] Como a maioria do tribunal percebeu que a questão, nesse caso, era se a condição de ser um viciado em drogas – uma condição que poderia aparecer inocentemente – poderia ser constitucionalmente tornada um crime. A maioria do tribunal considerou que não poderia. Ao discordar dessa decisão, o Sr. Juiz Clark argumentou que a norma em questão poderia ser considerada como uma medida saneadora. Ao admitir que um Estado pode, através de procedimentos administrativos,

---

[161] ALLEN, Francis. "Criminal justice, legal values and the rehabilitative ideal". *Journal of Criminal Law and Criminology*, vol. 50, 1959, pp. 226-232.

[162] *Robinson vs. Califórnia*, 370 U.S. 660, 1962, pp. 679-686. A opinião majoritária nesse caso foi discutida acima, pp. 128/129.

CAPÍTULO IV – O PROPÓSITO MATERIAL DO DIREITO

internar um viciado no hospital com o propósito de curá-lo, não viu nenhuma razão para que ele também não possa sentenciá-lo a seis meses de prisão, onde, presumivelmente, narcóticos estariam fora de seu alcance.

Nessa visão do Direito Penal, que relevância os princípios da legalidade teriam para uma lei tal como a envolvida em *Robinson vs. Califórnia*? As medidas saneadoras precisam ser limitadas e controladas por lei? É necessário que a natureza dessas medidas e os casos a que elas sejam aplicáveis sejam promulgados? Poderiam as medidas curativas não ser aplicadas às condições que surjam antes de serem adotadas oficialmente?

Há muitas razões para acreditar que nossa abordagem para o problema do vício em drogas é errada e que mais seria alcançado por meio de medidas médicas e reabilitadoras do que através do Direito Penal. Mas esse programa de reforma, se for para ter sucesso, terá que criar as instituições necessárias para sua realização. Ele não pode se projetar incongruentemente em instituições criadas com objetivos bastante diferentes em mente; não se pode fazer de uma prisão um hospital simplesmente por assim chamá-la, tampouco fazer de um julgamento criminal um exame médico fingindo que assim seja.

Existem outras tendências na lei que servem para obscurecer o papel do cidadão como um agente autodeterminante. Não menos importante que isso é o uso crescente da tributação como uma espécie de coringa legal. Nos últimos tempos, a tributação tornou-se o meio de atender a uma infinidade de fins oblíquos. Tributos foram impostos para controlar o ciclo de negócios, identificar jogadores profissionais, alocar recursos econômicos, desencorajar o uso de bebidas alcoólicas, fazer com que os fornecedores de cosméticos compartilhem com o Estado uma parte do alto preço que as mulheres estão dispostas a pagar por sua beleza não natural, para desencorajar viagens, para expandir a jurisdição federal – e quem sabe para quais outros objetivos? Enquanto isso, os promotores descobrem que as leis fiscais constituem um meio conveniente de garantir condenações não obtidas por outras circunstâncias.

Então, é fácil concluir que o objeto e vítima de tudo isso, às vezes, deve ficar perplexo e começar a se perguntar o que está por vir. O cidadão corpulento, já obcecado pela culpa de comer demais, pode ficar preocupado em relação a que o Estado não faça alguma coisa concernente a seu sobrepeso. É claro, ele provavelmente se sentirá bastante seguro em assumir que não estão inclinados a multá-lo por pesar muito. Mas ele pode ter certeza de que amanhã não será objeto de um imposto especial, justificado na teoria de que custa mais transportá-lo sobre linhas aéreas subsidiadas pelo Estado, embora o fato seja que nunca viaja por via aérea? E ele pode não se perguntar qual é, afinal, a diferença entre um imposto e uma multa? O seu sentimento de desespero silencioso provavelmente não será aliviado se for azarado o suficiente para ser informado que um famoso juiz da Suprema Corte americana costumava defender que não há diferença alguma.

Não me debruçarei mais sobre essas incongruências do ordenamento jurídico moderno. Gostaria, em vez disso, de lembrar o que perderíamos se o conceito de responsabilidade desaparecesse completamente da lei. Todo o corpo da lei é permeado por dois padrões de decisão recorrentes: *culpa* e *dolo*. A discussão filosófica dessas noções concentrou-se em grande parte em seu papel no Direito Penal, dando origem aos argumentos mais abstrusos, incluindo o relativo à liberdade de testar. Mas essas normas gêmeas desempenham um papel igualmente importante na lei de contratos, ilícitos e propriedades. Examinadas de perto, tornam-se concepções difíceis e ilusórias em qualquer área do Direito em que apareçam. No entanto, sem elas não teríamos nenhum fio para nos guiar através do labirinto. Quando uma delas falha, estamos aptos a alcançar a aproximação mais próxima disso. Quando não há uma intenção claramente dissuadida, perguntamos que intenção as partes teriam se tivessem previsto a situação surgida. Quando nenhuma das partes parece responsável diretamente com a culpa, perguntamos qual delas teve a melhor chance de evitar o dano – qual, em outras palavras, estava mais próxima de ser a culpada.

Note o que acontece quando esses dois testes e seus correlatos falham completamente. Isso ocorre no Direito dos contratos quando a realização de um acordo é dificultada ou sua significância é alterada por algum evento externo, tal qual o cancelamento de um evento da coroação. No Direito Privado, nossos padrões familiares falham quando a natureza intervém e assume o controle, como quando um rio muda seu curso, removendo vinte acres de terra de A e adicionando vinte e cinco às terras de B. Em casos como esses, os litigantes não aparecem como agentes responsáveis, mas como vítimas indefesas em relação às forças do lado de fora. Não cabem as questões sobre: quem foi o culpado? O que eles pretendiam? Uma vez que nossos padrões habituais de justiça falham conosco, não conseguimos saber o que a justiça almeja. Se perdêssemos a visão do homem como um centro responsável de ação em todo o Direito, todos os problemas jurídicos se tornariam como aqueles que acabei de elencar.

4.6 O problema dos limites da ação jurídica efetiva

Até aqui, tentei mostrar que a moralidade interna do Direito merece ser chamada de "moralidade". Espero ter demonstrado que a aceitação dessa moralidade é uma condição necessária, embora não suficiente, para a realização da justiça; que essa moralidade é violada quando se tentam expressar ódios cegos por meio das normas; e que, finalmente, a moralidade específica da lei articula e mantém diante de nós uma visão da natureza humana indispensável para a lei e para a moralidade da mesma maneira.

Agora é hora de me voltar para os limites da moralidade da lei e a uma análise das situações em que uma aplicação dessa moralidade pode ser inadequada e prejudicial.

Mas uma primeira ressalva deve ser feita acerca de uma confusão que ameaça nossa matéria. Deixe-me dar um exemplo histórico dessa confusão. Em *On Liberty,* Mill escreveu:

> Direcionar a opinião em relação ao objeto deste ensaio é asseverar que um princípio simples, como o direito de governar de maneira absoluta as relações da sociedade com o indivíduo por meio da coerção e do controle, seja pela utilização da força física sob a forma de penas ou da coerção moral da opinião pública. Esse princípio afirma que o único propósito para o qual o poder pode ser legitimamente exercido sobre qualquer membro de uma comunidade civilizada, contra vontade desse indivíduo, é evitar danos aos outros. Seu próprio bem, seja físico ou moral, não é uma garantia suficiente.[163]

Em sua famosa resposta a Mill, James Fitzjames Stephen procurou refutar "um princípio simples" de Mill, asseverando que o cidadão Britânico tem poder sobre ele para cobrar tributos destinados ao Museu Britânico, uma instituição obviamente projetada não para proteger o cidadão de danos, mas para melhorá-lo.

O que se demonstra aqui é uma confusão entre a lei no sentido usual de normas de conduta direcionadas aos cidadãos e a ação governamental tomada de forma genérica. Mill estava sustentando que "a força física em forma de penalidades legais" não deve, ela mesma, ser usada como um instrumento direto para desenvolvimento do cidadão. Com certeza, ele não tinha a intenção de garantir que o Estado não deveria utilizar recursos advindos de impostos – exigidos, se necessário, por medidas coercitivas – para prover estrutura suficiente a fim de promover o desenvolvimento do cidadão.

---

[163] MILL, John Stuart Mill. *On Liberty.* [S.l.]: [s.n.], 1859. O trecho citado é no capítulo I da obra.

CAPÍTULO IV – O PROPÓSITO MATERIAL DO DIREITO

A confusão que Stephen introduziu em sua controvérsia com Mill é um representante bastante sutil de sua classe. Um pedaço ofuscante é encontrado no seguinte trecho de um antropólogo famoso:

> Frequentemente, a lei tem sido usada como instrumento de onipotência legislativa. Houve uma tentativa de tornar uma nação inteira sóbria por lei. Não deu certo. [Até aqui, podemos dizer que tudo bem]. Na Alemanha nazista, uma nação inteira está sendo transformada em uma gangue internacional de bandidos ávidos por sangue, por meio da instrumentalidade da lei, entre outros. Isso, esperamos, vai dar errado novamente. O ditador italiano está tentando transformar seu povo inteligente, cínico e amante da paz em heróis corajosos. Os fundamentalistas tentaram, em alguns estados dessa nação, tornar as pessoas tementes a Deus e bibliolátricas por lei. Uma grande nação comunista tentou abolir Deus, o casamento e a família, novamente por lei.[164]

Essa identificação da lei com todo tipo de ato oficial que se possa imaginar tornou-se tão comum que, quando se encontra um autor disposto a discutir, na famosa frase de Pound, "os limites de uma ação legal efetiva", não se tem certeza se o assunto será a tentativa de supressão legal da homossexualidade ou o insucesso do Estado em converter o poder das marés em eletricidade em Passamaquoddy.

4.7 Moralidade do Direito e alocação de recursos econômicos

Muito mais por uma tentativa de profilaxia intelectual, deixe-me agora recorrer diretamente a situações em que a moralidade interna do Direito vai além de seu enquadramento adequado.

---

[164] MALINOWSKI, Bronislaw. "A New instrument for the interpretation of Law: especially primitive". *Yale Law Journal*, vol. 51, 1942, p. 1247.

Você vai se lembrar de que, em meu primeiro capítulo, invoquei a analogia de uma espécie de escala, começando na parte inferior, com os deveres mais óbvios e necessários à existência social, e terminando no topo, com as maiores e mais difíceis realizações das quais os seres humanos são capazes. Também me referi a um ponteiro invisível marcando a linha onde a pressão do dever fica de fora e o desafio da excelência se inicia. Eu considerava a localização adequada desse indicador como um problema básico da filosofia social. Se o indicador estiver muito baixo, a noção de dever em si própria pode ser destruída sob a influência de modos de pensamento apropriados apenas aos níveis mais elevados de uma aspiração de moralidade. Caso o indicador esteja definido em nível muito alto, as severidades do dever podem alcançar até sufocar a necessidade de excelência e substituir uma rotina de atos obrigatórios por uma ação verdadeiramente eficaz.

Essa grandeza da escala e o ponteiro são úteis, creio eu, no levantamento da gama de ações governamentais. No fundo, o Estado estabelece normas de dever para o controle da conduta humana. Na outra ponta da escala, temos, por exemplo, o presidente conduzindo (com o conselho e o consentimento do Senado) nossas relações com países estrangeiros, relações que obviamente não podem ser estabelecidas por normas fixas de dever, senão por outra razão porque elas envolvem decisões de poderes além do alcance de nossas leis.

No segundo capítulo, indiquei que a moralidade interna do Direito é, ela mesma e em grande parte, a moralidade da aspiração. Ao mesmo tempo, ela retira sua qualidade peculiar do fato de que tem a ver com a criação e aplicação das obrigações jurídicas. A moralidade interna do Direito, em outras palavras, não é e não pode ser uma moralidade apropriada para todo tipo de ação do Estado. O Exército é uma criação da lei e seus oficiais são, de certa forma, servidores públicos. No entanto, certamente não quer dizer que todo exercício de comando militar deve se sujeitar às restrições cabíveis, por exemplo, ao exercício da função judicial.

CAPÍTULO IV — O PROPÓSITO MATERIAL DO DIREITO

É principalmente no campo econômico que obviedades como aquelas que acabamos de analisar têm sido comumente ignoradas. Recordaremos como no primeiro capítulo mostrei que a atividade econômica privada ocorre dentro de um marco restritivo estabelecido pela lei e pela moralidade da propriedade e do contrato. Ao mesmo tempo, essa atividade não pode e não deve ser conduzida de acordo com qualquer coisa que se assemelhe à moralidade interna do Direito. Ela conhece apenas um princípio geral, o de obter um retorno máximo de recursos limitados. Isso permanece verdadeiro mesmo quando as restrições em torno do cálculo econômico são ampliadas para incluir, vamos dizer, a obrigação de pagar um salário-mínimo, fornecer alguma forma de segurança do trabalho e submeter as demissões à arbitragem. Obrigações como essas servem simplesmente para encolher o escopo de trabalho no qual se enquadra esse cálculo econômico; elas não mudam a natureza essencial desse cálculo.

Tampouco a natureza desse cálculo mudou quando o próprio Estado se engajou diretamente na atividade econômica. As economias socialistas historicamente encontraram dificuldades em desenvolver um sistema de precificação relevante. Sem esse sistema, as aplicações do princípio da utilidade marginal tornam-se difíceis e conjecturais. Mas o princípio em si mesmo continua intacto, tal como ele deve estar quando e onde os homens buscam realizar a mais efetiva disposição dos recursos dos quais dispõem. E é evidente que esse princípio não pode ser notado por meio de normas de dever já estabelecidas.

Agora, todas as considerações que acabei de esboçar são ignoradas quando tentamos, em nossa economia mista, realizar tarefas de alocação econômica por meio de decisões judiciais.

Isso acontece mais notavelmente nos casos do *Civil Aeronautics Board* e da *Federal Communications Commission*. Por sua natureza, a decisão deve se dar com base em norma ou princípio declarado abertamente, e os fundamentos sobre os quais ela age devem mostrar alguma continuidade ao longo do tempo. Sem isso, a adesão ao argumento torna-se impossível, e todas as salvaguardas convencionais do entorno da decisão (como a de proibir reuniões privadas entre o litigante e o árbitro da disputa) perdem seu significado.

Para agir sabiamente, o administrador econômico deve levar em consideração toda circunstância relevante para sua decisão e deve, ele mesmo, tomar a iniciativa de descobrir quais as circunstâncias relevantes. Suas decisões podem ser revertidas ou modificadas se as condições se alterarem. O juiz, por outro lado, age em relação a fatos previamente considerados relevantes, em relação a princípios já conhecidos de decisão. Suas decisões não apenas direcionam recursos e esforços; as decisões anunciam direitos, e estes, por sua vez, para serem significativos, devem, em alguma medida, permanecer firmes mesmo que as circunstâncias se modifiquem. Quando tentamos nos livrar dos aspectos da gestão econômica pela via das decisões judiciais, existe um descompasso entre o processo adotado e o problema a ser solucionado. Em nenhum lugar, esse pensamento é transmitido de maneira mais efetiva do que em um exemplo sugerido por Henry J. Friendly em *Holmes Lectures, The Federal Administrative Agencies: the need for better definition of standards*. O Juiz Friendly trata da "natureza impeditiva" da tarefa atribuída pelo Congresso à Comissão de Comunicação Federal (*Federal Communications Commission*). Ele continua:

> O trabalho que o Congresso deu à Comissão foi, de alguma forma, comparável a pedir ao Conselho da Associação de Ópera Metropolitana para decidir, após audiência pública e com uma opinião ponderada, se a conveniência pública, o interesse ou a necessidade seriam atendidos, se o papel de primeira-dama na noite de abertura fosse cantado por Tebaldi, Sutherland, ou um dos vários vencedores de prêmios americanos. Multiplique isso por muitas centenas de vezes; adicione o elemento aparentemente caprichoso que quem foi selecionado para a função poderia atribuir para

CAPÍTULO IV – O PROPÓSITO MATERIAL DO DIREITO

> qualquer um dos outros candidatos qualificados; proíba o conselho de obter o conselhos de muitos mais capazes de ajudar; assuma ainda que os tomadores de decisão sabem que sua ação provavelmente agradará ou desagradará as pessoas responsáveis por sua continuidade no cargo, que eventualmente comunicam fatos enquanto a decisão está em andamento – e você terá uma compreensão mais solidária do problema da Comissão.[165]

O "entendimento conciso" tão efetivamente transmitido nessa passagem parece que foi um pouco diferente nas demais palestras do Juiz Friendly. Sua reclamação sobre as agências administrativas federais é que elas têm respeitado pouco o que tem sido chamado aqui de moralidade interna do Direito. No avanço das razões pelas quais as agências devem definir de maneira clara os padrões nos quais atuam, o Juiz Friendly apresenta considerações que, de perto ou de forma análoga e em alguns aspectos, complementam de forma útil aquelas que tratei como sendo os aspectos constituintes da moralidade do Direito.[166] No entanto, ele estende essas considerações indiscriminadamente durante todo o processo administrativo, fazendo pouca tentativa de distinguir entre os tipos de tarefas econômicas que podem ser atribuídas a uma agência.

A contenção que estou tratando aqui é que as tarefas de alocação econômica não podem ser efetivamente executadas dentro dos limites estabelecidos pela moralidade interna do Direito. A tentativa de atingir com sucesso tais tarefas por meio de decisões certamente resultará em ineficiência, hipocrisia, confusão moral e frustração.

---

[165] FRIENDLY, Henry J. *The Federal Administrative Agencies*: the need for better definition of standards. Cambridge: Harvard University Press, 1962, pp. 55/56.

[166] FRIENDLY, Henry J. *The Federal Administrative Agencies*: the need for better definition of standards. Cambridge: Harvard University Press, 1962, pp. 19-26.

Esta disputa encontra, acredito, um pequeno espaço de confirmação nas palestras do Juiz Friendly. Os dois alvos de suas críticas mais severas são a *Federal Communications Commission* e o *Civil Aeronautics Board*, agências cujas principais tarefas são explicitamente alocativas. Ele elogia o *National Labor Relations Board* pela clareza com que definiu práticas trabalhistas injustas, ou seja, pela forma como exerceu uma jurisdição estreitamente semelhante ao Direito Penal e afastada de qualquer coisa que se assemelhe a uma alocação gerencial de recursos. Geralmente, ao longo das palestras do Juiz Friendly, há menção de que elogios e culpa seguem um caminho intimamente ligado à distinção entre as funções alocativas e não alocativas. Tanto elogios quanto culpa são, no entanto, em grande parte, inapropriados quando direcionados aos indivíduos; em vez disso, devem ser direcionados à adequação do desenho institucional, da agência para realizar a tarefa a ela atribuída.

Na tentativa de aliviar a incongruência entre o procedimento e a atribuição que aflige tantos órgãos administrativos, Hector[167] e Redford[168] têm, de forma um pouco diferente, proposto uma separação entre a função de declarar políticas gerais e a decisão cotidiana de casos particulares. A proposta da Redford certamente não é recebida com "entendimento simpático" pelo Juiz Friendly; na verdade, ele a rejeita categoricamente: "simplesmente, acho difícil pensar em algo pior".[169] No entanto, a sugestão de que a função de estabelecer políticas gerais seja separadamente quitada representa uma tentativa sincera e inteligente de se dar conta do

---

[167] HECTOR, Louis Julius. "Problems of the CAB and the Independent Regulatory Commissions". *Yale Law Journal*, vol. 69, 1960, pp. 931-964.

[168] REDFORD, Emmete S. *The President and the Regulatory Commissions*. Washington: President's Advisory Committee on Government Organization, 1960. Trata-se de um relatório submetido ao Comitê Consultivo do Presidente em Organização Governamental.

[169] FRIENDLY, Henry J. *The Federal Administrative Agencies*: the need for better definition of standards. Cambridge: Harvard University Press, 1962, p. 153.

CAPÍTULO IV – O PROPÓSITO MATERIAL DO DIREITO

problema relativo a ajustar o desenho institucional das agências reguladoras às tarefas econômicas a elas atribuídas. Imagine, por exemplo, uma política nacional para aumentar a produção de carvão. Ninguém diria que tal política deve ser aplicada por um processo judicial dentro de seus limites normais. O que tal política iria requerer em situações específicas teria naturalmente que ser decidido caso a caso. Dentro desse contexto, as propostas de Hector e Redford assumem um sentido econômico raro. Eles, no entanto, não resolveram o problema de uma incompatibilidade entre o projeto institucional da agência alocativa e o trabalho que ela tem que fazer. Decidir o que uma política econômica ampla requer em casos particulares continua sendo uma atribuição constrangedora para decisão. Uma política nacional para aumentar a produção de carvão não poderia, por exemplo, dizer a um órgão jurisdicional se fecharia ou subsidiaria a operação contínua de uma mina em decadência. Uma determinação inteligente sobre essa questão só poderia ser feita após uma investigação sobre usos alternativos para a mão de obra liberada pela paralisação e outras oportunidades na utilização do subsídio.

Ao salientar o significado especial da função alocativa, não quero insinuar, é claro, que não há gradações na distinção entre tarefas alocativas e não alocativas. Mesmo uma decisão judicial declarando a inconstitucionalidade de um imposto pode operar para atrair investimentos para a área previamente abrangida pelo imposto. Esse efeito alocativo colateral é, em teoria, desconsiderado como irrelevante para a decisão. Da mesma forma, um tribunal administrativo pode fazer uso de normas que ignoram os efeitos alocados de suas decisões. Isso é feito por uma agência indexadora que toma como padrão o princípio de um retorno adequado sobre um determinado investimento. Se, por outro lado, a agência tomar como padrão a definição de uma taxa que induzirá um fluxo suficiente de capital para a indústria regulamentada como um todo, sua função alocativa se torna mais explícita, mas pode ser silenciada por deduções de que a indústria requer um fluxo "normal" de investimento, embora uma visão mais ampla da economia possa tornar essa suposição falsa. Tarefas que antes eram alocativas apenas de forma incidental podem se tornar mais diretas com uma mudança nas circunstâncias. Isso aconteceu com a *Interstate Commerce Commission* quando as ferrovias começaram a enfrentar a concorrência dos caminhões e aviões. É interessante notar que o Juiz Friendly elogia algumas das decisões anteriores do ICC e condena decisões mais recentes por falta de "padrões claros".[170]

Encontrar o projeto institucional mais adequado para o controle do Estado sobre a economia tem sido um problema sério há muito tempo. No futuro, esse problema está, penso eu, fadado a tornar-se mais urgente e generalizado. Instalações indispensáveis, tais como algumas de nossas ferrovias, terão de ser socorridas de uma forma ou de outra de um aperto econômico, situação esta que, no caso das ferrovias, foi, em parte, provocada pelos efeitos alocativos (pelos quais ninguém assume responsabilidade explícita) de subsídios concedidos a formas concorrentes de transporte. No campo trabalhista, muitos árbitros experientes, que antes se opunham à arbitragem compulsória, tornaram-se mais receptivos a ela e alguns deles até a consideram inevitável. Quase que inadvertidamente – uma inadvertência multibilionária em dólares Americanos – desenvolvemos uma nova forma mista de economia na qual esse enorme segmento da indústria depende dos contratos com as forças armadas. Levando em conta que essa nova forma de empreendimento é classificada como "privada", ela escapa do escrutínio a que a operação governamental direta seria submetida. Ao mesmo tempo, é tolice pensar nisso como sendo significativamente sujeito à disciplina do mercado. Quando e se nossos gastos com armamentos forem significativamente reduzidos, um grande número de engrenagens terá que ser desmontado. Por fim, há

---

[170] FRIENDLY, Henry J. *The Federal Administrative Agencies*: the need for better definition of standards. Cambridge: Harvard University Press, 1962, pp. 27-35 e 106-140.

CAPÍTULO IV – O PROPÓSITO MATERIAL DO DIREITO

situações ainda não enfrentadas amplamente que serão trazidas pelo aumento da automação.

Se esses presságios do que ainda está por vir puderem ser confiáveis, então, é claro que nos confrontaremos com problemas de projetos institucionais sem precedentes em relação ao escopo e importância. É inevitável que o advogado tenha um grande papel na resolução desses problemas. O grande perigo é que, sem pensar, vamos levar para novas condições instituições e procedimentos tradicionais que já demonstraram suas falhas de projeto. Como advogados, temos uma inclinação natural para "judicializar" todas as funções do Estado. O julgamento é um processo que conhecemos e que nos permite mostrar nossas vantagens e nossos talentos especiais. No entanto, devemos encarar a simples verdade de que a decisão é um instrumento ineficaz para a gestão econômica e para a participação governamental na alocação de recursos econômicos.

Pode-se contestar que, sem as garantias oferecidas pelos processos de decisão, o poder governamental está sujeito a graves abusos. Esse medo pode subestimar o senso de tutela de confiabilidade que acompanha a atribuição de um trabalho ou tarefa, mesmo quando esse faça sentido e haja permissão para fazê-lo de maneira sensata. Hoje, a ganância e a sede pelo poder mais comumente encontram seu escape na exploração de formas institucionais não mais motivadas por qualquer senso claro de propósito. De qualquer forma, na busca de salvaguardas institucionais contra o abuso, não precisamos nos limitar a procedimentos decisórios em sentido estrito, mas também podemos considerar os exemplos sugeridos pelo Conselho de Estado francês, pelo ouvidor escandinavo, pelo Conselho Britânico nos Tribunais e pelos conselhos de censura instituídos por vários estados americanos, cuja função não era supervisionar a moral privada, mas estar alerta para detectar abusos e deficiências no Estado.

4.8 A moralidade do Direito e o problema do *design* institucional

Ao discutir os limites da moralidade do Direito, até agora, procurei mostrar que uma efetiva alocação de recursos econômicos não pode ser realizada dentro das restrições impostas por essa moralidade. Isso, por sua vez, significa que tal alocação não pode ser realizada satisfatoriamente por meio de processos de decisão. É importante notar que as considerações que tenho avançado em apoio a essas proposições não são relevantes apenas para o campo da economia em sentido estrito. Em um sentido amplo, o cálculo econômico é uma parte importante de nossas vidas. Nenhuma direção de esforço humano criativo pode ser totalmente livre dele.

Os dois processos fundamentais de decisão que caracterizam uma sociedade democrática são: decisão proferida por juízes imparciais e decisão pelo voto dos eleitores ou de um órgão representativo. É importante lembrar que nenhum desses processos de decisão pode, por si só, resolver questões complexas envolvendo uma ampla gama de soluções possíveis. Assim, quando o corpo docente do *Christ Church College* apresentou muitas opiniões sobre o melhor projeto para uma nova torre de sino, mesmo o gênio matemático de Charles Dodgson foi incapaz de elaborar um método de votação que pudesse resolver suas diferenças.[171] A decisão e a maioria dos votos dependem, nesses casos, de algum procedimento preliminar que reduzirá a gama de opções. Esse procedimento normalmente envolve uma série de acomodações e compromissos entre aqueles que serão afetados pela decisão final.

---

[171] BLACK, Ducan. *The Theory of committees and elections*. Cambridge: Harvard University Press 1958, pp. 189-213. O capítulo XX, "As circunstâncias nas quais Rev. C. L. Dodgson (Lewis Carroll) escreveu Three Pamphlets", fascinante e um tanto freudiano, conta como Dodgson foi levado a se tornar um pioneiro na teoria matemática das eleições por conta de um desafeto com Dean, pai verdadeiro de Alice.

CAPÍTULO IV – O PROPÓSITO MATERIAL DO DIREITO

O projeto arquitetônico das instituições jurídicas e os processos, obviamente, não podem ser determinados por decisão judicial. É por essa razão que a Suprema Corte sabiamente considerou como fora de sua competência a aplicação da disposição constitucional que garante aos estados uma forma republicana de governo. Um tribunal agindo como tal não pode escrever uma Constituição nem realizar uma supervisão gerencial completa de sua administração.

A decisão no caso *Baker vs. Carr*[172] representa uma aposta de que os processos extrajudiciais de ajuste político e acordos produzirão uma questão digerível, por assim dizer, pelo Tribunal. Ao manter o compromisso que assumiu em *Baker vs. Carr,* o Tribunal pode se ver, creio eu, compelido a trilhar um difícil meio termo. Se, por um lado, estabelecer padrões muito rígidos e abrangentes sufocará os processos preliminares indispensáveis de ajuste e acordo, por outro, se suas normas forem muito frouxas, esses processos não produzirão uma solução aceitável para o Tribunal.

4.9 Projeto institucional considerado como um problema econômico

Implícita nessas últimas observações, assim como nestes ensaios como um todo, está a suposição de que, da mesma maneira que o homem é restrito no que pode fazer pelos limites impostos pela natureza física, também é limitado pelas escolhas abertas a ele, organizando o modo de sua vida social. Aqui, como em todos os lugares, ele se confronta com a escassez e é obrigado a ordenar os recursos disponíveis com habilidade e prudência.

Correndo o risco de trabalhar o óbvio, deixe-me ilustrar o ponto que estou tentando demonstrar com um caso puramente hipotético. Suponhamos que entre os pais de crianças que frequentam uma escola primária tenha surgido uma insatisfação sobre como

---

[172] *Baker vs. Carr*, 82 Sup. Ct. 691 (1962).

os requisitos para "passar de ano" não são atendidos por alguns alunos e os compelem a refazer um ano letivo. A insatisfação dos pais é dupla: (1) não estão certos de que as decisões sobre o assunto são corretamente tomadas – houve, de fato, rumores de favoritismo e de descuido no estudo dos registros; (2) pensam que, de qualquer forma, é dada muita importância ao não passar de ano e que um estigma desproporcional se liga ao fato de se refazer um ano letivo. Para atender à primeira objeção, os pais exigem que todas as recomendações dos professores de série contra a decisão de passar de ano sejam submetidas a um conselho de professores seniores, os quais, ao chegarem a uma decisão final, seguirão processos de decisão em que os pais afetados poderão participar e ter acesso a todos os registros relevantes. Para atender à segunda objeção, os pais exigem que seja feito um esforço conjunto para reduzir o estigma ligado ao aluno que não passou de ano e que todos os professores procurem minimizar a importância da decisão de reprovar um estudante.

Agora é perceptível que esse programa combina elementos entre os quais há uma incompatibilidade bastante considerável. Habilidade e tato na administração do programa podem reduzir esse embate, mas, ainda assim, de maneira geral, será considerado como verdade que quanto mais eficazes forem as garantias processuais contra o erro e o favoritismo, mais inequivocamente o aluno reprovado será tachado pela vergonha. Um julgamento público pode protegê-lo contra a injustiça, mas o fará ao custo de privá-lo do consolo de acreditar que os responsáveis pela retenção na mesma série não sabiam o que estavam fazendo.

Problemas semelhantes de sopesamento de custos ocorrem ao longo de nossa vida jurídica e política. Por exemplo, se a pergunta feita for "quanto esforço deve ser empregado para garantir que nenhum homem inocente seja condenado por um crime?", a resposta é capaz de correr em direção ao absoluto, e a sugestão pode até ser no sentido de que, onde os direitos humanos fundamentais estão em jogo, uma questão tão indecentemente calculista nem deve ser levantada. No entanto, quando refletimos que, para garantir que

CAPÍTULO IV – O PROPÓSITO MATERIAL DO DIREITO

uma decisão esteja certa, devemos consumir um produto escasso como o tempo, e que uma decisão certa mas muito demorada pode causar mais danos ao próprio acusado do que uma decisão equivocada tomada imediatamente, o assunto assume um aspecto diferente. Percebemos, então, que, mesmo nesse caso, somos obrigados a fazer um cálculo em sentido "econômico", ainda que os custos monetários sejam completamente desconsiderados.

É um grande erro tratar as questões de projeto e administração de nossas instituições como se o problema fossem ponderar um fim material com o outro. É necessário que as instituições tenham integridade própria e sejam respeitadas, para que se tornem eficazes. Eu desenvolvi esse aspecto de maneira extensa em relação à moralidade interna da lei. Na seguinte passagem de Henry M. Hart, o ponto é devidamente expandido para instituições e procedimentos em geral:

> No Direito Penal, como em todo o Direito, as questões sobre a ação a ser tomada não se apresentam para decisão em um vácuo institucional. Elas surgem, em vez disso, no contexto de algum processo de decisão estabelecido e específico: em convenção constitucional; em um Legislativo; o escritório da procuradoria; em um tribunal que é encarregado de apurar a culpa ou inocência; em um tribunal; perante um conselho de liberdade condicional; e assim por diante. Isso significa que cada colegiado deve levar em consideração seu lugar no sistema institucional, além de considerar o que é necessário para manter a integridade e a funcionalidade do sistema como um todo. Dito de outra forma, um complexo de finalidades institucionais deve ser atendido, assim como um complexo de finalidades sociais substantivas. É axiomático que cada colegiado deva tomar as decisões às quais sua posição na estrutura institucional melhor se adapte.[173]

---

[173] HART, Henry M. "The Aims of Criminal Law". *Law and Contemporary Problems*, vol. 23, 1958, p. 402.

Embora o professor Hart fale com especial referência ao Direito Penal, deixa claro que os problemas sugeridos passam pelo Estado como um todo. Acredito, por razões já trazidas aqui, que esses problemas de concepção correta e da coordenação de nossas instituições jurídicas certamente se tornarão mais urgentes nos próximos anos. Sua solução exigirá um esforço colaborativo sério entre aqueles que são competentes para entendê-los. Algo como o espírito dos Federalistas se tornará essencial – um espírito ao mesmo tempo questionador e construtivo.

Infelizmente, parece que esse espírito está ausente em nosso clima intelectual de hoje. Por um lado, há estudiosos competentes que parecem negar a própria existência de problemas de projeto institucional. Seus programas parecem ser uma exploração máxima do poder governamental – sem qualquer investigação sobre suas fontes morais – para quaisquer fins que aparentam ser dignos em um determinado momento. Por outro lado, há aqueles que, nos termos de minha apresentação, atribuem esses problemas à moralidade do dever e não à moralidade da aspiração. Eles resistem à sugestão de que a solução desses problemas requer qualquer coisa como um cálculo econômico ou uma aplicação do princípio da utilidade marginal. A partir dessa posição arraigada, é provável que considerem aqueles que deles discordam não apenas como estando enganados, mas como sendo sem princípios e imorais.

Felizmente, as linhas de controvérsia não são tão severamente delineadas como o relato dado pode sugerir. Espera-se que o futuro traga uma nova ponte para esses extremos, pois a capacidade de elaborar instituições e procedimentos adequados aos seus problemas é talvez a principal marca de uma sociedade civilizada. Essa capacidade é, em qualquer caso, o principal instrumento pelo qual a civilização pode esperar sobreviver em um mundo em constante mudança.

CAPÍTULO IV – O PROPÓSITO MATERIAL DO DIREITO

4.10 O problema em definir a moral da comunidade

Até agora, uma questão básica foi deixada de lado, silenciada. E é a seguinte: quem está envolvido na comunidade moral, a comunidade dentro da qual os homens assumem deveres uns em relação aos outros e podem compartilhar significativamente suas aspirações? No jargão moderno e direto, a questão é: quem deve ser considerado membro do grupo?

Esse é um problema que tem incomodado todos os filósofos da moralidade. Dentro de uma comunidade em funcionamento, constituída por um conjunto de ligações de interesse mútuo, a tarefa de elaborar um código moral não é difícil. É relativamente fácil discernir, nessa situação, certas normas de contenção e cooperação essenciais para uma vida satisfatória dentro da comunidade e para o sucesso da comunidade como um todo. Mas essa confiança no julgamento moral é conseguida a um custo, pois se não houver princípios racionais para determinar quem deve ser incluído na comunidade, o próprio código interno terá como base o que parece ser uma premissa essencialmente arbitrária.

Há alguma solução para esse dilema? Caso haja, não pode ser obtida a partir da moralidade do dever, porque é essencialmente a moralidade interna de um grupo. Ela pressupõe que os homens estejam vivendo em contato uns com os outros, seja por uma reciprocidade explícita, seja através de relações de reciprocidade tácita incorporadas na forma de uma sociedade organizada. Uma medida decisória pode, no entanto, ser obtida a partir da moralidade da aspiração. A expressão mais eloquente dessa possibilidade é encontrada na Bíblia. A moralidade do dever exposta no Antigo Testamento inclui o comando: entretanto, amarás o próximo como a ti mesmo. O Novo Testamento fala de um encontro entre Jesus e um advogado, que se voltou contra este comando. O advogado, percebendo que a passagem continha um ponto de dificuldade, queria testar os poderes de exegese de Jesus e perguntou: "e quem é meu próximo?"

Nessa ocasião, Jesus não responde "seu próximo é todo mundo; você é obrigado a amar todos os homens em todos os lugares, até mesmo seus inimigos". Em vez disso, ele relata a "Parábola do Bom Samaritano".[174] Um homem foi atingido por ladrões que o deixaram quase morto. Dois de seus irmãos da comunidade passaram por ele sem oferecer ajuda. Em seguida, um dos samaritanos desprezados – definitivamente um membro de outro grupo – curou suas feridas e cuidou dele. Jesus termina com a pergunta: "agora, qual desses três, pensa, era o próximo para o homem que caiu entre os ladrões?"

O significado dessa parábola é, acredito, não de que devemos incluir todos na comunidade moral, mas que devemos aspirar a uma ampliação dessa comunidade em todas as oportunidades e incluir nela, em última instância e se pudermos, todos os homens de boa vontade. Mas isso ainda deixa uma certa dificuldade. A moralidade da aspiração fala não imperativamente, mas em termos de elogios, bons conselhos e encorajamento. Não há base mais firme para decidir a questão da adesão à moral da comunidade?

Acredito que exista. Colocarei essa situação de forma abstrata, embora esteja longe de ser hipotética. Dentro de uma determinada sociedade política, há homens comumente descritos como sendo de diferentes raças. Esses homens viveram juntos por muitos anos. Cada grupo enriqueceu o idioma, o pensamento, a música, o humor e a vida artística do outro. Juntos produziram uma cultura comum. Não existe princípio da moral que possa condenar imperativamente uma separação entre eles e negar a um grupo acesso aos fundamentos sobre os quais uma vida satisfatória e digna possa ser construída?

---

[174] BÍBLIA, N.T. "Lucas". *Bíblia sagrada on-line*. Cap. 10, vers. 25-37. Disponível em: https://www.bibliaonline.com.br/acf/lc/10/25-37. Acessado em: 11.07.2022.

CAPÍTULO IV – O PROPÓSITO MATERIAL DO DIREITO

Acredito que haja. Nesse caso, a moralidade da aspiração fala plenamente tão imperativa quanto as características da moralidade do dever, de modo que a distinção entre ambas, nesse momento, se rompe. A moralidade da aspiração é, afinal, uma moralidade da aspiração humana. Não pode recusar a qualidade humana aos seres humanos sem repudiar a si mesma.

No *Talmude*, há uma passagem que diz: "se não for eu por mim mesmo, quem será? Se eu for por mim sozinho, o que sou eu?[175] Se colocarmos isso no plural, temos: "se não somos por nós mesmos, quem será por nós? Se somos só para nós mesmos, o que somos? Qualquer resposta que possamos dar a essa última pergunta deve ser baseada na suposição de que somos, acima de tudo, seres humanos. Se tivermos que qualificar nossa resposta adicionando algum aspecto biológico ao nosso próprio título, então, negamos a qualidade humana a nós mesmos em um esforço para justificar a negação dela para os outros.

4.11 O conteúdo mínimo de uma lei natural substantiva

Procuro saber se algo mais imperativo do que o aconselhamento e o incentivo pode derivar da moralidade da aspiração e concluo que, uma vez que a moralidade da aspiração é necessariamente uma moralidade da aspiração humana, não se pode negar a qualidade de humano àqueles que a possuem, sem perder sua integridade. Podemos conseguir mais do que isso?

O problema pode ser colocado de outra forma. No terceiro capítulo, tratei daquilo que denominei a moralidade interna do Direito, apresentada como uma variante das leis naturais. É, no entanto, um tipo de lei natural processual ou institucional, apesar de que, como me esforcei para mostrar neste capítulo, ela afeta e

---

[175] *Talmude*, Aboth, Cap. 1, Mishnah 14.

limita os propósitos materiais que podem ser atingidos por meio do Direito. Mas podemos concluir a partir da própria moralidade da aspiração qualquer proposição da lei natural que seja substantiva, ao invés de processual, em termos de qualidade?

Em sua obra *The Concept of Law*, H. L. A. Hart apresenta o que ele chama de "o conteúdo mínimo da lei natural". Começando com o objetivo único de sobrevivência humana, concebido como aquele que se revela dentro de certas condições externas impostas, Hart conclui, por um processo que eu descreveria como implicações propositivas, um conjunto bastante abrangente de normas que podem ser chamadas de leis naturais. O que ele externa em sua discussão de forma interessante é uma espécie de moralidade do dever mínima.

Como toda moralidade do dever, essa lei natural mínima nada diz sobre a questão: quem será incluído na comunidade que aceita e busca realizar cooperativamente o objetivo comum de sobrevivência? Em suma, quem sobreviverá? Nenhuma tentativa é feita para responder a essa pergunta. Hart simplesmente observa que "nossa preocupação é com os arranjos sociais para a continuidade da existência, não com os de um clube suicida".

Ao justificar seu ponto de partida em relação à sobrevivência, Hart apresenta dois tipos de razões. Uma afirma que a sobrevivência é a condição necessária para todas as outras realizações e satisfações do ser humano. E com essa proposição, não pode haver discussão.

Todavia, além de tratar a sobrevivência como precondição para todos os outros bens humanos, Hart apresenta um segundo conjunto de razões para seu ponto de partida – razões estas de uma ordem muito diferente. Ele afirma que os homens têm percebido corretamente que, no "modesto objetivo da sobrevivência", reside "o elemento central indiscutível que dá bom senso empírico para a terminologia do Direito Natural". Ele afirma ainda que, nos elementos teleológicos que percorrem todo o pensamento

CAPÍTULO IV – O PROPÓSITO MATERIAL DO DIREITO

moral e legal, existe "a suposição tácita de que o fim correto da atividade humana é a sobrevivência". Ele observa que "uma esmagadora maioria dos homens deseja viver, mesmo ao custo de um sofrimento imenso".

Eu entendo que, ao fazer essas afirmações, Hart está pisando em terreno duvidoso, pois ele não está mais reivindicando a sobrevivência como condição necessária para a realização de outros fins, mas parece estar dizendo que ela fornece o cerne e o elemento central de todo o esforço humano. Isso, penso eu, não pode ser aceito. Como Tomás de Aquino comentou há muito tempo, se o objetivo mais alto de um capitão fosse preservar seu navio, ele o manteria no porto para sempre.[176] Quanto à proposta de que a esmagadora maioria dos homens deseja sobreviver mesmo ao custo de uma miséria horrível, isso me parece uma verdade duvidosa. Se fosse verdade, eu questiono se teria alguma relevância particular para a teoria moral.

A busca de Hart por um "elemento central indiscutível" no esforço do ser humano coloca em questionamento se, de fato, essa busca pode ser bem-sucedida. Acredito que se fôssemos forçados a selecionar o princípio que apoia e adentra toda a aspiração humana, encontraríamos a manutenção da comunicação com nossos semelhantes.

Em primeiro lugar – ficando restritos aos limites do próprio argumento de Hart –, o homem teria sido capaz de sobreviver até agora por causa de sua capacidade de comunicação. Competindo com outros animais, muitas vezes mais poderosos do que ele e às vezes dotados de sentidos mais apurados, o homem tem sido o vencedor até agora. Ele se saiu vitorioso porque pôde adquirir e

---

[176] AQUINO, Tomás de. *Summa Theologica*. Pt. I-II, Q. 2, Art. 5º: "consequentemente, um capitão não pretende, como fim último, a preservação do navio que lhe foi confiado, visto que um navio é destinado para outra coisa como seu fim, a saber, para a navegação".

transmitir conhecimentos e porque pôde, de forma consciente e deliberada, coordenar esforços com outros seres humanos. Se, no futuro, o homem conseguir sobreviver superando seus próprios poderes de autodestruição, será porque ele pode se comunicar e alcançar o entendimento com seus colegas. Finalmente, eu duvido que a maioria de nós consideraria como desejável a sobrevivência em um tipo de existência vegetal na qual não poderíamos fazer nenhum contato significativo com outros seres humanos.

A comunicação é mais do que um meio de permanecer vivo. É uma forma de estar vivo. É por meio da comunicação que herdamos as conquistas do esforço de nossos antepassados. A possibilidade de comunicação pode nos reconciliar com a ideia da morte, assegurando-nos de que o que for alcançado enriquecerá a vida das gerações futuras. Como e quando conseguimos nos comunicar uns com os outros pode expandir ou limitar as fronteiras da vida em si mesma. Nas palavras de Wittgenstein, "os limites de minha linguagem são os limites de meu mundo".

Se me pedissem, então, para diferenciar um princípio central indiscutível do que pode ser chamado de lei natural substantiva – Lei Natural, com letras maiúsculas – eu o encontraria na liminar: abra, mantenha e preserve a integridade dos canais de comunicação pelos quais os homens transmitem uns aos outros o que percebem, sentem e desejam. Nesse caso, a moralidade da aspiração oferece mais do que bons conselhos e o desafio da excelência. Aqui, fala com a voz imperiosa que estamos acostumados a ouvir da moralidade do dever. E se os homens escutarem, ao contrário da moralidade do dever, essa voz pode ser ouvida, passando por todos os obstáculos que agora separam os homens uns dos outros.

CAPÍTULO V
UMA RÉPLICA ÀS CRÍTICAS

Em meus pensamentos que precederam a decisão de adicionar este capítulo ao livro, eu estava perfeitamente ciente das considerações fortemente contrárias a que assim o fizesse. Por um lado, tenho observado que os autores geralmente se prejudicam quando tentam defender seus livros das críticas. O crítico tem a vantagem de ocupar um papel bastante conhecido. As expectativas de seus leitores tornam apropriado que ele assuma o papel de um promotor vigoroso; se for razoavelmente justo e se apegar às evidências, uma considerável licença de defesa será concedida a ele de bom grado e, de fato, parecerá servir à causa da verdade.

     O autor que defende seu trabalho enfrenta um conjunto muito diferente de expectativas. Ele publicou seu livro, já teve seu dia de julgamento, e a sua postura apropriada pode parecer a de aguardar em silêncio o veredito do leitor inteligente e desinteressado. Além disso, qualquer resposta às análises críticas tende a se tornar uma coisa confusa, pois misturam-se acusações de má interpretação com rearticulações do que o autor assevera que quis dizer; confundem-se, de forma desajeitada, defesa e contra-ataque; terminando com sugestões sombrias de que apenas limitações de espaço impedem o autor de demonstrar, com finalidade devastadora, de como seus críticos estão completamente enganados. De modo geral, os esforços de autojustificação tendem a ser dolorosos para todos os envolvidos; há, de fato, um ditado em minha profissão que não pode haver coisa pior para um advogado do que defender sua própria causa.

No caso em questão, havia também a consideração de que qualquer "réplica às críticas" seria o ponto de continuação de um debate entre mim e H. L. A. Hart que já se arrasta por mais de uma década. Tudo começou quando o professor Hart publicou "The Holmes Lecture", palestra proferida na Harvard Law School em abril de 1957.[177] Nessa palestra, ele se comprometeu a defender o positivismo jurídico contra críticas feitas por mim e por terceiros. A primeira tentativa de contra-ataque foi meu comentário crítico sobre essa palestra.[178] A terceira rodada foi marcada pela publicação da obra *The Concept of Law*, de Hart; a quarta rodada ocorreu quando a primeira edição do presente trabalho foi publicada; a quinta rodada ocorreu quando Hart publicou sua resenha de meu livro.[179] A sensação é de que, em algum momento, essa conversa deve terminar. *Interest reipublicae ut sit finis litium*. Como Ernest Nagel observou na quarta e última rodada de um debate que tivemos em 1958 e 1959, "em geral, há pouco incremento intelectual a ser encontrado nas refutações às réplicas às respostas".[180]

Um impedimento final estava no grande número de revisões e na diversidade de opiniões nelas expressas,[181] isso para não falar das

---

[177] HART, Herbert L. A. "Positivism and the separation of law and morals". *Harvard Law Review*, vol. 71, 1958, pp. 593-629.

[178] FULLER, Lon L. "Positivism and fidelity to Law: a reply to Professor Hart". *Harvard Law Review*, vol. 71, nº 4, fev. 1958.

[179] HART, Herbert L. A. "The Morality of Law review". *Harvard Law Review*, vol. 78, 1965, pp. 1281-1296.

[180] NAGEL, Ernest. "Fact, value, and human purpose". *Natural Law Forum*, nº 38, 1º jan. 1959.

[181] Houve cerca de 46 comentários.

CAPÍTULO V – UMA RÉPLICA ÀS CRÍTICAS

contribuições para um simpósio realizado em 2 de abril de 1965,[182] ou das avaliações incidentais ao livro reveladas em artigos de um escopo maior.[183] Para fazer jus a todos os pontos levantados nessas análises e comentários, seria necessário um capítulo muito longo.

Apesar das dúvidas que acabei de elencar, decidi empreender neste capítulo novo e derradeiro não apenas uma continuação de meu debate com Hart, mas uma resposta a alguns outros críticos também. Diversas considerações me levaram a essa decisão.

Uma delas estava baseada em determinadas declarações contidas na revisão de Hart. Em seu primeiro parágrafo, ele observa que pode ser que "nossos pontos de partida e interesse em filosofia do Direito sejam tão diferentes" que ele e eu "estamos fadados a nunca entender as obras um do outro". À medida que as revisões críticas ao meu livro chegavam, eu mesmo ficava cada vez mais consciente até que ponto o debate realmente dependia de "pontos

---

[182] As contribuições individuais para *The Morality of Law: a symposium* e publicadas em *Villanova Law Review*, vol. 10, nº 4, 1965, foram as seguintes: MURRAY JR., John E. "Introduction to The Morality of Law", pp. 624-630; DWORKIN, Ronald M. "The Elusive Morality of Law", pp. 631-639; COHEN, Marshall. "Law, morality and purpose", pp. 640-654; FULLER, Lon L. "A Reply to Professors Cohen and Dworkin", pp. 655-666 (comentado por John E. Murray Jr.); NAUGHTON, E. Russell. "Regarding the Symposium on Law and Morality", pp. 671-672; PARKER, Francis H. "Remarks on the Symposium: The Morality of Law", pp. 673-675; GIANNELLA, Donald A. "Thoughts on the Symposium: The Moraliy of Law", pp. 676-678.

[183] ANASTAPLO, George. "Natural Right and the American lawyer". *Wisconsin Law Review*, vol. 64, 1965, pp. 322-343; DWORKIN, Ronald. "Philosophy, Morality, and Law: observations prompted by Professor Fuller's Novel Claim". *University of Pennsylvania Law Review*, vol. 113, 1965, pp. 668-690; HUGHES, Graham. "Jurisprudence". *1964 Annual Survey of American Law*, New York University, 1965, pp. 693-697; KING, B. E. "The Concept, the idea, and The Morality of Law". *Cambridge Law Journal*, vol. 24, 1966, pp. 106-128; LEWAN, Kenneth M. "Die Rechtsphilosophie Lon Fullers". *Archiv fur Rechts- und Sozialphilosophie*, vol. 52, 1966, pp. 377-413; STURM, Douglas. "Lon Fuller's multidimensional Natural Law Theory". *Stanford Law Review*, vol. 18, 1966, pp. 612-639.

de partida" – não do que os disputantes disseram, mas do que consideravam desnecessário dizer, não de princípios articulados, mas em suposições tácitas. Parecia que o que era necessário, portanto, era trazer essas suposições tácitas a uma expressão mais adequada do que qualquer um dos lados foi capaz de fazer até agora.

Fui ainda encorajado a empreender esse esforço de esclarecimento pelas conclusões da revisão de Hart – palavras que parecem intimar o que ele mesmo concebe ser a diferença fundamental em nossos "pontos de partida":

> Em conclusão, eu diria o seguinte: as virtudes e os vícios deste livro parecem-me derivar da mesma fonte. Em toda a sua vida, o autor foi apaixonado pela noção de propósito, e essa paixão, como qualquer outra, tanto pode inspirar como pode cegar um homem. Tentei mostrar ao autor como ambas se comportaram. A inspiração é tão considerável que eu não gostaria que ele terminasse sua união de longa data com essa ideia central. Mas eu gostaria de que o ponto alto do romance se acomodasse a alguma forma mais fria de observação. Quando isso acontecer, muitos leitores do autor sentirão a queda na temperatura; mas eles serão amplamente compensados por um aumento na visibilidade.[184]

A forma amorosa – embora inevitavelmente um pouco vívida para o gosto de sua vítima –, eu aceito como um dispositivo literário legítimo. Eu acho que o que Hart está tentando transmitir é que eu dou muita importância ao propósito e que faria melhor se diminuísse essa importância em minha maneira de pensar. Na minha opinião, Hart não considera o propósito; ele sofre da ilusão positivista de que algum ganho – não declarado e não analisado – ocorrerá se tratarmos apenas, até onde conseguirmos, os acordos intencionais como se não tivessem propósitos.

---

[184] HART, Herbert L. A. "The Morality of Law review". *Harvard Law Review*, vol. 78, 1965, pp. 1295/1296.

CAPÍTULO V – UMA RÉPLICA ÀS CRÍTICAS

Outro acontecimento que me instigou a elaborar esta "réplica às críticas" ocorreu em novembro de 1966, quando apareceu um artigo anunciando o surgimento de uma nova escola de filosofia jurídica, denominada Novos Juristas Analíticos.[185] O líder reconhecido dessa escola de pensamento é H. L. A. Hart. A própria escola é descrita como sendo "menos positivista" do que seus precursores, embora a maioria de seus membros permaneça positivista no sentido de que seu principal compromisso é com a proposição de que "a lei como ela é pode ser claramente diferenciada da lei como deveria ser". Para o leigo, essa proposta provavelmente parece uma verdade óbvia para justificar a execução de uma bandeira filosófica sobre ela; ao advogado experiente em questões de interpretação, irá sugerir uma série de problemas vagamente trazidos no artigo de Summers.

Na conclusão de seu artigo, apesar de Summers afirmar que "o interesse profissional pela nova jurisprudência analítica cresce a cada ano", ele parece ter alguma dificuldade em articular exatamente qual crença filosófica une essa nova escola de pensamento. Acho que posso ajudá-lo nisso. De acordo com Summers, os adeptos da Nova Jurisprudência Analítica incluem Hart, Ronald Dworkin e ele mesmo. Summers também considera Marshall Cohen como um filósofo que pensa e escreve por meio de um estilo semelhante ao dos Novos Juristas Analíticos. Esses quatro homens escreveram ao todo umas noventa páginas de comentários críticos sobre o meu livro. Posso testemunhar uma uniformidade incrível em suas reações; parágrafos inteiros poderiam ser transferidos de uma discussão para outra sem qualquer quebra perceptível na continuidade do pensamento. É evidente que aqui também não estamos lidando com teorias explícitas, mas com o que Hart chamou de "pontos de partida". Talvez eu possa identificar esses pontos de partida mais claramente do que os próprios Novos Juristas Analíticos foram capazes de fazê-lo.

---

[185] SUMMERS, Robert S. "The New Analytical Jurists". *New York University Law Review*, vol. 41, 1966, pp. 861-896.

5.1 A estrutura do positivismo jurídico analítico

Tentarei aqui articular os compromissos intelectuais básicos subjacentes ao positivismo jurídico analítico. Pelo adjetivo "analítico" pretendo excluir o positivismo de padrões de comportamento relacionados ao positivismo do tipo sugerido quando foi proposto, no auge do movimento chamado Realismo Jurídico Americano, para definir a lei como "os padrões de comportamento de juízes e outros funcionários".[186] O termo "analítico" também é adequado para expressar um estado de espírito intelectual que encontra mais satisfação em separar as coisas do que em ver como elas se encaixam e funcionam juntas; há, de fato, pouco interesse entre os positivistas analíticos em discernir os elementos de inter-relação tácita que infundem – embora sempre de maneira um tanto quanto imperfeita – o que chamamos, não por acaso, de sistema jurídico.

A estrutura de pensamento que tentarei descrever é geralmente compartilhada por Austin, Hart e Kelsen. Ao apresentá-la, tratarei apenas incidentalmente de debates ocultos entre os adeptos da posição positivista. Ficando restrito, então, aos "pontos de partida" básicos que moldam a crença positivista, eu identificaria cinco desses.

Em primeiro lugar, o positivista analítico vê a lei como uma projeção unidirecional de autoridade, emanando de uma fonte autorizada e impondo-se ao cidadão. Não identifica como elemento essencial na criação de um sistema jurídico qualquer cooperação tácita entre legislador e cidadão; a lei é vista como simplesmente agindo sobre o cidadão – moral ou imoralmente, justa ou injustamente, conforme o caso.

Em segundo lugar, a filosofia positivista pergunta ao Direito não o que é ou faz, mas de onde vem; sua preocupação básica é com

---

[186] Referências ao realismo jurídico de padrão de comportamento serão encontradas em meu livro FULLER, Lon L. *The Law in quest of itself*. Chicago: Foundation Press, [1940] 1966, pp. 53-57.

CAPÍTULO V – UMA RÉPLICA ÀS CRÍTICAS

a questão: quem pode fazer as leis? As disputas internas dentro da escola do positivismo jurídico relacionam-se quase que inteiramente ao problema de definir o princípio ou os princípios que atribuem o direito de criar leis. Assim temos "um ou muitos soberanos desfrutando do hábito da obediência", de Austin; o postulado "Grudnorm", de Kelsen; e a fundamentada "empiricamente" "Norma de Reconhecimento", de Hart.[187] O positivismo pode reconhecer, é claro, que o legislador que tem a competência pode não ter o poder de promulgar tipos específicos de leis, como ocorre quando uma Constituição escrita proíbe certos exercícios do Poder Legislativo. Mas nenhum positivista moderno eleva a uma posição central em seu pensamento quaisquer limitações contidas no próprio "trabalho jurídico", para usar uma das frases favoritas de Karl Llewellyn.

Em terceiro lugar, o positivista jurídico, de fato, não enxerga o legislador como ocupando qualquer cargo, papel ou função notável. Se falássemos sobre ele desempenhando um papel, isso implicaria que seu papel deveria ser ajustado às funções complementares de outras pessoas, inclusive de cidadão comum. Qualquer uma dessas visões comprometeria a tentativa de considerar a lei uma projeção unilateral de autoridade.

Em quarto lugar, uma vez que o legislador não é considerado como ocupante de um papel notável e limitado, nada que possa ser chamado de "representante da moralidade" se liga ao desempenho de suas funções. O advogado comum está, naturalmente, sujeito

---

[187] Não tentei aqui e acolá emitir qualquer opinião crítica sobre o conceito da "Norma de Reconhecimento" de Hart. O leitor interessado encontrará tal avaliação em SARTORIUS, Rolf. "The concept of Law". *Archiv für Rechts- und Sozialphilosophie*, vol. 52, 1966, pp. 161-190; and DWORKIN, Ronald. "The Model of Rules". *University of Chicago Law Review*, vol. 35, 1967, pp. 14-46. Esses dois artigos tornam claro que a Norma de Reconhecimento não é uma noção simples como parece ser quando Hart a apresenta. Como ela é "empiricamente" estabelecida em vez de ser "postulada" à maneira da "Norma Fundamental" de Kelsen, permanece amplamente não examinada e não explicada.

a um código de ética que rege sua conduta em relação a clientes, colegas advogados, tribunais e público. Esse código não é uma mera reafirmação dos princípios morais que regem a conduta humana em geral, mas estabelece padrões especiais aplicáveis à quitação de uma função social notável. Não há, no entanto, espaço na filosofia positivista para um código ético semelhante que regule o papel do legislador. Se o legislador promulgar o que Hart chama de leis "injustas", ele peca, naturalmente, contra a moralidade comum, mas não há moralidade especial aplicável a seu próprio trabalho.

Acho que não preciso trabalhar o ponto de que os quatro elementos da crença positivista apenas delineados são interdependentes; cada um em um sentido implica os outros. Todos eles podem ser resumidos na observação de que o positivista não reconhece, no funcionamento de um sistema legal, nada que possa ser verdadeiramente chamado de *dimensão social*. O positivista vê o Direito no ponto de seu despacho pelo legislador e, novamente, no ponto de seu impacto sobre a matéria jurídica. Ele não vê o legislador e o cidadão em interação um com o outro e, em virtude dessa falha, deixa de ver que a criação de uma interação efetiva entre eles é um ingrediente essencial da própria lei.

Até agora, deixei de fora o *quinto* e mais central artigo de fé na crença positivista. Isso reside na crença de que o pensamento claro é impossível a menos que façamos uma separação pura entre o esforço direcionado à criação da lei e a lei que realmente emerge desse esforço. Esse aspecto da filosofia positivista – que é, de fato, o que justifica seu nome – pode parecer desconectado dos outros quatro. Ele está, no entanto, em relação íntima com eles.

É ao lidar com a interação humana que a postura positivista em relação à realidade fica mais difícil de manter. Por outro lado, sempre que a ação humana possa ser vista como projetada unilateralmente, os constrangimentos de um compromisso com o positivismo são reduzidos ao mínimo. Se A está tentando atingir algum propósito agindo sobre um B inerte, então, podemos

CAPÍTULO V – UMA RÉPLICA ÀS CRÍTICAS

distinguir, em alguma medida, entre o propósito de A – o que ele estava tentando alcançar – e o resultado de sua ação – alguma mudança no mundo externo. Se A é um cirurgião operando B, que está anestesiado, podemos dizer que A está tentando obter algum resultado específico e podemos nos perguntar, de maneira significativa, que resultado ele de fato alcança. Com certeza, se eu não for um cirurgião, não posso, enquanto assisto à operação, realmente entender o que está acontecendo, exceto em linhas gerais; os movimentos específicos das mãos do cirurgião, os instrumentos usados e outros detalhes podem não ser realmente perceptíveis para mim. Todos esses detalhes teriam significado para um colega cirurgião que testemunhasse a mesma operação, simplesmente porque ele perceberia e seria capaz de participar do porquê do que estava acontecendo. Mas, ignorando essa limitação da minha compreensão sobre o que estava acontecendo, posso insistir que, como um leigo, eu tinha pelo menos uma compreensão geral do propósito da operação e que isso era algo bastante diferente de seu resultado real, pudesse esse resultado ser visto como um sucesso ou um insucesso, em termos do objetivo buscado pelo cirurgião.

Suponha, entretanto, que A não esteja influenciando uma pessoa B inerte, mas que A e B sejam duas pessoas em interação consciente e convivam uma com a outra. A e B podem, por exemplo, ter firmado algum compromisso comum. Eles ainda não resolveram em que termos se dará sua colaboração, mas, à medida que o empreendimento começa, eles começam a negociar, explicitamente por meio de palavras e tacitamente por meio de ações, uma espécie de Constituição que regule suas relações entre si. Cada um está orientando suas palavras, sinais e ações pelo que pensa que o outro busca e, em parte, também pelo que pensa que o outro pensa que busca. Aqui, surge das interações entre as partes nenhum dado fático que possa ser contrabalanceado com os propósitos que o fundamentaram. A qualidade e os termos do relacionamento que emerge entre as partes – as "leis" deles se você preferir – constituem uma realidade social importante, mas é uma realidade trazida à existência e mantida viva por um esforço intencional e pela maneira como cada uma das partes interpreta os propósitos da outra.

O que estou tentando explicar é expresso na seguinte passagem de um tratado sobre sociologia interacional: "a realidade, então, nitidamente, neste mundo humano, não é uma coisa permanente e imutável, mas é frágil e decidida – uma coisa para ser debatida, compreendida e legislada".[188] Sugiro, portanto, que não é por acaso que os elementos de interação que criam e dão sentido à lei são deixados de lado e amplamente ignorados pelo positivista analítico. Não fosse assim, ele teria sérios problemas para manter os princípios básicos de sua fé.

As observações concluídas acima não representam a crença de que elas sejam qualquer solução para o que é comumente chamado de problema da dicotomia fato-valor. O que apresentei aqui pretendeu simplesmente relacionar essa questão com os outros princípios do positivismo. Se, nesse esforço, eu deturpei a posição positivista em geral, ou as opiniões de determinados positivistas, especialmente aqueles designados como os Novos Juristas Analíticos, estou pronto para ser corrigido. Explicar as suposições tácitas do outro é um negócio arriscado, mas é necessário às vezes tentar fazer isso para que haja comunicação eficaz.

Antes de prosseguir mais diretamente à minha resposta, gostaria de complementar o relato que acabamos de fazer, referindo-me a duas influências intelectuais que, eu entendo, interferiram e ajudaram a moldar o pensamento dos Novos Juristas Analíticos. Uma delas é a filosofia da linguagem comum associada ao nome de J. L. Austin; a outra é o utilitarismo.

Em geral, a prática da filosofia da linguagem comum consiste em descobrir e esclarecer as diferenças inseridas no uso linguístico

---

[188] MacCALL, George J.; SIMMONS, J. L. *Identities and interactions*. Londres: Collier-Macmillan, 1966, p. 42.

CAPÍTULO V – UMA RÉPLICA ÀS CRÍTICAS

cotidiano. Em qualquer campo que essas distinções sejam encontradas, parece haver uma espécie de presunção de que elas se mostrarão válidas e úteis e de que, uma vez totalmente articuladas, não haverá necessidade de ir mais longe. Um exemplo do método é oferecido pelo intenso interesse de Hart na distinção entre "ser obrigado a" e "ter uma obrigação". Alguns *insights* úteis foram obtidos por meio desse método; com efeito, há muita sabedoria tácita e sutil oculta nos entremeios da fala cotidiana. Mas a tendência daqueles que adotam esse método tem sido considerar como um fim em si mesmo o que deveria ser visto como um complemento útil ao pensamento filosófico. Assim como Stuart Hampshire observou, parece haver uma suposição entre os filósofos da linguagem de que o desembaraço das distinções da linguagem comum tem uma utilidade independente do contexto de qualquer problema em particular e que essas distinções podem ser transferidas livremente de um problema para outro.[189] Eu concordo com Hampshire: isso é um erro grave.

Devo chamar a atenção mais tarde para alguns casos em que os pressupostos da linguagem comum, em minha opinião, enganaram alguns de meus críticos. Por enquanto, deixe-me apenas lembrar de uma exposição ilustrativa do espírito dessa filosofia. Anteriormente, sugeri que os problemas envolvidos na manutenção da integridade de um sistema jurídico eram característicos não apenas da legislação estadual e nacional, mas afetavam também a criação e administração dos direitos internos de formas associativas como igrejas, clubes, universidades e sindicatos. Disse, portanto, que, para efeito de minha análise, o regimento interno desses órgãos era "lei". Hart chama essa afirmação de "sem-vergonha",[190] enquanto Summers estava tão nervoso com ela que não

---

[189] HAMPSHIRE, Stuart. "J. L. Austin and Philosophy". *Journal of Philosophy*, vol. 62, 1965, pp. 511-513.

[190] "Esta ampla concepção do Direito, admitida e descaradamente, inclui as normas dos clubes, igrejas, escolas e uma centena de outras formas de associação humana". HART, Herbert L. A. "The Morality of Law review". *Harvard Law Review*, vol. 78, 1965, p. 1281.

conseguiu encontrar nada melhor do que dizer que se tratava de outro exemplo do que ele considera minha dedicação intelectual ao longo da vida, ou seja, uma atividade chamada por ele de "com segundas intenções".[191] Em uma análise desapaixonada, devemos sugerir que os usos comuns da palavra "lei" podem obscurecer, bem como revelar, semelhanças essenciais.

Uma segunda grande influência no pensamento dos Novos Juristas Analíticos advém da filosofia utilitarista. Frequentemente, considera-se que a falha básica do utilitarismo é sua tendência a banalizar os fins. A falha mais básica reside, penso eu, em sua falsificação da relação entre meios e fins – uma falha mitigada, mas certamente não afastada pelo que é chamado de utilitarismo de normas. A filosofia utilitarista nos encoraja à noção intelectualmente preguiçosa de que os meios são uma mera questão de conveniência e que nada de significância geral pode ser dito deles; faz-nos esquecer de que, em um sistema jurídico e nas formas institucionais da sociedade em geral, o que é meio sob um ponto de vista é fim em outro, e os meios e os fins estão em uma relação de interação.

5.2 Será que algum respeito, ainda que mínimo, pelos princípios de legalidade é essencial para a existência de um sistema jurídico?

Em meu segundo capítulo, indiquei que um afastamento suficientemente grosseiro dos princípios de legalidade ali enunciados resultaria em algo que não era simplesmente uma lei ruim, mas absolutamente nenhuma lei. Meus críticos concordam com essa conclusão? Parece que sim.

---

[191] SUMMERS, Robert S. "Professor Fuller on morality and law". *Journal of Legal Education*, vol. 18, nº 1, 1965, p. 22. Nessa crítica, o professor Summers encontra ocasião seis vezes para caracterizar as citações do meu livro como opiniões insistentes e com segundas intenções. Cf. as páginas 15, 18, 19, 20, 22 e 24.

CAPÍTULO V – UMA RÉPLICA ÀS CRÍTICAS

Em *The Concept of Law*, respondendo em parte aos pontos que fiz em nossa conversa de 1958, Hart indicou sua aceitação da proposição de que, para trazer o Direito à existência, deve haver algum respeito mínimo pelo que "os advogados definem como princípios de legalidade".[192] De maneira semelhante, Cohen escreve:

> Os "cânones" de Fuller são um começo tolerável na produção de um conjunto de condições necessárias para a presença de um sistema jurídico (moderno). Pode-se questionar a lista de Fuller, mas não pode haver dúvida que alguma lista desse tipo esteja correta.[193]

Dworkin apresenta o assunto da seguinte maneira: "aceito a conclusão de Fuller de que seja necessário algum grau de conformidade com os oito cânones para elaborar (ou tão importante quanto, para aplicar) qualquer lei, mesmo as leis ruins".[194] Summers é mais cauteloso: "pelo menos alguns dos oponentes [de Fuller] não negariam que, se quisermos ter lei, devemos ter alguma conformidade com [seus] 'princípios da legalidade'".[195]

Meus quatro críticos, então, não aceitam a doutrina kelseniana da Identidade do Direito e do Estado; eles não entendem que qualquer coisa – mesmo um grunhido ou um gemido – seja lei, desde que venha de uma fonte identificada pela Norma de Reconhecimento; eles compartilham do seguinte entendimento: para que o que emana dessa fonte possa ser chamado de lei, deve,

---

[192] HART, Herbert L. A. *The Concept of law*. Nova York: Oxford University Press, 1961, p. 202.

[193] COHEN, Marshall. "Law, morality and purpose". *Villanova Law Review*, vol. 10, n° 4, 1965, p. 648.

[194] DWORKIN, Ronald. "Philosophy, Morality, and Law: observations prompted by Professor Fuller's Novel Claim". *University of Pennsylvania Law Review*, vol. 113, 1965, p. 669.

[195] SUMMERS, Robert S. "Professor Fuller on morality and law". *Journal of Legal Education*, vol. 18, n° 1, 1965, p. 25.

antes, estar em conformidade com certos padrões que permitirão o funcionamento da lei de maneira significativa na vida dos homens.

Sobre essa questão geral, então, o entendimento entre mim e meus críticos parece, pelo menos em termos, completo. Até que ponto essa aparente concordância oculta diferenças subjacentes não pode, infelizmente, ser respondida sem algum recurso ao conceito proibido de propósito; devemos perguntar, de outra maneira, *para qual finalidade* o Direito está sendo definido de forma que ele não possa "existir" sem algum respeito mínimo pelos princípios da legalidade? Receio que, ao prosseguirmos nessa investigação, descobriremos que tanto eu como meus críticos temos respostas bem diferentes para essa questão do "porquê". No momento, entretanto, adiarei essa investigação, que encontrará um ambiente mais apropriado em meu próximo capítulo.

Enquanto isso, gostaria de explorar brevemente um aspecto colateral levantado por Dworkin. Esse aspecto se assenta na sua afirmação de que a existência da lei não pode ser uma questão de graduação; a lei existe ou não existe, não pode existir pela metade. "Alguns princípios quase sempre são uma questão de medida (a calvície é um exemplo)", mas o Direito não se encaixa nessa categoria. Se quisermos falar sobre a existência e não existência do Direito, devemos "graduar até certo ponto o seu conceito", estabelecendo uma espécie de "limiar" que marcará a linha entre o que é Direito e o que não é.[196] Quando, por meio de uma deterioração do respeito do Estado pela legalidade, a lei ultrapassa esse limite, ela deixa de existir de uma vez; de outra maneira, a lei não apenas some, e, sim, desaparece completamente.

Dworkin não tenta explicar por que razão isso acontece – por que, em sua opinião, um homem pode ser meio calvo, mas um

---

[196] DWORKIN, Ronald. "Philosophy, Morality, and Law: observations prompted by Professor Fuller's Novel Claim". *University of Pennsylvania Law Review*, vol. 113, 1965, pp. 677-678.

CAPÍTULO V – UMA RÉPLICA ÀS CRÍTICAS

país não pode ser governado por um sistema que tenha leis pela metade. Suspeito que a distinção feita por Dworkin é tacitamente extraída dos usos da linguagem comum. Na linguagem comum, a palavra "lei" é, de fato, um termo que contempla opções; nesse sentido, contrasta mesmo com um termo tão próximo quanto a palavra "justiça". Considere, por exemplo, estas duas afirmações: "o ato que você propõe poderia ser um pouco injusto" e "o ato que você propõe seria um pouco ilegal". A segunda frase está permeada com um inevitável tom de ironia, que não está presente, ou não se apresenta na mesma intensidade, na primeira frase. Estamos habituados a pensar em justiça como algo difícil de definir; não nos intimidamos em reconhecer abertamente que seus limites possam ser obscuros e incertos. A palavra "lei", por outro lado, está imbuída de uma tendência binária "preto e branco". Entendendo a lei como algo feito pelo homem, presumimos – e a suposição molda nosso uso das palavras – que, se apenas nos esforçarmos o suficiente na tarefa, seremos capazes de definir com exatidão o que é lícito e o que não é. Os usos da linguagem, com efeito, explicitam a solução de não relaxar nesse esforço. Podemos saber perfeitamente bem que uma determinada lei é tão vagamente traçada que é impossível determinar exatamente onde estão seus limites, mas nossa maneira de falar sobre o assunto normalmente continuará a ser em termos binários. E isso não se aplica apenas à legalidade ou ilegalidade dos atos, mas à "existência" de um sistema jurídico como um todo.

Para ser justo com Dworkin, devo dizer que ele parece não levar a sério seu próprio argumento, embora não hesite em me acusar de um "erro" em não reconhecer a diferença essencial entre calvície e legalidade. De qualquer forma, nem os ditames da linguagem comum nem as insistências da Nova Jurisprudência Analítica devem causar qualquer inconveniente sério; se alguém deseja evitar dizer que a lei do país A é mais verdadeira do que a do país B, pode simplesmente afirmar que o governo de A demonstra um maior respeito pelos princípios de legalidade do que o governo de B. Dirigindo-se a um público que teve sua tolerância para metáforas e oxímoros reduzida por meio da exposição à filosofia da linguagem comum, o curso da prudência indica que seria preferível escolher a segunda e mais rotineira forma de expressão.

5.3 Os princípios da legalidade constituem uma "moralidade interna do Direito"?

O título do meu segundo capítulo, "A moralidade que torna o Direito possível", consiste em uma tese que meus quatro revisores consideram totalmente inaceitável. Na tentativa de responder às suas críticas, evitarei qualquer escalada em relação a polêmicas, pois o nível de confronto em relação a essa questão já é desconfortavelmente alto. "Com segundas intenções", "absurdo", "bizarro", "grotesco" – são alguns dos termos considerados necessários por meus críticos para caracterizar minha tese de que existe algo como uma moralidade interna do Direito.

De acordo com meus quatro críticos, a noção de uma moralidade interna do Direito traz uma confusão básica entre eficácia e moralidade. Algum respeito pelos oito princípios da legalidade é essencial para que a lei seja eficaz, mas isso não significa que esses princípios sejam de natureza moral, assim como não é uma questão de moralidade manter um prego bem posicionado para acertá-lo. Você não irá pregar um prego corretamente se não o posicionar direito e, da mesma forma, você não chegará a um sistema jurídico efetivo a não ser que preste atenção ao que chamei de princípios da legalidade. Nenhum desses exercícios de prudência comum tem qualquer coisa a ver com a moralidade.

Eis a argumentação de meus críticos. Eles não estão contentes, todavia, com qualquer comparação prosaica tal qual a proporcionada pelo ato de pregar pregos. Em vez disso, afirmam que, se existe algo como uma moralidade interna em relação a legislar e a administrar leis, então, deve haver também uma moralidade interna mesmo nas atividades humanas mais desonrosas e censuráveis.

CAPÍTULO V – UMA RÉPLICA ÀS CRÍTICAS

Cohen questiona se há um lapso na moralidade quando um suposto assassino se esquece de carregar sua arma;[197] Dworkin levanta uma questão semelhante sobre uma tentativa inepta de chantagem.[198] Como de costume, Hart é ao mesmo tempo o mais eloquente e o mais explícito dos meus críticos:

> A insistência do autor em classificar esses princípios de legalidade como uma "moralidade" é uma fonte de confusão para ele e seus leitores. (...) a objeção crucial à designação desses princípios de boa prática jurídica como moralidade, apesar da qualificação "interna", é que isso perpetra uma confusão entre duas noções que necessariamente devem ser separadas: as noções de atividade intencional e de moralidade. O envenenamento é, sem dúvida, uma atividade intencional, e as reflexões sobre sua finalidade podem mostrar que essa atividade tem seus princípios internos. ("Evite venenos, mesmo que sejam letais, se eles fizerem com que a vítima vomite" ou "evite venenos, mesmo que sejam letais, se sua forma, cor ou tamanho puderem chamar a atenção"). Mas chamar os princípios da arte do envenenador de "a moralidade do envenenamento" simplesmente confundiria a distinção entre a noção de eficiência por um propósito e aqueles julgamentos finais sobre atividades e propósitos com os quais a moralidade, em suas várias formas, está preocupada.[199]

Devo confessar que a princípio, essa linha de argumentação chamou minha atenção por ser tão bizarra, e até perversa, que não merecia uma resposta. A reflexão, entretanto, me convenceu de

---

[197] DWORKIN, Ronald. "Philosophy, Morality, and Law: observations prompted by Professor Fuller's Novel Claim". *University of Pennsylvania Law Review*, vol. 113, 1965, p. 651.

[198] DWORKIN, Ronald. "Philosophy, Morality, and Law: observations prompted by Professor Fuller's Novel Claim". *University of Pennsylvania Law Review*, vol. 113, 1965, p. 634.

[199] HART, Herbert L. A. "The Morality of Law review". *Harvard Law Review*, vol. 78, 1965, pp. 1285/1286.

que eu estava errado nisso. Da maneira como vejo o assunto agora, nenhuma questão na conversa entre mim e meus críticos revela mais claramente os pressupostos tácitos que cada lado traz para o debate; levar a sério esse argumento de que a alegada moralidade interna do Direito é meramente uma questão de eficácia ajudou-me a esclarecer não apenas os "pontos de partida" não articulados de meus críticos, mas também os meus próprios.

Que aqui esteja envolvido algo mais básico do que qualquer jogo de palavras sobre a palavra "moralidade" fica aparente quando percebemos a obscuridade fundamental na posição de meus críticos. O que eles têm em mente quando falam de eficácia? Não é difícil entender o que significa eficácia quando você está tentando matar um homem com veneno; se ele morrer, você teve sucesso; se ele ainda estiver vivo e for capaz de contra-atacar, você falhou. Mas como aplicamos a noção de eficácia à criação e administração de algo tão complexo quanto um sistema jurídico inteiro? Deixe-me apresentar um exemplo tirado da história recente da União Soviética que sugere algumas das dificuldades envolvidas na resposta a essa pergunta.

No início da década de 1960, o problema dos crimes econômicos (incluindo transações ilegais em moedas estrangeiras) havia aparentemente atingido tais proporções na Rússia que as autoridades soviéticas decidiram pela necessidade de contramedidas drásticas. Assim, em maio e julho de 1961, leis foram aprovadas para estabelecer pena de morte para tais crimes.

Essas leis foram então aplicadas retrospectivamente, e os homens condenados foram sentenciados à morte por atos que, embora não fossem legais quando cometidos, não eram sujeitos à pena de morte. O objetivo das autoridades soviéticas era obviamente fazer com que as pessoas parassem de roubar do Estado. Teria sido a aplicação retroativa da pena de morte "ineficaz" para esse propósito? Um dos problemas do Direito Penal é explicar ao criminoso em potencial que você não está envolvido em um jogo

CAPÍTULO V – UMA RÉPLICA ÀS CRÍTICAS

de ameaças não fundadas. Será que existe forma mais efetiva de transmitir essa mensagem do que a aplicação retroativa de uma penalidade criminal? O próprio fato de marcar um distanciamento drástico da prática comum é, com efeito, uma garantia do comprometimento do legislador. No entanto, havia russos incomodados com essa ação das autoridades, como relata meu colega Harold Berman na seguinte citação:

> Perguntei a um importante jurista soviético se ele poderia explicar a decisão da Suprema Corte da República Russa ao aplicar retroativamente a lei de julho – em clara violação, a mim pareceu, aos Princípios Fundamentais de Processo Penal de 1958. Ele respondeu: "nós, advogados, não gostamos disso" – uma declaração tão interessante tanto por "nós, advogados" quanto por "não gostamos disso".[200]

Ora, é razoável supor, creio eu, que o advogado soviético não estava afirmando que a ação das autoridades era uma medida não efetiva para combater o crime econômico. Ele estava dizendo que envolvia uma relativização do princípio, um enfraquecimento da integridade da lei. Como Berman observa com referência a essa conversa: "são os advogados que melhor entendem, talvez, a integridade da lei, a universalidade dos padrões legais – em outras palavras, a ameaça à legalidade em geral que é representada por qualquer violação particular da legalidade".[201]

Nesse ponto, posso imaginar meus críticos puxando minha manga: "ah, mas você entendeu mal o que queríamos dizer com eficácia. Não tínhamos em mente a eficácia de curto prazo para atender a alguma emergência passageira. A ação dos russos

---

[200] BERMAN, Harold J. "The Struggle of Soviet jurists against a return to Stalinist terror". *Slavic Review*, vol. 22, 1963, p. 315.

[201] BERMAN, Harold J. "The Struggle of Soviet jurists against a return to Stalinist terror". *Slavic Review*, vol. 22, 1963, p. 320.

enfraqueceu a eficácia da lei porque tendeu a minar a confiança do público nas leis em geral e reduziu o incentivo para obedecê-las. Conseguiu um ganho imediato ao custo de um dano causado à instituição do Direito em geral". Mas, claramente, se meus críticos começarem a expandir a noção de eficácia nessa direção, eles logo se verão perdidos em relação à fronteira que estabeleceram tão meticulosamente para distinguir moralidade de eficácia. Eles são propensos a se colocarem na situação daqueles que tentam converter toda a moralidade em egoísmo iluminado e que acabam com tanta clareza, e tão pouco egoísmo, que eles poderiam ter evitado uma boa dose de problemas simplesmente falando sobre moralidade em primeiro lugar.

Não penso, portanto, que, ao discutir os problemas de legalidade, qualquer junção útil de questões seja alcançada opondo-se a eficácia à moralidade; seguramente, nada foi alcançado que justifique tratar o uso da palavra "moralidade" nesse contexto como um exercício obscuro. Na realidade, o apelo à "eficácia" não reside em qualquer certeza de seu significado, mas no resistente soar, no sabor positivista da palavra; sugere um observador atento e orientado para o resultado, não enganado facilmente por conceitos de propósito confusos. Dito de outra forma, a preferência de meus críticos pela "eficácia" em relação à "moralidade" reflete a influência de soluções mentais profundamente arraigadas e na maioria das vezes não articuladas em detrimento de quaisquer conclusões fundamentadas sobre uma questão específica.

Sendo assim, enfrento a tarefa árdua de demonstrar que a rejeição de meus críticos a uma moralidade interna do Direito repousa em premissas que eles próprios não expressaram em seus escritos. Entretanto, deixo claro que não pretendo explorar preconceitos emocionais não declarados; meus esforços repousam em questões do intelecto, em exploração de uma estrutura implícita que molde o modo de pensar de meus críticos. Se suas conclusões não implicarem as premissas que lhes atribuo, eles têm a liberdade de me corrigir.

CAPÍTULO V – UMA RÉPLICA ÀS CRÍTICAS

Continuando nessa tarefa, percebo *duas* suposições subjacentes à rejeição de meus críticos em relação à "moralidade interna do Direito". A *primeira* delas é a crença de que a existência ou a não existência da lei é, do ponto de vista moral, uma questão de indiferença. A *segunda* é uma suposição que eu já descrevi como uma característica do positivismo jurídico em geral. Essa é a suposição de que a lei deve ser entendida não como o produto de uma interação de orientações objetivas entre o cidadão e o Estado, mas como uma projeção unilateral da autoridade, originária do Estado e que se impõe ao cidadão.

Fica claro que, na literatura do positivismo jurídico, a prática comum é examinar longamente as relações entre o Direito e a moral. No que tange à influência da moral sobre o Direito, é comum apontar que as concepções morais podem guiar a legislação, oferecer padrões para a crítica ao Direito existente e podem ser devidamente levadas em consideração na interpretação do Direito. O tratamento da influência inversa – ou seja, do Direito em relação à moralidade – é geralmente mais escasso, limitando-se principalmente à observação de que as normas jurídicas há muito estabelecidas tendem, por meio de uma espécie de condicionamento cultural, a ser consideradas moralmente corretas.

O que geralmente falta nesses relatos é algum reconhecimento do papel que as normas jurídicas desempenham no sentido de tornar possível a realização efetiva da moralidade no comportamento real dos seres humanos. Os princípios morais não podem funcionar em um vazio social ou em uma guerra de todos contra todos. Viver uma vida boa requer algo mais do que boas intenções, ainda que elas sejam compartilhadas; requer o apoio de linhas de base firmes para a interação humana, algo que – pelo menos na sociedade moderna – apenas um sistema jurídico sólido pode fornecer.

"Não pegue para si o que pertence a outrem" é um exemplo de preceito moral trivial que pode ser encontrado nos livros. Mas como decidimos o que pertence a outra pessoa? Para responder a essa pergunta, não recorremos à moral, mas ao Direito. Em alguns contextos, podemos, é claro, falar de maneira significativa sobre o direito moral de uma pessoa em relação a alguma propriedade. Por exemplo, uma mãe com problemas de saúde tem duas filhas. Uma delas renuncia ao casamento e se dedica por muitos anos a cuidar da genitora inválida; a outra se recusa egoisticamente a se aproximar de sua mãe ou a contribuir com qualquer coisa para cuidar dela. Com a morte da mãe, verifica-se que ela não deixou testamento; segundo a lei, as duas filhas têm direito a suceder igualmente aos parcos bens da mãe. Aqui podemos dizer que a filha fiel tem direito moral a todos os bens, embora a lei os distribua de maneira igualitária. Com efeito, em decisões dos tribunais superiores envolvendo situações tais como essa que acabo de descrever, um empecilho no processo judicial pode frequentemente ser claramente discernido, e interpretações duvidosas sobre os fatos e em relação à lei, por vezes, são toleradas para contemplar a filha merecedora com aquilo que ela deveria ter. Ao mesmo tempo, é evidente que nenhuma sociedade poderia funcionar com base no princípio "que toda propriedade seja repartida de acordo com a justiça moral". De forma que o preceito moral "não pegue aquilo que pertence ao outro" deve necessariamente basear-se em padrões emprestados do Direito; sem esse suporte, não poderia atingir a realidade na condução dos assuntos humanos.

Novamente, todos concordariam, suponho, que a instituição do casamento tem implicações morais – na verdade, muitas delas. Mas essa instituição dificilmente pode funcionar – em termos morais ou legais – sem alguma norma bastante definida que nos permita saber quando o estado de casado existe. Um exemplo tirado do capítulo V, "The Eskimo: rudimentary law in a primitive anarchy", da obra de Hoebel, pode servir no presente caso.[202] Parece que entre os esquimós o conceito de casamento existe, mas faltam

---

[202] HOEBEL, E. Adamson. *The Law of primitive man*. Toronto: McCelland & Stewart, 1954, pp. 83-85.

CAPÍTULO V – UMA RÉPLICA ÀS CRÍTICAS

sinais claros "que possam demarcar o início e o fim de um relacionamento conjugal". O resultado é que o que determinado homem enxerga como uma disputa justa por favores femininos, o outro pode ver como uma invasão adúltera de sua casa; nas palavras de Hoebel, "não há dispositivos culturais que sinalizem o casamento de uma forma que afaste os transgressores". Consequentemente, a sociedade dos esquimós é permeada por um número de brigas violentas que se originam do ciúme sexual, e essas brigas resultam em uma taxa alta de homicídios. Obviamente, a solução aqui não é encontrada em orações, mas em alguma medida legislativa expressa que irá definir e estabelecer limites visíveis em relação à relação marital. Os esquimós simplesmente carecem do mecanismo social necessário para alcançar esse objetivo; pode-se afirmar que a consequente inexistência da lei necessária empobrece seriamente a qualidade de suas vidas.

Portanto, quando falamos da "neutralidade moral da lei", não estamos nos referindo a que a existência e a administração consciente de um sistema jurídico não estejam relacionadas com a realização de objetivos morais nos assuntos da vida. Se o respeito pelos princípios de legalidade é essencial para criar tal sistema, então, com certeza, não parece absurdo sugerir que esses princípios constituem uma moralidade especial de função ligada ao cargo de legislador e administrador de leis. Em qualquer caso, as responsabilidades desse cargo merecem uma comparação mais lisonjeira do que a oferecida pelas práticas do envenenador pensativo e consciente, que nunca se esquece de rasgar o rótulo do químico antes de entregar a garrafa à sua vítima.

Considerar que a existência ou inexistência da lei é indiferente moralmente é supor que os preceitos morais têm o mesmo significado independentemente do contexto social nos quais estão projetados.

Isso ilustra o que eu descrevi antes como uma abstração da dimensão social; isso confere à expressão uma reprovação em relação aos fenômenos de interação característicos do pensamento positivista. Com isso em mente, surge abertamente a segunda presunção subjacente à rejeição de meus críticos à noção de moralidade interna do Direito. Esse é a presunção de que a realidade essencial do Direito é percebida quando pensamos nela como uma projeção de autoridade originária do Estado e imposta ao cidadão. Considerando que essa presunção é compartilhada pelo senso comum sem reflexão e que ela encontra um reconhecimento tácito no uso comum da linguagem, será interessante examinar com algum detalhamento o que há de errado nela.

Deixe-me começar colocando em oposição as duas formas de ordem social comumente confundidas. Uma delas é a *diretriz gerencial*, a outra, o *Direito*. Ambas envolvem o sentido e o controle da atividade humana; ambas implicam subordinação à autoridade. Um amplo vocabulário é compartilhado pelas duas formas: "autoridade", "determinações", "controle", "jurisdição", "obediência", *"compliance"*, "legitimidade" – esses são apenas alguns termos cuja utilização por ambas as formas causa confusão.

De maneira geral e resumida, a diferença entre as duas formas de ordem social devem ser mais ou menos assim: as diretrizes emitidas em um contexto de gestão são *aplicadas* pelos subordinados de maneira a servir o propósito estabelecido pelo seu superior. O cidadão que cumpre a lei, por outro lado, não obedece às normas jurídicas para servir aos fins específicos estabelecidos pelo legislador, mas *segue* essas normas na condução de suas próprias tarefas, os interesses que ele presume atender quando segue as normas jurídicas da sociedade em geral. As diretrizes de um sistema gerencial regulam principalmente as relações entre o subordinado e seu superior e apenas colateralmente as relações do subordinado com terceiros. As normas de um sistema jurídico, por outro lado, normalmente servem ao objetivo primordial de estabelecer as relações do cidadão com outros cidadãos e apenas de forma colateral suas relações com o rol de autoridades de onde as normas emanam. (Embora, às vezes, pensemos no Direito Penal como aquele que define os deveres do cidadão em relação ao Estado, sua função

CAPÍTULO V – UMA RÉPLICA ÀS CRÍTICAS

principal é fornecer um quadro sólido e estável para as interações dos cidadãos uns com os outros).

O relato aqui trazido poderia dar ensejo a expansões e suportar muita expansão e qualificação; as duas formas de ordenação social se apresentam em muitas formas mistas, ambíguas e distorcidas na realidade. Para nossos propósitos atuais, no entanto, tentaremos esclarecer a diferença essencial entre elas, pressupondo o que pode ser chamado de "tipos ideais". Prosseguiremos indagando que implicações os oito princípios da legalidade (ou análogos deles) têm para um sistema de direção gerencial em comparação com suas implicações para uma ordem jurídica.

Agora, cinco dos oito princípios estão bastante adaptados em um contexto gerencial. Se o superior pretende assegurar o que quer através da instrumentalização dos subordinados, ele deve, antes de tudo, comunicar seus desejos, ou "promulgá-los", para que o subordinado tenha a chance de saber o que eles são, por exemplo, postando-os em um quadro de avisos. Suas diretrizes também devem ser razoavelmente claras, livres de contradição, possíveis de serem executadas e não alteradas com frequência a ponto de frustrar os esforços do subordinado de agir em conformidade com elas. O descuido em relação a esses assuntos pode prejudicar seriamente a "eficácia" do empreendimento gerencial.

E os outros 3 princípios? Em relação à exigência de generalidade, isso se torna simplesmente uma questão de percepção em um contexto gerencial. Na prática, o controle gerencial normalmente é alcançado por diretrizes permanentes que aliviarão o superior de ter que dar uma direção a cada passo para o desempenho de seu subordinado. Mas o subordinado não tem justificativa para reclamar se, em um caso específico, o superior o orienta a desviar dos procedimentos prescritos por alguma ordem geral. Significa, por sua vez, que, em uma relação gerencial, não há espaço para um princípio formal exigindo que as ações do superior estejam em conformidade com as normas que ele próprio anunciou; nesse contexto, o princípio da "congruência entre a ação oficial e a norma posta" perde sua relevância. Quanto ao princípio contra a retroatividade, o problema simplesmente não aparece; nenhum gerente em sã consciência iria pedir que, hoje, seu subordinado fizesse algo em seu nome ontem.

A partir da breve análise apresentada, é evidente que a relação gerencial se encaixa confortavelmente no quadro de uma projeção de autoridade unidirecional. Na medida em que os princípios da legalidade (ou, talvez eu deva dizer, seus análogos gerenciais) sejam aplicados aqui, eles são de fato "princípios de eficácia"; são instrumentos para alcançar finalidades superiores. Isso não significa que os elementos de interação ou de reciprocidade estejam sempre ausentes em uma relação gerencial. Se o superior habitualmente sobrecarrega aqueles sob sua direção, com muita frequência confunde os subordinados pela mudança de sinais, ou falsamente os acusa de desobedecer a instruções que eles de fato seguiram fielmente, a moral de seus subordinados sofrerá, e eles podem não fazer um bom trabalho para ele; na verdade, se sua falta de consideração for muito longe, os subordinados podem acabar abandonando o emprego, ou se revoltando abertamente contra o superior. Mas essa reciprocidade tácita de razoabilidade e controle é algo colateral para manter a relação daquele que emite a ordem e aquele que executa a ordem.

Em um sistema jurídico, o assunto se posiciona de um modo um pouco diferente, pois aí a existência de uma reciprocidade relativamente estável das expectativas entre legislador e sujeito faz parte da própria ideia de uma ordem jurídica em funcionamento. Para entender por que e em que sentido isso é verdade, é essencial continuar nosso exame sobre as implicações dos oito princípios, voltando-nos agora para suas implicações em um sistema jurídico. Embora os princípios da legalidade sejam, em grande medida, interdependentes, ao se distinguir o Direito da direção gerencial, o princípio fundamental é aquele descrito por mim como "congruência entre ação oficial e norma posta".

CAPÍTULO V – UMA RÉPLICA ÀS CRÍTICAS

Não há dúvida de que a própria essência do Estado de Direito é que, ao agir sobre o cidadão (colocando-o na cadeia, por exemplo, ou declarando inválido um documento sob o qual ele reivindica o título de propriedade), um Estado aplicará fielmente normas previamente declaradas como aquelas a serem seguidas pelo cidadão e como determinantes de seus direitos e deveres. Se o Estado de Direito não significa repetição, não significa nada. A aplicação fiel das normas implica, por sua vez, que as normas terão a forma de declarações gerais; faria pouco sentido, por exemplo, se, hoje, o Estado promulgasse uma lei especial por meio da qual Jones devesse ser preso e, assim, amanhã, seguindo "fielmente" essa "norma", efetivamente o prendesse na cadeia. Além disso, se a lei pretende permitir que um homem conduza seus próprios assuntos sujeitos a uma obrigação de observar certas restrições impostas por uma autoridade superior, isso significa que ele não será informado sobre o que fazer a cada momento; a lei fornece uma linha de base para a ação autodirecionada, não um conjunto detalhado de instruções para a atingimento de objetivos específicos.

Os princípios congêneres da generalidade e da adesão fiel do Estado às suas próprias normas postas não podem ser entendidos como meros conselhos consultivos. Isso decorre da diferença básica entre Direito e direção gerencial; a lei não é, como a gestão, uma questão de orientar outras pessoas sobre como cumprir tarefas definidas por um superior, mas é basicamente uma questão de fornecer aos cidadãos um quadro sólido e estável para suas interações entre si; o papel do Estado é se manter como guardião da integridade desse sistema.

Eu já disse anteriormente que o princípio contra a criação de normas retroativas não tem significado em um contexto de direção gerencial simplesmente porque nenhum gestor em seu juízo perfeito seria tentado a direcionar seu subordinado hoje a fazer algo ontem. Por que as coisas são diferentes em um sistema legal? A resposta é, creio eu, um tanto quanto complexa e, ao mesmo tempo, útil para o aclaramento que lança sobre as diferenças entre direção gerencial e Direito.

O primeiro ingrediente da explicação está no conceito de legitimação. Se A pretende dar ordens a B, ou estabelecer normas para sua conduta, B pode querer saber a que título A reivindica o poder de exercer a direção sobre a conduta de outras pessoas. Esse é o tipo de problema que Hart tinha em mente na formulação de sua Norma de Reconhecimento. Trata-se de um problema compartilhado pela legislação e pela direção gerencial, podendo-se dizer que envolve um princípio de legitimação *externa*. Mas o Estado de Direito exige um Estado que também legitime suas ações em relação aos cidadãos por um padrão *interno*. Essa norma exige que, dentro da área abrangida pela lei, os atos do Estado em relação ao cidadão estejam de acordo com (isto é, sejam autorizados ou validados por) normas gerais previamente declaradas pelo próprio Estado. Assim, pode-se dizer que um Estado regido por leis realizará uma validação interna de seus atos por um exercício de seu próprio Poder Legislativo. Se um exercício prévio desse poder pode efetuar essa validação, é fácil acreditar de que a mesma validação pode ser realizada retroativamente.

O que acaba de ser dito pode explicar por que a legislação retroativa não é rejeitada, à primeira vista, como totalmente sem sentido. Não explica, no entanto, por que a legislação retroativa pode, em alguma instância, realmente servir à causa da legalidade. Para entender o porquê disso, é preciso lembrar que, no Estado de Direito, o controle sobre as ações do cidadão é realizado não por comandos específicos, mas por normas *gerais* que expressam o princípio segundo o qual deve ser dado tratamento semelhante para casos semelhantes. Agora, abusos e percalços nas operações de um sistema jurídico podem prejudicar esse princípio e exigir a legislação retroativa como uma solução. A norma retroativa não pode servir de base para as interações dos cidadãos entre si, mas pode servir para solucionar violações ao princípio segundo o qual casos semelhantes devem ter tratamento semelhante. Eu dei exemplos

CAPÍTULO V – UMA RÉPLICA ÀS CRÍTICAS

disso no meu segundo capítulo. Como exemplo adicional, pode-se imaginar uma situação em que um novo diploma legal, mudando a lei, é promulgado, e a notificação dessa lei é transmitida a todos os tribunais do país, exceto aqueles na *Província X*, onde, por conta de alguma falha de comunicação, os tribunais permanecem desinformados sobre a mudança. Os tribunais dessa província continuam a aplicar a lei antiga; os demais decidem os casos pela nova lei. O princípio de que aos casos semelhantes deve ser dado tratamento semelhante é seriamente infringido, e a única solução (na melhor das hipóteses envolvendo uma escolha entre as piores) pode estar na legislação retroativa.[203] Claramente, problemas desse tipo não podem surgir em um contexto gerencial, uma vez que a direção gerencial não é, em princípio, exigida para agir por norma geral e não tem ocasião para legitimar ordens específicas, no sentido de que elas estejam em conformidade com as normas gerais previamente anunciadas.

Já observamos que, em um contexto gerencial, é difícil perceber qualquer coisa além dos conselhos consultivos nos princípios remanescentes da legalidade – aqueles que exigem que as normas ou ordens sejam promulgadas, sejam claras quanto ao sentido, não sejam contraditórias, sejam de observância possível e não sujeitas a mudanças muito frequentes. Aquele que pensa o Direito como um modelo gerencial irá presumir, via de norma, que esses cinco princípios mantêm o significado para o Direito. Isso é particularmente verdade quando se pretende a clareza. Pode-se perguntar que motivo, além de puro desleixo, levaria um legislador a deixar suas promulgações vagas e indefinidas em sua cobertura?

A resposta é que há motivos bastante compreensíveis que o motiva nessa direção. O Estado deseja que suas leis sejam claras o suficiente para serem obedecidas, mas também quer preservar

---

[203] Em FULLER, Lon L. *Anatomy of the Law*. Nova York: Praeger, 1968, pp. 14/15, dei um exemplo histórico de legislação retroativa (e "especial") destinada a curar um afastamento judicial da legalidade.

sua liberdade de lidar com situações cuja previsão seria impossível quando a lei é promulgada. Ao publicar uma lei penal, o Estado não somente estabelece uma diretriz ao cidadão; também impõe uma norma para ele mesmo, delimitando suas competências para lidar com uma área específica da conduta humana. A frouxidão da lei penal pode reduzir a chance que tem o cidadão de saber o que é esperado dele, mas aumenta o poder do Estado de lidar com maneiras de mau comportamento que não podem ser previstas antecipadamente. Se olharmos a matéria puramente em termos de "eficácia" no atingimento de propósitos do Estado, pode-se falar de um tipo de posição ótima entre a certeza de cobertura desnecessariamente restritiva do poder de decisão do Estado e a vagueza tão pronunciada que não só não amedrontará o cidadão em relação a uma área de conduta não desejável, mas também retira do diploma seu poder de legitimar a ação tomada de acordo com ele.

Argumentos opostos desse tipo tornam-se mais visíveis em um contexto burocrático onde o homem negocia, em alguma medida, face a face. Quase sempre a direção gerencial vem acompanhada por e interligada com sistemas jurídicos mais concisos que afetam questões tais como disciplina e privilégios especiais. Nesse contexto, um lugar comum da observação sociológica é o de que aqueles que ocupam postos de autoridade sempre irão resistir não apenas quanto a clarificar as normas, mas até mesmo em relação à sua efetiva publicação. O conhecimento das normas e a liberdade de interpretá-las para que o caso em questão possa se subsumir a elas são fontes importantes de poder. Um aluno desse campo até mesmo concluiu que a "tolerância das práticas ilícitas normalmente aumenta o poder de controle dos superiores, por mais paradoxal que isso possa parecer".[204] Ela aumenta o poder dos superiores, obviamente, por lhes proporcionar uma oportunidade de obter gratidão e lealdade por meio da concessão de absolvições, ao mesmo

---

[204] BLAU, Peter M. *The Dynamics of bureaucracy*. 2ª ed. Chicago: University of Chicago Press, 1963, p. 215.

CAPÍTULO V – UMA RÉPLICA ÀS CRÍTICAS

tempo que os deixa livres para visitar o inteiro rigor da lei sobre aqueles que consideram ser necessário alinhar. Essa liberdade de ação bem-vinda não seria sua se eles não pudessem indicar as normas que dão significado às suas ações; não se pode, por exemplo, perdoar a violação de uma norma, a menos que haja uma norma a ser violada. Isso não significa, entretanto, que a norma deva ser isenta de obscuridade, amplamente divulgada ou aplicada de maneira consistente. Na verdade, qualquer uma dessas condições pode restringir a apreciação do homem que está no controle – uma apreciação da qual pode derivar não apenas um senso de poder pessoal, mas também um senso, talvez não totalmente perverso, de servir bem ao empreendimento do qual ele é parte.

Pode parecer que nos processos mais amplos e impessoais de um sistema jurídico nacional ou estadual faltaria qualquer impulso para deformações ou acomodações do tipo que acabamos de sugerir. Isso está longe de ser o caso. Deve-se lembrar, por exemplo, que, ao se elaborar qualquer norma, em especial no campo penal e da regulação econômica, parece haver um desconforto entre aqueles que querem preservar um espaço de liberdade mais amplo para ação do Estado e aqueles cuja preocupação primária é fazer com que o cidadão saiba precipuamente onde ele se situa. Ao se confrontar esse tipo de problema, existe espaço em casos semelhantes para diferenças de opinião honesta, mas podem surgir problemas intensos de consciência que tocam a integridade básica do processo legal. Em grandes áreas de ação governamental, uma questão fulcral pode ser levantada: se não há uma hipocrisia prejudicial e corrosiva em fingir agir de acordo com as normas preestabelecidas quando, em verdade, as funções exercidas são essencialmente gerenciais e, por essa razão, demandam – e, em uma inspeção atenta, exibem – uma resposta sem normas às mudanças de condições.

O que acaba de ser dito pode oferecer apenas uma visão temporária dos dilemas e das responsabilidades e tentações enfrentadas por aqueles preocupados com a criação e administração de leis. Esses problemas são compartilhados por legisladores, juízes, promotores, secretário da pasta, aquele que assegura o cumprimento de decisão judicial, supervisor patrimonial e uma série de outros funcionários, incluindo, acima de tudo, o policial em patrulha a pé. Tentar reduzir esses problemas a questões de "eficácia" é banalizá-los além de seu reconhecimento.

Por que, então, meus críticos estão tão empenhados em manter a visão de que os princípios de legalidade representam nada mais do que máximas de eficiência para a realização de objetivos governamentais? A resposta é simples. Os principais ingredientes de sua análise não são retirados do Direito, mas do que aqui se chamou de direção gerencial. Procura-se em vão em seus escritos qualquer reconhecimento do princípio básico do Estado de Direito – que os atos de uma autoridade legal em relação ao cidadão devem ser legitimados ao serem apresentados nos termos de uma declaração anterior de normas gerais.

Essa omissão é evidente em todo *The Concept of Law*, de Hart. Seu único tratamento extenso do princípio de generalidade, por exemplo, parece claramente inspirado no modelo gerencial:

> Mesmo em uma sociedade grande e complexa como a de um Estado moderno, há ocasiões em que um funcionário, cara a cara com um indivíduo, lhe ordena que faça algo. Um policial ordena a um determinado motorista que pare ou a um determinado mendigo que siga em frente. Mas essas situações simples não são, e não poderiam ser, a forma padrão em que a lei funciona, apenas porque nenhuma sociedade poderia suportar o número de funcionários necessários para garantir que cada membro da sociedade tenha sido oficialmente e separadamente informado de cada ato que fora obrigado a fazer. Em vez disso, tais formas particularizadas de controle são ou excepcionais ou reforços de formas gerais de direção que não nomeiam, não são

CAPÍTULO V – UMA RÉPLICA ÀS CRÍTICAS

dirigidas a indivíduos particulares e não indicam um ato particular a ser realizado.[205]

Outros comentários de Hart sobre o princípio da generalidade, embora menos explícitos, de forma alguma qualificam a afirmação que acabamos de citar.[206] Todos eles giram em torno de oferecer "instrumentos de controle social" e possibilitar "o controle social como uma função".

No que diz respeito ao que chamei de princípio que exige "congruência entre a ação oficial e a norma promulgada, os comentários de Hart novamente se referem ao problema de conseguir "controle efetivo" sobre as ações do cidadão; diz-se que a falha desse controle é ilustrada quando a lei penal é tão frouxamente aplicada que o público acaba por ignorá-la.[207] A única mudança daquilo que chamamos delineamento da referência gerencial é encontrada em algumas observações,[208] e estas se referem a uma afinidade abstrata entre o ideal de justiça e a administração de um sistema jurídico de maneira eficiente; ambas respeitam o princípio de que aos casos semelhantes deve ser dado o mesmo tratamento. Assim, "temos, na mera noção de aplicar uma norma jurídica genérica, pelo menos a origem da justiça". Não há nada que diga que um Estado tem para com o cidadão qualquer obrigação de realizar essa "raiz da justiça" na maneira como ele faz e administra as leis; a questão parece ser simplesmente que, se por acaso observarmos um sistema jurídico bem administrado em operação, descobriremos nele uma certa semelhança formal com a Justiça.

---

[205] HART, Herbert L. A. *The Concept of law*. Nova York: Oxford University Press, 1961, pp. 20/21.
[206] Cf. HART, Herbert L. A. *The Concept of law*. Nova York: Oxford University Press, 1961, pp. 38, 121, 202 e 236.
[207] Cf. HART, Herbert L. A. *The Concept of law*. Nova York: Oxford University Press, 1961, pp. 23, 82 e 141.
[208] Cf. HART, Herbert L. A. *The Concept of law*. Nova York: Oxford University Press, 1961, pp. 156 e 202.

Assim, veremos que o conceito de Direito de Hart, por ser baseado essencialmente no modelo gerencial,[209] não contém nenhum elemento inconsistente no que diz respeito à visão de que o Direito é uma projeção unilateral da autoridade. É claro que isso não significa que o legislador possa criar sozinho um sistema legal; tal qual o gerente, ele requer a aquiescência e a cooperação daqueles que estão sujeitos aos seus comandos. Isso é reconhecido quase que explicitamente e com sua habilidade usual na expressão do próprio Hart:

> Se um sistema de normas deve ser imposto pela força a alguém, deve haver um número suficiente de pessoas que o aceitam voluntariamente. Sem sua cooperação voluntária, criando, assim, autoridade, o poder coercitivo da lei e do Estado não pode ser estabelecido.[210]

---

[209] Pode ser aconselhável, neste ponto, mencionar rapidamente uma possível fonte de confusão. Um leitor familiarizado com a obra de Hart, *The Concept of Law*, irá se recordar que ele rejeita explicitamente a "teoria do Direito do comando" de Austin. Para aqueles que não têm em mente o que essa rejeição implica exatamente, pode parecer que, ao rejeitar a teoria do comando, Hart está também rejeitando o que eu descrevi neste livro como teoria gerencial do Direito. Contudo, essa seria uma má compreensão do argumento de Hart. Ele rejeita a teoria do comando com base em dois motivos: (1) ela vê a obrigatoriedade da lei como fundada na ameaça de sanções, em contraste com o reconhecimento da autoridade; (2) a teoria de Austin propõe uma comunicação direta entre o legislador e o sujeito de direito. Contudo, resta claro, que a eficácia gerencial repousa, de uma maneira mais óbvia do que a lei, na disposição em aceitar a direção autoritária. Ademais, direções gerenciais não precisam ser transmitidas de uma maneira cara-a-cara; na verdade, elas são ordinariamente incorporadas em algo como um manual de operações ou afixadas em um quadro de avisos. O ponto crucial na distinção entre lei e direção gerencial reside no comprometimento assumido pela autoridade legal de responder, ela mesma, em conformidade com as normas anunciadas ao julgar as ações daqueles a elas sujeitos. Eu não encontrei qualquer reconhecimento dessa noção básica em *The Concept of Law*.

[210] HART, Herbert L. A. *The Concept of law*. Nova York: Oxford University Press, 1961, p. 196.

CAPÍTULO V – UMA RÉPLICA ÀS CRÍTICAS

Aqui, não há indícios de que a cooperação voluntária do cidadão deva ser acompanhada por um esforço cooperativo correspondente por parte do Estado. Na análise de Hart, não há reconhecimento de que a manutenção de um sistema legal em existência dependa do cumprimento de responsabilidades interligadas – do Estado para com o cidadão e do cidadão para com o Estado.

Se a pressuposição, como faço aqui, for a de que existe um elemento de comprometimento do legislador implícito no conceito de lei, então, convém tentar explicar de forma sucinta como esse compromisso se manifesta. Em uma passagem encabeçada pelo tradutor de "Interação na ideia de Direito", Simmel propõe que há um contrato entre legislador e sujeito que está subjacente ao sistema jurídico.[211] Ao promulgar leis, o Estado diz ao cidadão: "estas são as normas que pedimos que você cumpra. Se você for obediente a elas, terá nossa promessa de que são as normas que aplicaremos à sua conduta". Seguramente tal construção contém pelo menos esta verdade: se o cidadão soubesse de antemão que, ao lidar com ele, o Estado não daria atenção às normas que ele próprio institui, o cidadão teria pouco incentivo para cumpri-las. A publicação de normas traz consigo o "significado social" de que o próprio criador delas obedecerá às suas próprias normas. Por outro lado, qualquer tentativa de conceber um sistema jurídico como baseado em um contrato entre legislador e sujeito não apenas desperta associações históricas inconvenientes, mas tem uma certa incongruência a respeito, especialmente quando lembramos que, em uma sociedade democrática, o mesmo cidadão pode ser legislador e sujeito legal.

Existe um termo jurídico antiquado que pode oferecer uma saída para nosso dilema. A palavra é "intenção". Nossas instituições e nossas interações formalizadas umas com as outras são

---

[211] SIMMEL, Georg. "Interaction in the idea of Law". *In*: _____. *The Sociology of Georg Simmel*. Ed. Kurt H. Wolff. Glencoe: Free Press, 1950, pp. 186-189.

acompanhadas por certas expectativas integradas que podem ser chamadas de intenções, embora raramente haja ocasião de trazer essas expectativas subjacentes para além do limiar da consciência. Em um sentido real, quando eu voto em uma eleição, minha conduta é direcionada e condicionada por uma antecipação de que minha cédula será contada a favor do candidato em quem eu realmente voto. Isso é verdade, embora a possibilidade da minha cédula ser jogada na lata de lixo ou contada para o candidato errado nunca passe pela minha cabeça como um objeto de atenção consciente. Nesse sentido, pode-se dizer que a instituição das eleições contém uma intenção de que os votos expressos sejam fielmente contados, embora eu possa hesitar em dizer, exceto em um clima de retórica, que as autoridades eleitorais firmaram um contrato comigo para contar meu voto como eu votei.

Um trecho de Lilburne citado no início de meu segundo capítulo é eloquente em relação a essa questão de intenções institucionais. É o trecho no qual Lilburne pretende saber "se alguma vez a *Commonwealth*, quando elegeu o Parlamento, deu-lhes um poder sem base na lei e ilimitado, e ao seu alvedrio de agir contrariamente às suas próprias leis e ordenações antes de revogá-las?" Lilburne está propondo que, por trás da instituição do Estado parlamentar, existe uma intenção – isto é, uma expectativa tácita geralmente compartilhada – de que o Parlamento agirá em relação ao cidadão de acordo com suas próprias leis, desde que essas leis não sejam revogadas. Um compromisso tácito do Parlamento nesse sentido é considerado como tão certo que, exceto quando as coisas dão errado, não se fala ou mesmo pensa sobre isso.

Eu sei que hoje em dia está fora de moda dizer que as instituições têm ou contêm intenções. Alguém poderia procurar alguma cobertura linguística mais moderna; pode-se, por exemplo, falar das "expectativas de atuação" que acompanham a assunção de poderes legislativos. Mas qualquer que seja o nome pelo qual iremos chamar, não devemos ignorar o compromisso implícito no ato de legislar, nem esquecer que ele encontra expressão em processos

CAPÍTULO V – UMA RÉPLICA ÀS CRÍTICAS

sociais observados empiricamente; não é algo projetado nesses processos por um observador externo moralista.

Um testemunho silencioso da força desse compromisso pode ser encontrado nos esforços extenuantes que os homens costumam fazer para escapar de seu domínio. Quando ouvimos alguém dizer para outrem que "a lei lhe será imposta", tendemos a pensar que está sendo reivindicado um direito relativamente irrestrito de dizer aos outros o que estes devem fazer. Portanto, é interessante observar o quanto os homens muitas vezes se esforçam para não "impor a lei". Quando uma pessoa em uma posição de autoridade é solicitada a fazer alguma concessão em um caso particular, insistirá no entendimento de que sua ação não será considerada "para estabelecer um precedente". O que ela tem receio e procura escapar é do comprometimento com o Estado de Direito: fazer com que aqueles sob sua direção pautem suas ações nas normas gerais que ela transmitiu explícita ou tacitamente a eles. O fato de a estipulação contra o estabelecimento de um precedente frequentemente não se revelar efetiva na prática simplesmente fornece mais evidências da força do compromisso que os homens tendem a interpretar nos atos daqueles que têm autoridade sobre eles.

Um esforço parecido sobre o significado a ser atribuído aos exercícios de autoridade é um acompanhamento usual da distribuição administrativa de funções entre os subordinados. Um empregador, por exemplo, instrui A a realizar certas tarefas, ao mesmo tempo atribuindo um conjunto diferente de tarefas para B. Se essa divisão de trabalho continuar por algum tempo, qualquer realocação de funções pode despertar ressentimento e uma sensação de prejuízo. Um funcionário pode resistir à atribuição de novas funções a ele, dizendo: "esse não é o meu trabalho". Por outro lado, pode se opor à atribuição a qualquer outra pessoa das tarefas que está acostumado a realizar, alegando que essas tarefas estão dentro de sua "jurisdição". Aqui, o empregador pensa em si mesmo como desempenhando uma função puramente administrativa, livre das restrições inerentes a uma função legislativa. Os empregados, por outro lado, estão aptos a interpretar nas ações do empregador um elemento de compromisso jurídico; eles tentam proferir suas decisões nos limites do Estado de Direito.

O compromisso implícito na legislação não é, então, simplesmente um elemento do "modelo conceitual" de alguém; é uma parte da realidade social. Tenho enfatizado que a obediência às normas perde o sentido se o homem sujeito a elas sabe que o próprio criador das normas não prestará atenção às suas próprias promulgações. O inverso dessa proposição também deve ser tido em consideração, ou seja, o legislador não terá qualquer incentivo para aceitar para si as restrições do Estado de Direito se souber que seus súditos não têm disposição, ou não têm capacidade, para obedecer às normas impostas por ele. De pouco serviria, por exemplo, tentar implementar um ordenamento jurídico nas relações entre os internos de um asilo para lunáticos. É nesse sentido que o funcionamento de um sistema jurídico depende de um esforço cooperativo – uma interação efetiva e responsável – entre o legislador e aquele que está sujeito às suas normas.

Uma falha total nessa interação está tão distante da experiência comum que o significado da própria interação tende a se perder de nossa perspectiva intelectual. Ainda assim, em inúmeras instâncias, à nossa volta, podemos perceber as maneiras pelas quais o sucesso da lei depende de uma colaboração voluntária entre o cidadão e seu Estado, bem como de uma coordenação de esforços entre as várias agências do Estado preocupadas com a elaboração e aplicação da lei.

Na regulamentação do tráfego, a dependência da lei em relação à cooperação voluntária fica frequentemente muito clara. O exemplo que estou prestes a dar não é de forma alguma inteiramente hipotético. Em uma cidade universitária localizada na costa do Atlântico, o congestionamento, nos últimos trinta anos, tem sido um problema crescente; em um cruzamento de rua em particular, a situação se aproxima de um estado de crise já há algum tempo.

CAPÍTULO V – UMA RÉPLICA ÀS CRÍTICAS

Nesse cruzamento, não havia, até recentemente, nenhum sinal de "pare e siga em frente" dirigido aos pedestres, e a lei comum para a situação – como entendida tanto pela polícia quanto pelos pedestres – era de que o pedestre era livre para correr seus próprios riscos ao cruzar contrariamente o fluxo do tráfego de veículos, embora, se isso fosse particularmente temerário, poderia receber uma reprimenda verbal do oficial encarregado. Há cerca de três anos, houve uma modificação; sinais de pedestres foram instalados e avisos foram afixados para avisar que "transgressores" seriam presos e multados.

Por um curto período, essa medida melhorou a situação. A solução logo degringolou, pois os pedestres, ao descobrirem que nenhum policial estava presente durante os momentos menos intensos de tráfego de veículos, começaram a desconsiderar os sinais de parada dirigidos a eles nessas horas. Esse descaso, então, se espalhou pelas horas de tráfego pesado, atingindo rapidamente um volume tal que, qualquer ação policial para contê-lo, mesmo de acordo com um mínimo de respeito ao princípio da "igualdade de justiça perante a lei", teria exigido prisões em uma escala que teria sobrecarregado os tribunais de trânsito. Apesar dessa epidêmica transgressão da lei pelos pedestres, os motoristas continuaram a observar os sinais direcionados a eles por um determinado período. Com o tempo, porém, a deterioração progrediu até o ponto em que o motorista, detido de trafegar por pedestres invasores enquanto o sinal estava a seu favor, muitas vezes, encontrava sua primeira oportunidade de atravessar quando o sinal vermelho surgia para ele; essa oportunidade, o motorista começou a usar recorrentemente a seu favor. Por fim, o pedestre que obedece à lei, atento à sua integridade corporal, poderia descobrir que o único caminho seguro para ele seria se juntar a uma falange de transgressores, ao invés de esperar timidamente pelo sinal que autorizaria sua travessia e ter que negociar sozinho, desprotegido e, talvez, contra uma enxurrada de motoristas atrasados aproveitando a primeira oportunidade de cruzar.

Quando um sistema de controle jurídico sofre esse grau de colapso, geralmente é difícil atribuir a culpa ou discernir quais são as medidas saneadoras eficazes. Cada ser humano envolvido alegaria que qualquer alteração de seus próprios caminhos seria inútil por causa de uma falha no desempenho daqueles que exercem papéis complementares. E deve-se notar que, no caso da interseção que acabamos de descrever, a lista dos implicados pode se estender muito além dos já mencionados. Pode ser que a dificuldade básica surja de uma rota imprudente de trânsito pela cidade como um todo, ou de uma falha dos contribuintes em financiar uma força policial adequada para sua tarefa em número e treinamento, ou da ação de uma autoridade de transporte na realocação de um ponto de ônibus de tal maneira que torne inadequada a disposição dos semáforos já existentes. Até mesmo a atuação do eletricista municipal pode ser levada em consideração. Se ele não deixar os semáforos automáticos funcionando adequadamente e, em decorrência disso, eles operarem de forma irregular, então, os pedestres, motoristas e a polícia podem perder qualquer incentivo para agir de acordo com os sinais; inversamente, se o eletricista sabe que os sinais serão ignorados mesmo que estejam em perfeita ordem, fazer seu trabalho corretamente perderá o sentido.

 É lamentável que as interdependências envolvidas na operação bem-sucedida de um sistema jurídico não sejam, de maneira geral, tão visíveis como na regulamentação do tráfego. Se pudéssemos aceitar o que pode ser chamado amplamente de uma visão interacional do Direito, muitas coisas que agora estão obscurecidas pela concepção prevalecente do Direito como uma projeção unilateral de autoridade seriam esclarecidas. Ficaria claro, por exemplo, que o desrespeito aos princípios da legalidade pode danificar a própria instituição do Direito, mesmo que nenhum dano imediato seja causado a qualquer pessoa. Esse ponto, assim como alguns outros, é ignorado em uma pergunta retórica colocada por Dworkin quando refuta minha sugestão de que a moralidade jurídica contém um princípio refratário às leis contraditórias. Agora, em primeiro lugar, até mesmo imaginar um caso tal qual o imaginado por Dworkin requer um conjunto fantástico de hipóteses. "O Legislativo adota uma norma com uma

CAPÍTULO V – UMA RÉPLICA ÀS CRÍTICAS

inconsistência despercebida tão fundamental que a torna vazia. Onde está a imoralidade ou lapso do ideal de moral?"[212]

Imagine, por exemplo, que uma lei seja aprovada afetando a validade dos divórcios estrangeiros; ao ser aplicada a uma situação particular do fato, a lei parece dizer que A é casado com Y em um parágrafo, enquanto pelos termos de outra disposição parece dizer que ele ainda é casado com X. Para fazer um julgamento imparcial, temos que nos certificar de que qualquer leigo possa entender a lei sem ter a necessidade de contratar um advogado para dizer a ele que a lei era autocancelável; que poderia prever com segurança que nenhuma engenhosidade judicial seria suficiente para resgatá-la da nulidade; e que, com a letra morta da lei retirada de cena, a verdadeira situação jurídica se tornaria imediatamente óbvia. Mas vamos, em favor do ponto de Dworkin, nos entregar a todos esses exercícios caprichosos. O caso então se torna o de um homem que me conta uma falta imprudente, mas que não me atinge porque, antes de agir de acordo com o que ele me disse, por acaso, aprendo a verdade por mim mesmo. Em tal caso, embora eu possa não ter sofrido nenhum dano imediato, este, com certeza, foi feito às minhas relações com o homem que me contou a falsidade, e minha confiança nele em quaisquer negociações futuras terá sido prejudicada.

Se virmos a lei como um guia para a interação humana, seremos capazes de perceber que qualquer violação das exigências da legalidade tende a minar a confiança dos homens e seu respeito pela lei em geral. Em relação a isso, vale a pena lembrar que existe um crime antigo de violar os limites de fronteira e um crime muito moderno de mover, destruir ou demolir sinais de estradas oficiais. Nenhum desses crimes exige que a ação do perpetrador inflija qualquer dano direto a alguém. Parte da base para tais leis é que, se os indicadores físicos pelos quais os homens orientam suas ações uns

---

[212] DWORKIN, Ronald. "Philosophy, Morality, and Law: observations prompted by Professor Fuller's Novel Claim". *University of Pennsylvania Law Review*, vol. 113, 1965, p. 675.

em relação aos outros forem suficientemente adulterados, aqueles que permanecerem intactos perderão seu significado, e os homens não se sentirão mais seguros em confiar neles. Se isso é verdade quando os homens mexem em marcadores bem colocados, o que podemos dizer do engenheiro que coloca as placas nos lugares errados para começar, ou do legislador que atrapalha a tarefa de estabelecer os parágrafos escritos muito importantes pelos quais os direitos e deveres dos homens uns para com os outros estão definidos?

Meu colega Henry M. Hart oferece-nos uma reorientação revigorante em nossas maneiras usuais de pensar e falar sobre o Direito ao nos lembrar que este pode ser considerado um instrumento que permite que os homens vivam uma vida satisfatória em comum.[213] Se esse instrumento se presta a ajudar os seus beneficiários pretendidos, eles devem usá-lo bem. Mas aqueles cuja tarefa é projetar e estabelecer os próprias instrumentos têm uma responsabilidade ainda maior, que é, em primeiro lugar, fazer seu trabalho direito. É essa responsabilidade onerosa e frequentemente complexa que tentei descrever como "a moralidade interna do Direito".

Que tal moralidade pudesse ter qualquer significado inteligível é uma ideia enfaticamente – para não dizer, veementemente – rejeitada por meus críticos. Tentei mostrar que nossas diferenças nessa questão derivam de uma discordância básica sobre o próprio Direito. Tentei expressar essa discordância contrastando duas visões do Direito: uma que o vê como um processo interacional, e outra, como um exercício unidirecional de autoridade.

É claro que meus críticos desaprovaram uma série de posições sobre questões específicas assumidas em meu livro as quais não foram mencionadas nem defendidas nesta oportunidade. Acredito que a maioria dessas divergências, mas não todas, em questões subsidiárias têm sua origem na mesma divergência fundamental nos

---

[213] HART, Henry M. "The Relations between State and Federal Law". *Columbia Law Review*, vol. 489, 1954, p. 490.

CAPÍTULO V – UMA RÉPLICA ÀS CRÍTICAS

pontos de partida que acabei de examinar detalhadamente. Isso é particularmente verdadeiro no que diz respeito à rejeição de meus críticos à sugestão de que o respeito do Estado pela moralidade interna do Direito geralmente conduz ao respeito pelo que pode ser chamado de moralidade substantiva ou externa do Direito. O leitor interessado encontrará uma defesa de minha posição sobre esse assunto em um artigo que apresentei em abril de 1965.[214]

5.4 Algumas implicações do debate

Concluindo, gostaria de explorar brevemente certas questões que não foram levantadas diretamente pelos Novos Juristas Analíticos nas críticas dirigidas a meu livro. A razão para adentar nessas questões é que acredito que uma análise delas servirá para esclarecer ainda mais as diferenças básicas de pontos de vista que fundamentam todo o nosso debate. O primeiro problema que me proponho a discutir é o da *interpretação*.[215]

---

[214] FULLER, Lon L. "A Reply to Professors Cohen and Dworkin". *Villanova Law Review*, vol. 10, nº 4, 1965, pp. 661-666.

[215] Três publicações recentes lidam de forma útil com o problema da interpretação: DWORKIN, Ronald. "The Model of rules". *University of Chicago Law Review*, vol. 35, 1967, pp. 14-46; GOTTLIEB, Gidon Alain G. *The Logic of choice*. Londres: Allen & Unwin, 1968; e HUGHES, Graham. "Rules, policy and decision making". *Yale Law Journal*, vol. 77, 1968, pp. 411-439. Há um problema vital que afeta a interpretação e com o qual não tentei lidar aqui, nem é mencionado nos artigos de Dworkin e Hughes. Esse é o problema que os sociólogos interacionais chamam de "definir a situação". (Ver, por exemplo, McHUGH, Peter. *Defining the situation*: the organization of meaning in social interaction. Indianápolis: Bobbs-Merrill, 1968). Quando um tribunal aplica uma norma ou um conjunto de normas à decisão de um caso, pode-se distinguir duas operações: (1) determinar os fatos relevantes; (2) determinar o significado das normas relevantes para esses fatos. Temos a tendência de pensar que é o nosso conhecimento das normas que nos permite peneirar irrelevâncias e determinar quais são os fatos legalmente operantes. Na realidade, entretanto, nossa definição da situação é geralmente condicionada por uma série de suposições tácitas que não aparecem nas normas explícitas. O livro de Gottlieb tem algumas observações valiosas sobre esse ponto no capítulo IV, "Os Fatos", particularmente nas páginas 56/57, nas quais ele observa que

Esse é um assunto tratado com certa profundidade em meu segundo capítulo, no qual o vi como um aspecto da tarefa de manter a "congruência entre a ação oficial e a norma posta". Na conclusão de minha discussão, escrevi: "com todas as suas sutilezas, o problema da interpretação ocupa uma posição sensível e central na moralidade interna da lei. Ele revela, como nenhum outro problema, que a tarefa de manter a legalidade assume natureza cooperativa".

Apesar do significado básico da interpretação para todos os aspectos da condução da atividade jurídica empreendedora, nunca foi um assunto com o qual o positivismo analítico se sentisse confortável. Isso acontece precisamente porque traz à tona "o caráter cooperativo natural da tarefa de manutenção da legalidade". Um olhar mais detido dos problemas relativos à interpretação é algo que se comporta de maneira estranha com qualquer tentativa de conceber a lei como um exercício unidirecional de controle sobre o comportamento humano.

Será instrutivo observar brevemente como os escritores positivistas lidaram com o problema da interpretação e procuraram redefini-lo em termos adequados a seu compromisso intelectual. Em palestra de 1957,[216] Hart parecia afirmar que, no decorrer natural dos casos, a aplicação de uma lei é controlada de uma forma com mais ou menos atrito pelo significado que suas palavras têm no senso comum ou no dicionário. Nesses casos usuais ou normais, não há que se pensar em qualquer conjectura a respeito das políticas que buscam ser promovidas pela lei ou pelas intenções de seus redatores. É apenas em uma eventual situação limítrofe ou "obscura" que qualquer tentativa de compreender o propósito legislativo se torna necessária. Nessa palestra, Hart investiu contra uma falha crônica

---

"padrões não legais são infundidos em uma etapa crucial [isto é, na definição dos fatos relevantes] no processo de aplicação das normas legais".

[216] HART, Herbert L. A. "Positivism and the separation of law and morals". *Harvard Law Review*, vol. 71, 1958, pp. 606-615.

CAPÍTULO V – UMA RÉPLICA ÀS CRÍTICAS

do pensamento jurisprudencial que chamou de "preocupação com o obscuro". Sua tese parecia ser a de que deveríamos construir nosso edifício de filosofia jurídica sobre o caso rotineiro ou corriqueiro e deixar passar, como irrelevantes para a análise básica dos fenômenos jurídicos, as dificuldades ocasionais apresentadas em situações "obscuras". Em *The Concept of Law*, a palavra "interpretação" não é encontrada no índice, embora os pensamentos da palestra de Holmes sejam repetidos com algumas modificações nas páginas 120, 132, 200 e 201; o ponto de vista difere daquele expresso na palestra principalmente por ser um pouco menos explícito.

Tal qual Hart, seu grande antecessor, John Austin, excluiu amplamente a interpretação da estrutura básica de sua teoria. Ao contrário de Hart, entretanto, quando Austin finalmente lidou com o assunto, seu tratamento foi complexo e repleto de tensões internas. Ele distinguiu a interpretação da norma legal do método de "indução" usado na aplicação da "norma jurisdicional".[217] Em nenhum momento, arguiu que uma norma pode ou deve ser aplicada sem referência ao propósito legislativo, embora tenha afirmado que o "significado literal" de uma norma deve ser tomado como o "índice primário" da intenção legislativa.[218] Tão longe de abandonar uma interpretação intencional, ele escreveu: "se as causas das leis e dos direitos e as obrigações que eles criam não lhes serão atribuídas, as próprias leis são ininteligíveis".[219]

Em *Teoria pura do Direito*,[220] Kelsen dedica algumas páginas conclusivas para o tema da interpretação, asseverando que, salvo no

---

[217] AUSTIN, John. *Lectures on Jurisprudence*: or the Philosophy of Positive Law. Londres: J. Murray, 1879, pp. 648-651.

[218] AUSTIN, John. *Lectures on Jurisprudence*: or the Philosophy of Positive Law. Londres: J. Murray, 1879, pp. 644-645.

[219] AUSTIN, John. *Lectures on Jurisprudence*: or the Philosophy of Positive Law. Londres: J. Murray, 1879, p. 1113.

[220] KELSEN, Hans. *Pure theory of law*. Berkeley: University of California Press, 1967, cap. VIII, pp. 348-356. (Essa é uma tradução da segunda edição alemã).

caso em que um resultado particular possa ser excluído pela estrutura lógica de uma norma, a interpretação judicial é simplesmente uma forma de legislar, sendo que os motivos que moldam a lei pelos juízes são tão irrelevantes para o positivismo analítico quanto aqueles que movem o Legislativo a aprovar um tipo de norma ao invés de outra. Para Kelsen, a interpretação não é, em suma, uma parte da análise jurídica, mas pertence à política e à sociologia.

Uma abordagem diferente ao lidar com a dificuldade da interpretação foi adotada por Gray e alguns dos realistas jurídicos americanos. Uma vez que uma norma só se torna "norma cogente" após seu significado ter sido determinado judicialmente, Gray propôs que tratássemos as normas como não sendo Direito, mas apenas fontes do Direito.[221] Por esse meio, a definição do Direito deveria ser mais simples para ser aplicada em relação aos assuntos humanos. O realismo de Gray foi desfigurado, entretanto, pelo fato de que muitas leis são aplicadas por burocratas, xerifes, policiais e outros que agem sem orientação judicial. Consequentemente, alguns dos realistas propuseram que definíssemos o Direito como "os padrões de comportamento de juízes e outros funcionários públicos".[222] Esse conceito representou o padrão final, uma vez que cabia ao espectador decidir por si mesmo por quais padrões ele deveria discernir e interpretar os "padrões de comportamento" que constituem a verdade máxima do Direito.

Essas formas diversas de enfrentar uma situação comum sugerem que há algo fundamentalmente errado com as premissas definidoras do problema. Proponho que a dificuldade se revele porquanto todos os escritores cujas opiniões acabaram de ser resumidas iniciam supondo que a lei deve ser considerada como uma projeção unidirecional de autoridade, ao invés de ser concebida como uma empreendedora

---

[221] GRAY, John C. *The Nature and sources of the Law*. 2ª ed. Nova York: Macmillan, 1921, cap. IV, pp. 300-325.

[222] FULLER, Lon L. *The Law in quest of itself*. Chicago: Foundation Press, [1940] 1966.

CAPÍTULO V – UMA RÉPLICA ÀS CRÍTICAS

colaborativa. Se entendermos, como elemento básico do Direito, o compromisso do Estado em cumprir suas leis ao julgar os atos sob sua tutela, então, em tese, a interpretação ocupará o lugar central que sempre ocupou em nosso entender cotidiano sobre o Direito. De maneira enfática, isso não significa que o problema se tornará simples; pelo contrário, suas complexidades ocultas virão à tona e não seremos mais capazes de fingir que se trata de uma matéria periférica a ser deixada para o senso comum irreflexivo.

Ao procurar uma abordagem mais frutífera para a interpretação, pode ser bom começar com algumas observações sobre a própria linguagem. A primeira dessas observações é que, dentre as atividades humanas, a linguagem é o fenômeno interacional por excelência; suas formas aparecem e vivem por meio da interação. A comunicação por palavras não é uma questão de enviar pacotes de significado de uma cabeça para outra; envolve um esforço para iniciar em outra mente processos que se assemelham tanto quanto possível aos que ocorrem na mente da parte que está se comunicando. Se eu me dirigir a você com palavras, em uma situação na qual alguma precisão na comunicação é exigida, terei que me perguntar o que exatamente quero dizer com as minhas palavras, o que você pretenderia dizer se estivesse usando os mesmos termos e o que você imaginaria que eu gostaria de dizer com essas palavras no contexto de nosso relacionamento – para não falar de linhas ainda mais complexas de expectativas recíprocas.

Os escritores positivistas geralmente procuram escapar das complexidades do tipo que acabamos de sugerir, adotando uma visão simplista da linguagem que descrevi como "uma teoria indicadora do significado". Para o que se pretende aqui, será útil desconsiderar, por ora, as complicações causadas pela intervenção da linguagem e considerar como o problema da interpretação aparece quando a tarefa é discernir o significado não das palavras, mas das ações.

Suponha, por exemplo, que, em alguma área da prática comercial, certos tipos de negociações foram por muito tempo conduzidas por expectativas tacitamente aceitas e complementares, cada participante guiando sua conduta em relação ao outro por essas expectativas. Uma situação um tanto incomum aparece, e uma disputa se desenvolve entre as partes quanto às implicações da prática estabelecida para seus respectivos direitos. Um árbitro ou juiz é chamado para decidir a disputa. Sua tarefa é interpretar o significado da prática estabelecida para uma situação especial do fato, a qual não tinha sido diretamente operante previamente na formação das expectativas das partes em negociação.

Agora está claro que, em tal caso, o principal norte para a decisão do árbitro seria encontrado em um princípio raramente sugerido em discussões positivistas de interpretação, qual seja, o de que o resultado alcançado deve ser tal que se encaixe harmoniosamente no sistema de expectativas complementares expressas em negociações anteriores. O problema não seria de consistência "lógica", mas do que poderia ser chamado de compatibilidade intencional; a pergunta feita seria: qual decisão servirá melhor para manter as práticas estabelecidas como "um jogo possível?" Impor um resultado incongruente com as expectativas estabelecidas seria interromper um sistema em funcionamento e aceito que serviu para regular as relações das partes entre si. Obviamente, para chegar a uma solução satisfatória sobre a controvérsia, o árbitro deve ser capaz de perceber e compreender as implicações contidas na prática existente; sua decisão não pode ser justa e apropriada se lhe faltar a imaginação necessária para se colocar no lugar daqueles cuja conduta em relação um ao outro ele está interpretando.

Na situação que acabamos de discutir, uma boa decisão exemplificaria, então, duas qualidades interrelacionadas; o respeito pela estrutura sistemática e a compreensão do contexto social. Agora, eu proponho que esses requisitos também são aplicáveis à interpretação da lei escrita. Com certeza, se pensarmos em uma norma após a analogia de uma ordem militar, como tendo o objetivo de controlar as ações de alguém não incluído na estratégia mais ampla, então, a tarefa do intérprete será discernir

CAPÍTULO V – UMA RÉPLICA ÀS CRÍTICAS

da melhor maneira possível os desejos do alto comando. Por outro lado, se a função da lei é criar uma interação ordenada entre os cidadãos e fornecer diretrizes confiáveis para a ação autodirigida, o problema passa a ter um aspecto diferente, e os princípios que regem a interpretação das palavras não serão vistos como radicalmente diferentes daqueles aplicáveis à interpretação do comportamento interativo. Em particular, o respeito pela estrutura sistemática e a capacidade de perceber as necessidades da situação serão considerados essenciais para a interpretação inteligente da lei escrita.

Pode-se objetar que um viés oculto deve inevitavelmente contagiar qualquer análise que comece, como a que acabamos de concluir, com um exemplo extraído da prática comercial. Pode parecer perverso sugerir que a lei contra o assassinato se destina, exceto em um sentido remoto e amplamente irrelevante, a fornecer "guias confiáveis para a interação humana". É verdade, como sempre insisti, que a solução adequada para os problemas de interpretação depende do contexto. Mas, mesmo no caso de assassinato, as questões cruciais para a interpretação tendem a se relacionar com questões tais como o argumento de legítima defesa. Qualquer linguagem legal que rege essa questão tende a ser vaga e geral. Aqueles que interpretam a lei (o que, nesse caso, incluirá, na realidade, o juiz e o júri) devem, se quiserem realizar bem seu trabalho, colocar-se na posição em que o acusado se encontra e perguntar o que pode ser razoavelmente esperado de um ser humano nessa posição. O conhecimento da vida, a capacidade de empatia e o senso de que tipo de norma fornece um guia prático para a ação são essenciais para uma decisão adequada.

Em meu segundo capítulo, lidei mais detalhadamente com as "antinomias" que podem afrontar os responsáveis pela manutenção da legalidade. Frequentemente, algum falha no empreendimento legal criará uma situação na qual é impossível escapar a alguma permuta legal, de modo que a tarefa essencial é reduzir as dimensões desse compromisso. O exemplo mais óbvio dessa situação é apresentado por situações em que o recurso à legislação retrospectiva parecerá o menor de dois males.

De maneiras sutis, a interpretação está permeada por problemas desse tipo. Suponha, por exemplo, que uma lei seja aprovada com o propósito de ordenar melhor alguma área das relações humanas. À primeira vista, podemos supor, a promulgação é razoavelmente clara, mas tem um defeito fundamental, qual seja, de se basear em uma concepção errônea da situação que pretende corrigir, e o legislador, nesse sentido, se assemelharia a um médico que prescreve um tratamento para uma doença quando o paciente está de fato sofrendo de outra. Por quais padrões um tribunal deve interpretar tal norma? Uma aplicação literal tolerável pode ser compreendida por realizar a intenção legislativa como ela realmente era, embora não como teria sido se o legislador soubesse o que estava fazendo. Além disso, o intérprete deve considerar o interesse de um cidadão qualquer que, sendo um estranho à situação regulamentada, pode tomar a lei pelo seu valor nominal, não tendo escrúpulos em fazê-lo precisamente por ser tão ignorante quanto o legislador em relação à natureza real da situação que a norma procurava regular. Por outro lado, os primeiros destinatários da lei, isto é, aqueles que realmente vivem na e com a situação que ela pretende corrigir, podem ver aí apenas obscuridade, confusão e perversidade. Lendo a lei à luz de sua definição mais perspicaz da situação que faz parte de suas próprias vidas, eles podem considerá-la como uma espécie de "não lei". Aqui, não há saída fácil para o tribunal.

Casos do tipo que acabamos de supor revelam apenas uma ilustração das perplexidades apresentadas quando um tribunal tem de se perguntar até que ponto é livre para corrigir os erros do legislador. Um erro de impressão óbvio pode não apresentar dificuldade. Mas decidir o que o legislador teria dito se tivesse sido capaz de expressar sua intenção de forma mais precisa, ou se não tivesse esquecido a interação de sua lei com outras normas já em vigor, ou se tivesse percebido que a Suprema Corte estava para reverter um precedente relevante – essas e outras questões semelhantes podem

CAPÍTULO V – UMA RÉPLICA ÀS CRÍTICAS

nos lembrar de que há algo a mais na tarefa de interpretar leis do que simplesmente "cumprir a intenção do legislador".

As observações que acabamos de concluir podem sugerir que o que se exige de uma agência administrativa é simplesmente que ela atinja um equilíbrio entre restrição e iniciativa para corrigir os erros e omissões da autoridade superior. Contudo, é claro, o problema é mais complexo. A agência administrativa deve lembrar, por exemplo, que seus padrões de interpretação percebidos provavelmente criarão expectativas entre as pessoas afetadas por eles e que mudanças repentinas nesses padrões podem prejudicar o esforço colaborativo essencial para alcançar e manter a legalidade. Suponhamos, por exemplo, que os tribunais de uma determinada jurisdição tenham tradicionalmente interpretado as normas de uma maneira estreita e restritivamente literal. É quase certo que uma antecipação de que essa prática continuará vai entrar nos cálculos do Legislativo; o relator provavelmente redigirá sua norma de modo que esta saia, por assim dizer, logo depois de ter seu alcance reduzido por uma interpretação judicial restritiva. Uma mudança repentina dos tribunais em direção a padrões de interpretação mais livres pode alterar o significado da legislação de uma forma contrária à intenção de quem a promulgou e talvez de uma forma que será confusa para todos os envolvidos.

Da mesma forma, quando um tribunal tem oportunidade de aplicar a lei de uma jurisdição estrangeira, não é suficiente conhecer o texto da lei; esse texto deve ser lido como o seria pelos juristas nativos, isto é, como seria compreendido por aqueles que compartilham os pressupostos tácitos que entram no funcionamento do ordenamento jurídico do qual faz parte. Essa consideração foi levada a uma clareza incomum em uma decisão do Tribunal Distrital dos Estados Unidos em Massachusetts. A decisão do caso exigia a aplicação não da lei federal, mas da lei de Massachusetts. Vários precedentes do Supremo Tribunal Judicial de Massachusetts estavam em questão, e o foco era se aquele tribunal, se a controvérsia estivesse diante dele, qualificaria a linguagem de seus precedentes e abriria uma exceção para o caso em questão. Ao responder a essa pergunta negativamente, o juiz Charles Wyzanski considerou essencial olhar não apenas para a linguagem das decisões de Massachusetts, mas para o espírito geral em que essas decisões seriam abordadas pelo tribunal que as proferiu:

> Variações sutis e linhas difíceis de se compreender com clareza e lembrar não são características do [Supremo Tribunal Judicial de Massachusetts]. Princípios são anunciados e cumpridos em amplos termos relativos à autoridade. A ênfase está no precedente e na adesão às formas mais antigas, não na criação de novas formas de ação ou no incentivo ao uso de novos recursos judiciais que surgiram em comunidades menos conservadoras.[223]

Esse exercício de antropologia aplicada não é o tipo de coisa que normalmente se encontra em opiniões judiciais. Pode servir para nos lembrar, entretanto, quanto de nossa lei escrita é, na realidade, não escrita; pode nos ajudar a ver que uma compreensão da lei nos livros requer uma compreensão dos pressupostos compartilhados que entram em sua formulação e interpretação.[224]

A menção à antropologia oferece uma transição fácil para meu próximo tópico geral, que tem a ver com o *Direito Consuetudinário* e com o *Direito Internacional*. Como o problema da interpretação, nenhum desses assuntos jamais encontrou refúgio confortável na teoria positivista. Assim como acontece com a interpretação, os positivistas jurídicos, em sua atitude em relação a essas formas de lei, oscilam entre uma rejeição total e uma aceitação sobrecarregada. Para Austin, o Direito Consuetudinário e

---

[223] *Pomerantz vs. Clark*, 101 F. Supp. 341, p. 346 (1951).
[224] Em FULLER, Lon L. *Anatomy of the Law*. Nova York: Praeger, 1968, pp. 43-84, procurei identificar as interações entre o que eu chamei de *made law* e *implicit law*.

CAPÍTULO V – UMA RÉPLICA ÀS CRÍTICAS

o Direito Internacional simplesmente não eram Direito, mas uma espécie de "pseudo-Direito" que deveria ser chamada de moralidade positiva. Kelsen assume uma posição oposta para reformular essas duas formas de Direito de modo que possam ser acomodadas à sua teoria e ao custo de distorcerem suas premissas de tal maneira que os próprios sujeitos se tornam amplamente irreconhecíveis.

Obviamente, a concepção do Direito como uma afirmação unidirecional de controle sobre o comportamento humano não é uma visão que possa ser facilmente aplicada ao Direito Consuetudinário e Internacional. Essas duas manifestações do Direito foram descritas como formas *horizontais* de ordem, enquanto tendemos a pensar que a lei imposta pelo Estado aos seus cidadãos tem apenas uma dimensão *vertical*. Dito de outra forma, a dificuldade de conceber o Direito Consuetudinário e Internacional como Direito propriamente dito surge da noção de que o conceito de Direito envolve, no mínimo, três elementos: um legislador e pelo menos dois sujeitos cujas relações são ordenadas por normas que lhes são impostas pela autoridade legislativa. A questão que causa problemas é: como uma pessoa, uma família, uma tribo ou uma nação pode impor a si mesma uma lei que controlará suas relações com outras pessoas, famílias, tribos ou nações? Ao contrário da moralidade, a lei não pode ser algo autoimposto; deve proceder de alguma autoridade superior.

Agora, sugiro que todas essas questões exigiriam uma redefinição radical se fôssemos reconhecer uma realidade simples e básica, a saber, que a própria lei promulgada pressupõe um compromisso por parte da autoridade governante de obedecer às suas próprias normas ao lidar com essas matérias. Há, nesse sentido, um elemento horizontal no qual o positivismo enxerga como lei imposta verticalmente. Se esse princípio básico de elaboração e administração de leis fosse aceito, a maioria dos constrangimentos que cercam as discussões do Direito Internacional e Consuetudinário seriam vistos como afetando também o Direito "verdadeiro". Por exemplo, a obrigação governamental de cumprir suas próprias normas depende de um compromisso "legal" ou "moral"? Se o compromisso for considerado "legal", então, surgirá a pergunta: como pode a autoridade que faz e desfaz a lei obrigar-se por lei? Se o compromisso for de natureza "moral", enfrentaremos um tipo diferente de constrangimento. Parecerá, assim, que a qualidade crucial que serve para distinguir o Direito da direção gerencial, ou comando militar, ou puro poder, está, ela mesma, infectada com um elemento moral, de modo que a distinção essencial entre Direito e moralidade é fatalmente comprometida.

Se, no entanto, desconsiderarmos esses emaranhados conceituais e nos importarmos de forma indireta com as responsabilidades envolvidas na manutenção do Estado de Direito dentro de um Estado moderno, veremos que cumprir essas responsabilidades requer um esforço complexo, colaborativo, não diferente do exigido pelos sistemas de Direito tradicionais e internacional. Também seremos forçados a lidar com o papel do costume em sistemas de Direito que pretendem ser totalmente promulgados. Esse papel torna-se óbvio quando o costume é explicitamente tomado como um padrão de decisão, como é neste país nas frequentes referências ao uso comercial no Código Comercial Uniforme. Mas a lei costumeira (pelo que significamos principalmente os compromissos tácitos que se desenvolvem a partir da interação) desempenha um papel importante, embora geralmente silencioso, não apenas na interpretação do Direito escrito, mas auxiliar para suprir as lacunas que sempre serão detectadas em qualquer corpo de lei promulgado.

Entre os diferentes sistemas de lei promulgados, geralmente o papel discreto do costume variará consideravelmente, mas é seguro dizer que as expectativas tácitas que compõem o Direito costumeiro sempre entrarão em qualquer realização prática do ideal de legalidade. A fidelidade ao Estado de Direito exige não apenas que um Estado cumpra suas normas verbalizadas e divulgadas, mas também que respeite as expectativas justificadas criadas pelo tratamento de situações não controladas por normas explicitamente anunciadas. Ainda mais claramente, essa fidelidade requer que o

CAPÍTULO V – UMA RÉPLICA ÀS CRÍTICAS

Estado aplique normas escritas em concordância com qualquer entendimento geral aceito nessas regras escritas no curso de sua administração. Levar todas essas complicações em conta vai, com certeza, envergonhar a construção de teorias jurídicas puras. Mas facilitará a transição do pensamento jurídico dos códigos impostos pelo Estado para as manifestações um tanto mais confusas da lei, exemplificadas no Direito Internacional e costumeiro.

No mundo de hoje, a lei costumeira não é mais meramente uma questão de interesse teórico. As nações recém-emergentes na África, Ásia e em outros lugares estão envolvidas em uma dolorosa e muitas vezes perigosa transição da lei tribal e consuetudinária para os sistemas nacionais de lei promulgados. Especialistas jurídicos das nações ocidentais, particularmente dos Estados Unidos, estão desempenhando um papel importante como conselheiros na facilitação dessa transição. Aqueles que realizaram essa função muitas vezes lamentaram que não estavam mais adequadamente preparados para a tarefa por um conhecimento mais profundo de antropologia jurídica. Se tivessem tido um melhor treinamento nesse assunto, eles acreditam que teriam uma melhor compreensão do significado da lei costumeira para aqueles que vivem segundo seus preceitos.

Sugiro ainda uma sociologia mais adequada do nosso próprio sistema jurídico. No meu segundo capítulo, falo repetidamente da lei como um "empreendimento" e percebo que essa expressão tem ecoado em alguns ouvidos. Mas, para aqueles que nunca tentaram criar ou viver por um sistema de normas explicitamente promulgadas, a lei é de fato um empreendimento e muito perigoso. Em tal contexto, a geometria pura do positivismo legal não é meramente irrelevante, mas torna-se positivamente perigosa.

Não se deve pensar que as teorias sobre a lei não desempenham nenhum papel no negócio prático de ajudar os povos tribais a submetê-los a um regime de lei promulgada. Claramente, elas requerem alguma definição do objetivo para o qual trabalhar. Recentemente, foi publicado um simpósio sob o título *Africa and Law developing legal system in African Commonwealth Nations*. O artigo principal desta coleção contém o seguinte dizer em sua primeira página:

> O professor Harvey definiu o Direito como uma "técnica especial de ordenação social, derivando seu caráter essencial na dependência de prestígio, autoridade e finalmente no monopólio da força reservado à sociedade organizada politicamente". É uma ferramenta com valor neutro. Segundo essa visão, o Direito não tem autoridade moral simplesmente porque é lei; ao invés disso, abrange todos os aspectos do poder estatal. Na verdade, como destacado por Hans Kelsen, não há diferença entre o Estado e o Direito; eles são apenas lados diferentes da mesma moeda. Cada instituição do Estado é uma manifestação do seu poder e pode ser vista tanto pelo viés institucional como pelo viés legal.[225]

O papel preciso desempenhado por essa concepção do Direito no pensamento de seu autor não é claro; ele finalmente chega à conclusão de que nem a lei costumeira nem a lei inglesa geralmente aceita são adequadas às necessidades das novas nações africanas. Ao mesmo tempo, devo dizer que não consigo imaginar um contexto mais inadequado para a concepção de Direito veiculada nas palavras que acabamos de citar. (Estou bem ciente de que meus críticos entre os Novos Juristas Analíticos não abraçam explicitamente a doutrina da identidade entre o Direito e o Estado, mas eu questiono, com toda a seriedade, que princípio de sua filosofia, que princípio ou padrão enunciado por eles oferece um ponto de parada antes dessa *reductio ad absurdum* final do ponto de vista positivista?).

Entre aqueles que se preocupam neste país com programas para a paz mundial, parece que houve o desenvolvimento de uma

---

[225] SEIDMAN, Robert B. "Law and economic development in independent, English-speaking, sub-Saharan Africa". *In*: HUTCHINSON, Thomas W. (Coord.). *Africa and Law developing legal system in African Commonwealth Nations*. Madison: The University of Wisconsin Press, 1968, p. 3.

CAPÍTULO V – UMA RÉPLICA ÀS CRÍTICAS

certa polaridade de pontos de vista. Um lado opta pela realização mais precoce possível de algo como uma ordem jurídica mundial, "estilo vertical". A visão oposta é defendida por aqueles que recomendam, como o caminho seguro para a paz, esforços em direção ao atingimento de relações recíprocas entre as nações que possam assumir a forma expressa de tratados, mas também possam se desenvolver por meio de acordos tácitos gradualmente convertidos em leis. Na medida em que essa diferença de estratégias se baseia em uma avaliação franca e realista das alternativas, ela é útil, e o debate em torno da questão deve continuar. No entanto, não posso deixar de concluir que pelo menos alguns daqueles que se contentam com nada menos que uma autoridade jurídica mundial não são influenciados por realidades políticas e sociológicas, mas por um impulso em direção à clareza conceitual, por uma convicção de que nada conta como lei que não se enquadra nas nossas definições habituais de Direito interno. Um reexame dessas definições pode colocar o problema da ordem internacional sob uma ótica diferente e suavizar um pouco a atual oposição de pontos de vista.

Seria impróprio deixar os temas conexos do Direito Internacional e do Direito Consuetudinário sem chamar a atenção para um livro recente de Michael Barkun, *Law without sanctions: order in primitive societies and the world community* (1968). Barkun tem muitas coisas perceptíveis a dizer sobre o dano causado ao pensamento nos campos de sua preocupação por teorias simplistas sobre o Direito em geral. Ele chama atenção específica para os perigos envolvidos quando os sociólogos e os antropólogos embasam suas definições de Direito naquelas que se tornaram corriqueiras no trato com o Direito interno:

> Apesar da repulsa e da aversão do cientista social às misturas de fato e valor, ele procurou observar as sociedades em que não existia Estado, tanto as internacionais quanto as primitivas, da perspectiva aceita do direito interno. O direito interno é inevitavelmente uma parte altamente perceptível de seu ambiente. Temos aqui uma espécie de viés cultural

inconsciente em que o arcabouço teórico da profissão jurídica, que parece cobrir o direito de forma adequada (como normalmente o vemos), foi incontestavelmente importado para as ciências sociais. Mas, uma vez que aceitamos a premissa de que as teorias são construídas e não descobertas em uma esfera de arquétipos platônicos, há pouco para justificar esse tipo de apropriação desprovida de senso crítico.[226]

Até agora, estive discutindo quais seriam as implicações de meu debate com os Novos Juristas Analíticos para problemas que aparecem dentro de uma estrutura amplamente "legal" por natureza. Gostaria, agora, de tratar brevemente as implicações desse debate para *o conceito de moralidade*.

No início dessa "Réplica às críticas", sugeri que o positivismo jurídico analítico "carece de uma dimensão social". Como solução para esse defeito, recomendei "uma teoria interacional do Direito". Estou convencido de que o conceito de moralidade adotado por meus críticos padece, ao menos em alguma medida, do mesmo defeito e seria beneficiado com a mesma correção.

Ao rejeitar minha noção de uma moralidade interna do Direito, Hart parece, a certa altura, sugerir que o próprio princípio utilitarista é amplamente capaz de assumir todas as funções que atribuí aos oito princípios de legalidade. Esses princípios devem ser valorizados, afirma Hart, "na medida em que contribuem para a felicidade humana e outros objetivos morais substantivos do Direito".[227] No mesmo trecho, ele indica que as leis retroativas geralmente devem ser condenadas simplesmente porque "não contribuem para a felicidade humana" e, se resultarem em punição, "impõem um sofrimento inútil". Ao comentar essas afirmações, eu diria que,

---

[226] BARKUN, Michael. *Law without sanctions*: order in primitive societies and the world community. Londres: Yale University Pres, 1968, p. 11.
[227] HART, Herbert L. A. "The Morality of Law review". *Harvard Law Review*, vol. 78, 1965, p. 1291.

CAPÍTULO V – UMA RÉPLICA ÀS CRÍTICAS

mesmo que estivéssemos dispostos a aceitar o princípio utilitário como o teste final de bondade, qualquer aplicação significativa desse princípio deveria pressupor alguma estabilidade dos processos interacionais dentro de uma sociedade, e essa estabilidade, por sua vez, é fortemente dependente das diretrizes oferecidas por um sistema jurídico administrado de forma consciente. Não se pode traçar as consequências de uma ação particular por meio daquilo que une uma sociedade, a menos que essa estrutura preserve alguma medida de integridade.

A negligência das dimensões interacionais da moralidade é geralmente encontrada, penso eu, no tratamento de meus críticos para aquilo que chamei de moralidade interna da lei. Nenhum deles parece disposto a emitir um julgamento moral adverso sobre o legislador que, por indiferença às demandas de seu papel, confunde ou desloca os marcos legais pelos quais os homens coordenam suas ações. Cohen afirma, por exemplo, que não há nada moralmente ultrajante em aprovar leis contraditórias. Isso não quer dizer, é claro, que tais leis possam não ser aprovadas por motivos que as tornariam imorais ou que uma situação criada inadvertidamente possa não ser consideradas abuso de forma amoral.[228]

Na mesma esteira, Dworkin condena o legislador que se afasta dos princípios da legalidade para alcançar a "armadilha deliberada" de alguma vítima inocente,[229] mas não está disposto a censurar o legislador que, por negligência ao seu trabalho, cria uma condição de incerteza jurídica que pode dar a outra pessoa a oportunidade de criar a armadilha.

Dorothy Emmet prestou um grande serviço à filosofia ética em seu livro *Rules, roles and relations* (1966), reintroduzindo,

---

[228] COHEN, Marshall. "Law, morality and purpose". *Villanova Law Review*, vol. 10, nº 4, 1965, p. 652.
[229] DWORKIN, Ronald M. "The Elusive Morality of Law". *Villanova Law Review*, vol. 10, nº 4, 1965, p. 637.

de uma forma convincente e perspicaz, o antigo conceito de papel social. A moralidade em função dos papeis exercidos na sociedade é evidentemente uma moralidade de interação. Mas os modos de análise apropriados para problemas da função da moralidade também são relevantes para problemas morais que não envolvem o desempenho de exemplos reconhecidos como tais. É por essa razão que acredito que um estudo das funções complexas da moralidade jurídica aprofundaria nossa compreensão dos problemas morais em geral.

Em particular, um estudo minucioso dos problemas encontrados na tentativa de alcançar e manter a legalidade nos confrontaria de forma inconfundível com o problema que eu chamei de "antinomias", isto é, com o tipo de dilema que enfrentamos quando é necessário se afastar de um princípio da moralidade jurídica para salvar outro. No meu segundo capítulo, minhas ilustrações desse fenômeno têm a ver principalmente com casos em que a correção de algum acidente ou descuido requer um afastamento das práticas normais de legalidade, por exemplo, ao exigir uma legislação curativa que é necessariamente relativa a eventos passados.

A evidência de que os filósofos da ética não estão universalmente preparados para lidar com esse tipo de dilema ocorre quando Cohen levanta a questão sobre se eu desisti do meu caso quando admito que, em algumas circunstâncias, a legislação retroativa pode ser benéfica.[230] Se eu tivesse dito que, em minha opinião, contar mentiras é imoral, mas uma exceção seria quando uma mentira é contada para salvar uma vida inocente, não acho que Cohen teria dito que, ao reconhecer essa exceção, eu "desisti" de minha posição contra a mentira. Em ambos os casos, a qualificação deriva de um contexto social específico. A diferença é que, em um caso, as demandas desse contexto são altamente visíveis e facilmente

---

[230] COHEN, Marshall. "Law, morality and purpose". *Villanova Law Review*, vol. 10, nº 4, 1965, p. 652.

CAPÍTULO V – UMA RÉPLICA ÀS CRÍTICAS

compreendidas – pode-se imaginar um lunático aparecendo em cena e exigindo saber onde está escondido aquele que pretende ser sua vítima –, enquanto, no outro caso, o contexto social é complexo e as interações envolvidas são indiretas e difíceis de serem percebidas.

Se Cohen tem dificuldade com a minha "confissão" de que as leis retroativas que curam os afastamentos passados da legalidade podem, afinal, ser benéficas, ele tem mais dificuldade ainda em absorver a noção de que as antinomias entre os princípios da moralidade jurídica podem ser encontradas no projeto das instituições jurídicas. Depois de lidar com a "admissão" envolvida em meus comentários sobre as leis saneadoras, Cohen continua:

> Mas as concessões de Fuller vão além. Ele admite que sempre que um juiz decide um caso para o qual os padrões não são claros, ele cria uma lei retroativamente. Essa tendência de realismo jurídico é inesperada em Fuller e não é totalmente consistente com sua sólida afirmação de que, a não ser que o juiz decida tais casos, "ele falha em seu dever de resolver disputas que aparecem e para as quais não haja previsão na lei existente".[231]

O depoimento que acabamos de citar dificilmente poderia *emanar* de alguém capaz de visualizar uma situação em que dois litigantes, em uma discussão sobre a importância de uma lei para seus respectivos direitos, levam sua disputa a um juiz e pedem a este que a resolva. Cohen gostaria que o juiz dissesse: "vocês, senhores, prestaram um serviço público ao chamar a atenção para uma séria ambiguidade nessa lei. Embora os argumentos sejam igualmente equilibrados, resolvo sua disputa sobre o significado da lei em favor da posição sustentada por A. Considerando, no entanto, que não desejo fazer uma lei retroativa, essa interpretação será efetiva

---

[231] COHEN, Marshall. "Law, morality and purpose". *Villanova Law Review*, vol. 10, nº 4, 1965, p. 652.

apenas para situações que possam surgir no futuro. Quanto à controvérsia específica entre vocês dois, deixo isso sem decisão". Uma ética soliloquista terá, é claro, pouca oportunidade de reconhecer ou lidar com problemas desse tipo; uma moralidade preocupada com a interação social inevitavelmente os confrontará e os resolverá como melhor puder, o que significa que muitas vezes será forçado a pesar as vantagens e desvantagens de um curso de ação, ou de um projeto institucional, em comparação com as de outro.[232]

Finalmente, e com certa relutância, chego a alguma breve menção quanto à questão do positivismo *versus* o Direito Natural. Se a controvérsia atual tivesse surgido há trinta anos, essa questão provavelmente teria sido vista como central para o todo debate. Houve um tempo, dentro da memória viva, em que falar desrespeitosamente sobre o positivismo jurídico era se abrir para a suspeita de ser um adepto de alguma versão concebida de maneira obscura, motivada de modo obscuro, metafísica e provavelmente eclesiástica da lei natural.

Felizmente, os ventos da doutrina parecem ter mudado de direção. O positivismo está agora sendo atacado em muitas frentes, principalmente na linguística e nas filosofias da ciência e da arte. Na sociologia e na antropologia jurídica, há uma tendência perceptível de afastamento das teorias estruturais em direção ao estudo dos processos interacionais; soube que uma mudança semelhante aconteceu durante os últimos quinze anos na psiquiatria e psicanálise. Quanto à lei, um dos meus críticos mais ferrenhos, Ronald Dworkin, publicou recentemente o que ele mesmo descreve como um "ataque ao positivismo".[233] Nesse novo clima, não há mais necessidade de se desculpar por ser crítico do positivismo, nem

---

[232] Em FULLER, Lon L. *Anatomy of the Law*. Nova York: Praeger, 1968, pp. 84-112, procurei comparar esses termos entre o *Anglo-American common law* e sistemas baseados em codificações.

[233] DWORKIN, Ronald. "The Model of rules". *University of Chicago Law Review*, vol. 35, 1967.

CAPÍTULO V – UMA RÉPLICA ÀS CRÍTICAS

se corre o risco sério de que uma rejeição ao positivismo implique a pretensão de ter estabelecido contato com a Verdade Absoluta.

Na reorientação que parece estar ocorrendo, espera-se um pouco mais de tolerância e interesse pela tradição incorporada na literatura do Direito Natural. Encontraremos nessa literatura muitas bobagens e muitas coisas inaceitáveis para os gostos intelectuais modernos; também será encontrada nela sabedoria prática aplicada a problemas que podem ser amplamente chamados de arquitetura social. São Tomás de Aquino representa para muitos uma espécie de símbolo de tudo o que é dogmático e teológico na tradição da lei natural. No entanto, como um escritor revelou recentemente,[234] Tomás de Aquino, em certa medida, reconheceu e lidou com os oito princípios de legalidade discutidos em meu segundo capítulo. Não conheço nenhum escritor na corrente positivista que tenha se preocupado mais profundamente com o problema geral de alcançar e manter a legalidade.

Na filosofia da ciência, a reorientação associada aos nomes de Michael Polanyi e Thomas Kuhn foi marcada por uma mudança de interesse da conceituação e análise lógica da verificação científica e para um estudo dos processos reais pelos quais as descobertas científicas são feitas. Talvez com o tempo, os filósofos jurídicos deixem de se preocupar com a construção de "modelos conceituais" para representar fenômenos jurídicos, desistam de seus debates intermináveis sobre definições e se voltem, em vez disso, para uma análise dos processos sociais que constituem a realidade do Direito.

---

[234] LEWIS, Ovid C. "The High Court: final... but fallible". *Western Reserve Law Review*, vol. 19, 1968, p. 565. (Pode ser um certo exagero dizer que Aquino reconheceu o princípio da congruência entre a ação do Estado e a norma posta).

APÊNDICE

O PROBLEMA DO INFORMANTE RESSENTIDO

Com uma margem de votos bastante estreita, você foi eleito Ministro da Justiça de seu país, uma nação de algo em torno de vinte milhões de habitantes. No início do mandato, você se confronta com um sério problema que será descrito a seguir. Antes, o seu contexto precisa ser apresentado.

Por muitas décadas, seu país desfrutou de um Estado pacífico, constitucional e democrático. Todavia, há algum tempo ele tem passado por tempos difíceis. As relações normais foram perturbadas por uma depressão econômica profunda e por um crescente antagonismo entre várias facções econômicas, políticas e religiosas. O salvador da pátria apareceu sob a forma de chefe de um partido político ou sociedade que se autodenominava os *Purple Shirts*.

Em uma eleição nacional permeada por muita desordem, esse chefe foi eleito Presidente da República, e o partido dele obteve a maioria das cadeiras da Assembleia Nacional. O sucesso do partido na eleição foi parcialmente trazido por uma campanha de promessas inconsequentes e falsificações engenhosas e em parte pela intimidação física dos manifestantes *Purple Shirts*, os quais amedrontavam muitas pessoas contrárias ao partido para que se afastassem dos locais de votação.

Quando os *Purple Shirts* chegaram ao poder, não tomaram providências para revogar a Constituição ou quaisquer de suas disposições. Eles também deixaram intactos os Códigos Civil e Penal e o Código de Processo. Nada foi feito para demitir qualquer servidor ou para destituir qualquer juiz de seu posto. As eleições continuaram a ser realizadas em intervalos regulares, e os votos foram apurados com aparente honestidade. Todavia, o país vivia sob um regime de terror.

Juízes que proferiam suas decisões contrariamente à vontade do partido eram agredidos e assassinados. A interpretação corrente do Código Penal foi *alterada* para colocar oponentes na cadeia. Leis secretas cujo conteúdo era apenas de conhecimento da alta cúpula da hierarquia do partido foram aprovadas. Foram promulgadas leis que criminalizavam de forma retroativa atos considerados legais. O Estado não atentou às restrições da Constituição, às leis anteriores, ou mesmo às suas próprias leis. Todos os partidos de oposição foram dissolvidos. Milhões de oponentes políticos foram executados, seja em prisões ou nas esporádicas noites de terror. Declarou-se anistia geral em favor de pessoa que tinha condenações por atos "cometidos em defesa da pátria contra a subversão". Sob essa anistia, todos os prisioneiros que eram membros do partido dos *Purple Shirt* foram liberados. Nenhuma pessoa que não fosse membro do partido foi solta com base nessa anistia.

Os *Purple Shirts* preservavam, como parte de sua política, um elemento de flexibilidade em suas operações, agindo por vezes através do partido "nas ruas" e, em outros momentos, agindo com o aparato do Estado, por eles controlado. A escolha por um método de atuação ou outro era meramente uma questão de conveniência. Por exemplo, quando a cúpula do partido decidiu acabar com todos os Socialistas-Republicanos (cujo partido fez uma última tentativa de resistência ao novo regime), surgiu uma disputa sobre qual seria

APÊNDICE – O PROBLEMA DO INFORMANTE RESSENTIDO

o melhor método de confiscar a propriedade desse partido. Uma facção, talvez ainda influenciada pelas concepções pré-revolucionárias, queria conseguir isso por meio de uma lei declarando seus produtos confiscados por atos criminosos. Outros queriam fazer isso obrigando os proprietários a transferir suas propriedades sob a mira de armas. Essa facção fez críticas à lei promulgada, no sentido de que ela traria comentários desfavoráveis. O chefe decidiu a favor da ação direta pelo partido para ser seguida por uma lei secreta, ratificando as ações anteriores e confirmando os títulos obtidos pelo medo do emprego da violência física.

Agora, os *Purple Shirts* foram depostos e um governo democrático e constitucional foi restaurado. Alguns problemas difíceis foram, todavia, deixados pelo regime. Eles, juntamente com seus associados no novo Estado, devem encontrar uma solução. Um desses problemas é o caso do "informante ressentido".

Durante o regime dos *Purple Shirts,* muitas pessoas trabalharam duro para delatar seus inimigos para o partido ou para as autoridades do Estado. As atividades reportadas eram coisas tais como: expressar opinião pessoal de visões críticas do Estado, escutar programas de rádios estrangeiras, pactuar com vândalos e *hooligans* conhecidos, acumular saquinhos de ovos desidratados em quantidade maior do que a permitida, falhar ao reportar uma perda de documento de identificação em até 5 dias etc. Como as coisas a partir de então ficaram sob a administração do Poder Judiciário, quaisquer desses atos, se comprovados, poderiam levar à sentença de morte. Em alguns casos, essa sentença era autorizada por leis de "emergência"; em outros, ela era imposta sem garantia de lei, por meio de decisão de juízes devidamente nomeados para seus cargos.

Após a deposição dos *Purple Shirts* surgiu uma forte demanda pública para que esses informantes ressentidos fossem punidos. O governo interino, que precedeu esse ao qual você está associado, adiou a tomada de decisão em relação a esse assunto. Enquanto isso, a questão tornou-se tormentosa e a decisão em relação a ela não pôde mais ser adiada. Sendo assim, foi solicitado a você, Ministro da Justiça, que se dedicasse a isso. Você pediu a cinco de seus assessores para que pensassem sobre à matéria e trouxessem recomendações à reunião de cúpula. Na reunião, os cinco assessores expuseram seu pensamento como segue:

PRIMEIRO ASSESSOR. "Parece claro, para mim, que não podemos fazer nada em relação a esses denominados informantes ressentidos. Os atos reportados eram ilícitos de acordo com as normas do Estado que, naquele momento, controlava os assuntos da nação. As sentenças que recaíram sobre as vítimas foram proferidas de acordo com os princípios da lei na época. Esses princípios diferem daqueles familiares para nós de maneira que os consideramos detestáveis. Entretanto, eles eram a lei vigente naquele momento. Uma das diferenças principais entre essa lei e a nossa repousa no âmbito de discricionariedade do juiz em matéria criminal. Essa norma e suas consequências merecem o nosso respeito tanto quanto a reforma que os *Purple Shirts* introduziram na legislação testamentaria, a qual passou a exigir apenas duas testemunhas quando antes eram requeridas três. É indiferente que a norma que conferia poder discricionário ao juiz em casos penais nunca tenha sido promulgada formalmente, mas isso era um caso de aceitação tácita. Exatamente a mesma coisa foi dita sobre a norma oposta que restringe o poder do juiz e foi aceita por nós. A diferença entre nós e os *Purple Shirts* não reside no fato de que eles tinham um Estado sem leis – uma contradição em termos –, mas reside no campo da ideologia. Ninguém além de mim tem mais aversão ao *Purple Shirtism*. Ainda, a diferença fundamental entre a nossa filosofia e a deles é que nós permitimos e toleramos diferenças de ponto de vista, enquanto eles pretenderam impor o seu código monolítico a todos. Nosso sistema de Estado assume que a lei é uma coisa flexível, capaz de expressar e unir muitas aspirações diferentes. O ponto que norteia nossa crença é que, quando um objetivo tiver sido integralmente incorporado à lei ou a um decreto judicial, deve ser provisoriamente aceito mesmo por aqueles que o detestam, e estes devem aguardar sua chance nas eleições ou em algum outro processo para assegurar um reconhecimento legal para seus próprios anseios. Os *Purple Shirts*, por outro lado, simplesmente desconsideram as leis que incorporam objetivos não aprovados por eles, nem mesmo consideram o esforço envolvido para as repelir. Se buscarmos desenrolar os atos do regime dos *Purple Shirts*, declarando esse julgamento como inválido, essa norma nula e essa sentença excessiva, faremos exatamente o que condenamos na ação dos *Purple Shirts*. Reconheço que será necessário ter coragem para continuar com o programa que eu recomento, e nós temos que resistir às pressões fortes da opinião pública. Devemos também estar preparados para evitar que as pessoas façam justiça com as próprias mãos. Nesse caminho longo, eu acredito que o caminho por mim recomendado seja o único que irá assegurar o triunfo das concepções da lei e de Estado que eu acredito".

SEGUNDO ASSESSOR. "Curiosamente, chego à mesma conclusão de meu colega, por um caminho exatamente oposto ao dele. Para mim, parece absurdo chamar o regime dos *Purple Shirt* de um Estado legítimo. Um sistema jurídico não tem existência somente porque os policiais continuam a patrulhar as ruas e usar suas vestes ou porque a Constituição e os códigos foram deixados na prateleira sem oposição. Um sistema jurídico pressupõe leis que são conhecidas, ou podem ser conhecidas, por aqueles que estão sujeitos a elas. Isso pressupõe alguma uniformidade de ação e que casos semelhantes sejam tratados de forma semelhante. Pressupõe que não exista poder sem respaldo na lei, como o partido dos *Purple Shirts*, sobrepondo-se ao Estado e capaz de interferir a qualquer momento na administração da justiça sempre que ela não funcionar de acordo com os caprichos e particularidades desse poder. Todas essas pressuposições integram a própria concepção de uma ordem jurídica e nada têm a ver com ideologias políticas e econômicas. Em minha opinião, a lei, concebida no sentido comum da palavra, deixou de existir quando os *Purple Shirts* chegaram ao poder. Durante seu Estado, tivemos, de fato, uma interrupção no Estado de Direito.

Em vez de um Estado com base nas leis, tínhamos uma guerra de todos contra todos conduzida a portas fechadas, em caminhos obscuros, intrigas governamentais palacianas e conspirações no pátio da prisão. Os atos desses chamados informantes ressentidos consistiram apenas em uma fase dessa guerra. Para nós, recriminar esses atos como criminosos envolveria tanta incongruência quanto se tentássemos aplicar concepções jurídicas à luta pela existência que ocorre na selva ou sob a superfície do mar. Devemos deixar todo esse capítulo sombrio e sem lei de nossa história para trás como um pesadelo. Se vasculharmos esse período, traremos sobre nós algo de seu espírito maligno e correremos o risco de nos infectar por seus miasmas. Portanto, digo na mesma linha de meu colega, deixemos o passado no passado. Não façamos nada a respeito dos chamados informantes ressentidos. O que eles fizeram não teve base legal nem foi contrário à lei, pois viviam, não sob um regime de lei, mas sob um regime de anarquia e terror".

TERCEIRO ASSESSOR. "Tenho bastante receio de qualquer tipo de raciocínio que proceda de uma alternativa 'ou isso ou aquilo'. Não acho que precisamos presumir, por um lado, que, de alguma forma, todo o regime dos *Purple Shirt* estava fora domínio da lei ou, por outro lado, que todos os seus atos podem ser tidos como atos de um Estado legítimo. Meus dois colegas inadvertidamente apresentaram argumentos poderosos contra essas suposições extremas, demonstrando que ambas conduzem à mesma conclusão absurda, uma conclusão impossível de ponto de vista ético e político. Se alguém refletir sobre o assunto sem estar tomado pela emoção, fica claro que não tivemos durante o regime dos *Purple Shirt* uma "guerra de todos contra todos". Nas entrelinhas, muito do que chamamos de vida humana normal continuou – casamentos foram contratados, mercadorias foram vendidas, testamentos foram redigidos e executados. Essa vida foi acompanhada pelos deslocamentos usuais – acidentes automobilísticos, falências, testamentos não testemunhados, erros de impressão difamatórios em jornais. Muito dessa vida normal não foi afetada pela ideologia dos

APÊNDICE – O PROBLEMA DO INFORMANTE RESSENTIDO

Purple Shirts. As questões jurídicas que surgiram nessa área foram tratadas pelos tribunais da mesma forma que eram tratadas antes e muito como estão sendo tratadas hoje. Seria um caos insuportável se declarássemos que não teve base legal tudo o que aconteceu sob o regime dos *Purple Shirts*. Por outro lado, com certeza, não podemos dizer que os assassinatos cometidos nas ruas por membros do partido, os quais agiam sob as ordens do chefe, eram legais simplesmente porque o partido havia conquistado o controle do Estado e seu chefe havia se tornado Presidente da República. Se devemos condenar os atos criminosos do partido e de seus membros, pareceria absurdo defender cada ato que, por acaso, fosse canalizado pelo aparato de um Estado transformado, com efeito, no *alter ego* dos *Purple Shirts*. Devemos, portanto, nessa situação e como na maioria dos assuntos humanos, discriminar. Devemos interferir onde a filosofia dos *Purple Shirt* penetrou e perverteu a administração da justiça de seus objetivos e usos normais. Entre essas anormalidades da justiça, eu contaria, por exemplo, o caso de um homem que estava apaixonado pela esposa de outro e causou a morte do marido ao denunciá-lo por uma ofensa totalmente trivial, isto é, por não comunicar a perda de seus documentos de identificação no período de cinco dias. Esse informante era um assassino segundo o Código Penal que estava em vigor na época de seu ato e não tinha sido revogado pelos *Purple Shirts*. Ele envolveu a morte de alguém que atrapalhou suas paixões ilícitas e utilizou os tribunais para a realização de sua intenção assassina. Sabia que os próprios tribunais eram os instrumentos flexíveis de qualquer política que os *Purple Shirts* considerassem conveniente no momento. Existem outros casos igualmente claros. Admito que também há alguns que são menos claros. Ficaremos embaraçados, por exemplo, com os casos de meros intrometidos que denunciaram às autoridades tudo o que parecia suspeito. Algumas dessas pessoas agiram não com o desejo de se livrar dos acusados, mas com o desejo de bajular o partido, para desviar as suspeitas (talvez infundadas) levantadas contra si próprias, ou simplesmente por intromissão. Não sei como esses casos devem ser tratados e não faço nenhuma recomendação a respeito deles. Mas o fato de que esses casos problemáticos existem não deve nos impedir de agir imediatamente quando são claros, dentre os quais há tantos que não podemos desconsiderá-los".

QUARTO ASSESSOR. "Tal qual meu colega, também desconfio do raciocínio 'ou isso ou aquilo', mas acho que precisamos ir além da reflexão dele e ponderar para saber aonde estamos indo. Essa proposta de escolher entre os atos do regime deposto é totalmente questionável. É, na verdade, a ideologia dos *Purple Shirts*, pura e simples. Nós gostamos dessa lei, então vamos aplicá-la. Nós gostamos dessa decisão, que ela permaneça. Essa lei da qual não gostamos, portanto, nunca foi uma lei. Nós não aprovamos esse ato do Estado, que ele seja considerado nulo. Se assim procedermos, agiremos em relação às leis e atos do Estado dos *Purple Shirts* com exatamente a mesma atitude sem princípios tomada por eles em relação às leis e atos do Estado que suplantaram. Teremos o caos, com cada juiz e cada promotor de Justiça tornando-se uma lei própria. Em vez de acabar com os abusos do regime dos *Purple Shirts*, a proposta do meu colega iria perpetuá-los. Só há uma maneira de lidar com esse problema que seja compatível com nossa filosofia de Direito e de Estado: lidar com isso por meio de uma lei devidamente promulgada, quero dizer, por meio de uma norma especial dirigida a ele. Vamos estudar todo esse problema do informante ressentido, angariar todos os fatos relevantes e escrever uma lei ampla que trate do assunto. Não estaremos, então, distorcendo as leis antigas com propósitos para os quais nunca foram concebidas. Além disso, forneceremos as penalidades adequadas ao delito e não trataremos todos os informantes como assassinos simplesmente porque aquele denunciado por ele foi executado. Admito que enfrentaremos alguns problemas difíceis. Entre outras coisas, teremos de atribuir um significado jurídico para a palavra "ressentido", e isso não será fácil. Não devemos ser dissuadidos por essas dificuldades, no entanto, de adotar o único caminho que nos tirará dessa condição de ausência de lei, de Estado pessoal".

APÊNDICE – O PROBLEMA DO INFORMANTE RESSENTIDO

QUINTO ASSESSOR. "Acho que há uma ironia considerável na última proposta. Ela fala em pôr um fim definitivo aos abusos dos *Purple Shirts*, mas propõe fazer isso recorrendo a um dos dispositivos mais odiados do regime dos *Purple Shirt*, a norma penal *ex post facto*. Meu colega teme a confusão que resultará se tentarmos, sem uma norma, desfazer e reparar atos 'errados' da ordem anterior, enquanto defendemos e aplicamos seus atos 'certos'. No entanto, ele parece não perceber que a norma que propõe não resolve essa incerteza. É fácil apresentar um argumento plausível para uma norma que não foi redigida; todos nós concordamos que seria bom ter as coisas bem claras. Mas o que essa norma estabeleceria? Um de meus colegas fala de alguém que, durante cinco dias, deixou de relatar a perda de seus documentos de identificação. Meu colega deixa implícito que a sentença judicial imposta para esse delito, ou seja, a morte, foi tão desproporcional a ponto de estar claramente errada. Mas devemos lembrar que, naquela época, o movimento não declarado contra os *Purple Shirts* crescia em intensidade e estes estavam sendo constantemente assediados por pessoas com documentos de identidade falsos. Do ponto de vista deles, tinham um problema real, e a única objeção que podemos fazer à sua solução (além do fato de que não queríamos que eles a resolvessem) é que agiram com um rigor maior do que o exigido pela ocasião. Como meu colega lidará com esse caso com suas limitações e com todos os seus primos e primos de segundo grau? Será que ele irá negar necessidade de lei e ordem para o regime dos *Purple Shirts*? Não irei me aprofundar nas dificuldades envolvidas na redação dessa norma proposta, uma vez que elas são bastantes evidentes para quem pensa. Em vez disso, irei me voltar para a minha própria solução. Foi dito por autoridades muito respeitáveis que o objetivo principal do Direito Penal é promover uma saída ao instinto humano de vingança. Há momentos, e creio que este é um deles, em que devemos permitir que esse instinto se expresse diretamente, sem a intervenção do Direito. Esse assunto dos informantes ressentidos já está em processo de acerto. Quase todos os dias se lê que um ex-funcionário do regime *Purple Shirt* encontrou sua justa recompensa em algum lugar desprotegido. As pessoas estão lidando com isso, em silêncio, à sua maneira e, se as deixarmos em paz e instruirmos nossos promotores públicos a fazerem o mesmo, em breve, não haverá mais nenhum problema para nós resolvermos. Haverá alguma confusão, é claro, e alguns inocentes serão responsabilizados. Mas nem nosso Estado nem nosso sistema legal estarão envolvidos no caso, e, assim, não devemos nos encontrar desesperadamente atolados na tentativa de decifrar todos os atos e delitos dos *Purple Shirts*".

Como Ministro da Justiça, quais dessas recomendações você adotaria?

REFERÊNCIAS BIBLIOGRÁFICAS

A. G. A. "The Void-for-vagueness doctrine in the Supreme Court". *University of Pennsylvania Law Review*, vol. 109, n° 1, 1960.

ADAMS, Brooks. "The Modern conception of animus". *Green Bag*, vol. 19, 1906.

AIGLER, Ralph W. "Legislation in vague or general terms". *Michigan Law Review*, vol. 21, n° 8, 1922.

ALLEN, Francis. "Criminal justice, legal values and the rehabilitative ideal". *Journal of Criminal Law and Criminology*, vol. 50, 1959.

AMERICAN LAW INSTITUTE. *Model penal code*: proposed official draft. Filadélfia: American Law Institute, 1962.

_____. *Restatement of Torts*. Filadélfia: American Law Institute, 1938.

ANASTAPLO, George. "Natural Right and the American lawyer". *Wisconsin Law Review*, vol. 64, 1965.

AQUINO, Tomás de. *Summa Contra Gentiles*.

_____. *Summa Theologica*.

ARISTÓTELES. *Nichomachean Ethics*, Livro V, 1137a.

ARNOLD, Thurman. "Theology". *Harvard Law Review*, vol. 73, n° 7, 1960.

AUSTIN, John. *Lectures on Jurisprudence*: or the Philosophy of Positive Law. Londres: J. Murray, 1879.

BARKUN, Michael. *Law without sanctions*: order in primitive societies and the world community. Londres: Yale University Pres, 1968.

BARNARD, Chester. *Organization and management*. Cambridge: Harvard University Press, 1948.

BENTHAM, Jeremy. *Rationale of judicial evidence*. [S.l.]: Hunt and Clarke, 1827.

_____. *The Limits of Jurisprudence Defined*. Nova York: Columbia University Press, 1945.

_____. *The Theory of legislation*. Londres: Kegan Paul, Trench Trubner & Co., 1931.

BERGLER, Edmund. *The Psychology of gambling*. Nova York: International Universities Press, 1957.

BÍBLIA, N.T. "Lucas". *Bíblia sagrada on-line*. Cap. 10, vers. 25-37. Disponível em: https://www.bibliaonline.com.br/acf/lc/10/25-37. Acessado em: 11.07.2022.

_____. "Mateus". *Bíblia sagrada on-line*. Cap. 7, vers. 1-12. Disponível em: https://www.bibliaonline.com.br/acf/busca?q=mateus+7. Acessado em: 11.07.2022.

BOORSTIN, Daniel J. *The Lost world of Thomas Jefferson*. Boston: Beacon Press, 1948.

BOYD, Julian P. *The Papers of Thomas Jefferson*: vol. II. Princeton: Princeton University Press, 1950.

BRANDT, Richard B. *Ethical theory*. Englewood Cliffs: Prentice-Hall, 1959.

BRIDGMAN, Percy W. *The Logic of Modern Physics*. Nova York: MacMillan, 1949.

BROWN, Jethro. *The Austinian Theory of Law*. Londres: J. Murray, 1906.

CAMPBELL, John. *Lives of the Lord Chancellors of England*. 3ª ed. Londres: J. Murray, 1848-1850.

CHAFEE, Zechariah. "The International affairs of associations not for profit". *Harvard Law Review*, vol. 43, n° 7, 1930.

COHEN, Marshall. "Law, morality and purpose". *Villanova Law Review*, vol. 10, n° 4, 1965.

CONANT, James B. *Science and common sense*. New Haven: Yale University Press, 1951.

REFERÊNCIAS BIBLIOGRÁFICAS

CORBIN, Arthur L. "Legal analysis and terminology". *Yale Law Journal*, vol. 29, 1919.

_____. *Contracts*. vol. 5. St. Paul: West Publishing, 1951.

DEL VECCHIO, Giorgio. *Justice*: an historical and philosophical essay. Edinburgh: Edinburgh University Press, 1952.

DEVLIN, Patrick A. *Law and morals*. Birmingham: Holdsworth Club of the University of Birmingham, 1961.

_____. *The Enforcement of morals*. Londres: Oxford University Press, 1959.

DICEY, Albert Venn. *Introduction to the study of the Law of the Constitution*. 10ª ed. Londres: MacMillan, 1960.

DWORKIN, Ronald M. "The Elusive Morality of Law". *Villanova Law Review*, vol. 10, nº 4, 1965.

_____. "Philosophy, Morality, and Law: observations prompted by Professor Fuller's Novel Claim". *University of Pennsylvania Law Review*, vol. 113, 1965.

_____. "The Model of rules". *University of Chicago Law Review*, vol. 35, 1967.

ESCARRA, Jean. *Le droit chinois*. Paris: Recueil Sirey, 1936.

FINDLAY, J. M. *Values and intentions*. Nova York: Macmillan, 1961.

FRIEDMANN, Wolfgang G. *Law and social change in contemporary Britain*. Londres: Stevens & Sons, 1951.

FRIENDLY, Henry J. *The Federal Administrative Agencies*: the need for better definition of standards. Cambridge: Harvard University Press, 1962.

FULLER, Lon L. "A Rejoinder to Professor Nagel". *Natural Law Forum*, nº 30, 1º jan. 1958.

_____. "A Reply to Professors Cohen and Dworkin". *Villanova Law Review*, vol. 10, nº 4, 1965.

_____. "Adjudication and the Rule of Law". *Proceedings of the American Society of International Law*, 1960.

_____. "American Legal Realism". *University of Pennsylvania Law Review*, vol. 82, nº 5, 1934.

_____. "Collective bargaining and the arbitrator". *Wisconsin Law Review*, 1963.

_____. "Governmental cecrecy and the forms of cocial order". *In*: FRIEDRICH, Carl J. (Coord.). *Community*. Nova York: [s.n.], 1959.

_____. "Pashukanis e Vyshinsky: a study in the development of Marxian Legal Theory". *Michigan Law Review*, vol. 47, 1949.

_____. "Positivism and fidelity to Law: a replay to Professor Hart". *Harvard Law Review*, vol. 71, n° 4, fev. 1958.

_____. *Anatomy of the Law*. Nova York: Praeger, 1968.

_____. *The Law in quest of itself*. Chicago: Foundation Press, [1940] 1966.

GIANNELLA, Donald A. "Thoughts on the Symposium: The Moraliy of Law". *Villanova Law Review*, vol. 10, n° 4, 1965.

GOTTLIEB, Gidon Alain G. *The Logic of choice*. Londres: Allen & Unwin, 1968.

GOUGH, John W. *Fundamental Law in English Constitutional History*. Oxford: The Clarendon Press, 1954.

GRAY, John C. *The Nature and sources of the Law*. 2ª ed. Nova York: Macmillan, 1921.

HALE, Robert L. "The Supreme Court and the contract clause". *Harvard Law Review*, vol. 57, n° 4, 1944.

HALL, Jerome. *General Principles of Penal Law*. 2ª ed. Indianápolis: Bobbs-Merrill, 1960.

HARROD, R. F. "Scope and method of economics". *The Economic Journal*, vol. 48 n° 191, 1938.

HART, Henry M. "The aims of Penal Law". *Law & Contemporary Problems*, vol. 23, 1958.

_____. "The Relations between State and Federal Law". *Columbia Law Review*, vol. 489, 1954.

HART, Herbert L. A. "Positivism and the separation of law and morals". *Harvard Law Review*, vol. 71, 1958.

_____. "The Ascription of responsibility and rights". *In*: FLEW, Antony (Coord.). *Essays on logic and language*. Oxford: Blackwell,1952.

_____. "The Morality of Law review". *Harvard Law Review*, vol. 78, 1965.

_____. *Law, liberty and morality*. Stanford: Stanford University Press, 1963.

_____. *The Concept of law*. Nova York: Oxford University Press, 1961.

HARVARD LAW ASSOCIATION. "Developments in the law-judicial control of actions of private associations". *Harvard Law Review*, vol. 76, n° 5, 1963.

HAYEK, Friedrich. "Planning and the rule of law". In: _____. *The Road to Serfdom*. Chicago: University of Chicago Press, 1944.

HECTOR, Louis Julius. "Problems of the CAB and the Independent Regulatory Commissions". *Yale Law Journal*, vol. 69, 1960.

HOCHMAN, Charles B. "The Supreme Court and the constitutionality of retroactive legislation". *Harvard Law Review*, vol. 73, 1960.

HOEBEL, E. Adamson. *The Law of primitive man*. Toronto: McCelland & Stewart, 1954.

HOHFELD, Wesley N. *Fundamental legal conceptions*. Londres: Yale University Press, 1923.

HOLMES JR., Oliver W. "The Path of the Law". *Harvard Law Review*, vol. 10, n° 8, 1897.

HUGHES, Graham. "Jurisprudence". *1964 Annual Survey of American Law*, New York University, 1965.

_____. "Rules, policy and decision making". *Yale Law Journal*, vol. 77, 1968.

JHERING, Rudolph. *Geist des Romischen Rechts*, II². Leipzig: Breitkopf und Härtel, 1923.

JONES, John W. *The Law and legal theory of the Greeks*. Nova York: Oxford University Press, 1956.

KELSEN, Hans. *General Theory of Law and State*. Cambridge: Harvard University Press, 1945.

_____. *Pure theory of law*. Berkeley: University of California Press, 1967.

KING, B. E. "The Concept, the idea, and The Morality of Law". *Cambridge Law Journal*, vol. 24, 1966.

LAMONT, William D. *The Principles of moral judgement*. Oxford: Clarendon Press, 1946.

_____. *The Value judgement*. Nova York: Philosophical Library, 1955.

LANGE. Oskar. *On the economic theory of socialism*. Ed. Benjamin E. Lippincott. Minneapolis: University of Minnesota Press, 1938.

LEGISLATIVE DRAFTING RESEARCH FUND. *Digest of State Constitutions*. 2ª ed. Nova York: Columbia University, 1959.

LEWAN, Kenneth M. "Die Rechtsphilosophie Lon Fullers". *Archiv fur Rechts- und Sozialphilosophie*, vol. 52, 1966.

LEWIS, Ovid C. "The High Court: final... but fallible". *Western Reserve Law Review*, vol. 19, 1968.

LINDSAY, Alexander D. *The Two moralities*: our duty to God and to society. Londres: Eyre & Spottiswoode, 1940.

LLOYD, Dennis. "Disqualifications imposed by trade associations: jurisdiction of Court and Natural Justice". *Modern Law Review*, vol. 21, 1958.

LOCRE, Jean G. "Discours preliminaire". In: _____. *La Legislation de la France*. Paris: Treuttel et Würtz, 1827.

MacBEATH, Alexander. *Experiments in living*: a study of the nature and foundation of ethics or morals in the light of recent work in social anthropology. Londres: Macmillan, 1952.

MacCALL, George J.; SIMMONS, J. L. *Identities and interactions*. Londres: Collier-Macmillan, 1966.

MALINOWSKI, Bronislaw. "A New instrument for the interpretation of Law: especially primitive". *Yale Law Journal*, vol. 51, 1942.

McHUGH, Peter. *Defining the situation*: the organization of meaning in social interaction. Indianápolis: Bobbs-Merrill, 1968.

MEAD, Margaret. *New Lives for old*. Nova York: Morrow, 1956.

MILL, John Stuart Mill. *On Liberty*. [S.l.]: [s.n.], 1859.

MURRAY JR., John E. "Introduction to The Morality of Law". *Villanova Law Review*, vol. 10, n° 4, 1965.

NAGEL, Ernest. "Fact, value, and human purpose". *Natural Law Forum*, n° 38, 1° jan. 1959.

NAUGHTON, E. Russell. "Regarding the Symposium on Law and Morality". *Villanova Law Review*, vol. 10, n° 4, 1965.

NEWTON, Norman T. *An Approach to design*. Cambridge: Addison-Wesley Press, 1951.

PAPPE, H. O. "On the validity of judicial decisions in the Nazi Era". *The Modern Law Review*, vol. 23 n° 3, maio 1960.

PARKER, Francis H. "Remarks on the Symposium: The Morality of Law". *Villanova Law Review*, vol. 10, n° 4, 1965.

REFERÊNCIAS BIBLIOGRÁFICAS

PASHUKANIS, Eugene. *The General Theory of Law and Marxism.* Cambridge: Harvard University Press, 1951.

PATTERSON, Edwin W. *Jurisprudence*: men and ideas of the Law. Brooklyn: Foundation Press, 1953.

PERELMAN, Chaïm; OBRECHTS-TYTECA, Lucie. *La Nouvelle Rhétorique*: traité de l'argumentation. Paris: PUF, 1958.

POLANYI, Michael. *Personal knowledge.* Chicago: University of Chicago Press, 1958.

_____. *The logic of liberty.* Chicago: University of Chicago Press, 1951.

REDFORD, Emmete S. *The President and the Regulatory Commissions.* Washington: President's Advisory Committee on Government Organization, 1960.

REICHENBACH, Hans. *The Rise of Scientific Philosophy.* Berkeley: University of California Press, 1951.

RICHARDS, I. A. *Practical criticism*: a study of literary judgment. Londres: Kegan Paul, Trench Trubner & Co., 1949.

SAMUELSON, Paul A. *Economics*: an introductory analysis. Nova York: McGraw-Hill, 1948.

SARTORIUS, Rolf. "The concept of Law". *Archiv für Rechts-und Sozialphilosophie*, vol. 52, 1966.

SEIDMAN, Robert B. "Law and economic development in independent, English-speaking, sub-Saharan Africa". *In*: HUTCHINSON, Thomas W. (Coord.). *Africa and Law developing legal system in African Commonwealth Nations.* Madison: The University of Wisconsin Press, 1968.

SIDGWICK, Henry. *Outlines of the history of ethics.* Londres: MacMillan, 1949.

SKINNER, Burrhus F. *Science and human behavior.* Nova York: Macmillan, 1953.

SMITH, Adam. *Theory of moral sentiments.* [S.l.]: [s.n.], 1759.

SOMLÓ, Felix. *Juristische Grundlehre.* 2ª ed. Leipzig: Meiner, 1927.

STEPHEN, James F. *Liberty, equality, fraternity.* [S.l.]: [s.n.], 1873.

STURM, Douglas. "Lon Fuller's multidimensional Natural Law Theory". *Stanford Law Review*, vol. 18, 1966.

SUMMERS, Robert S. "Professor Fuller on morality and law". *Journal of Legal Education*, vol. 18, n° 1, 1965.

_____. "The New Analytical Jurists". *New York University Law Review*, vol. 41, 1966.

SUZMAN, Arthur. *Race classification and definition in the legislation of the Union of South Africa*, 1910-1960. Johannesburg: South African Institute of Race Relations, 1960. (Série "Acta Juridica").

THORNE, Samuel E. *A Discourse upon the exposition and understanding of statutes*. San Marino: Huntington Library, 1942.

TUCKER, Robert C. *Philosophy and myth in Karl Marx*. Nova York: Cambridge University Press, 1961.

WEBER, Max. *Law in economy and society*. Trad. Shils e Rhein Stein. Cambridge: Harvard University Press, 1954.

WICKSTEED, Philip H. *The Common sense of political economy*. Londres: Routledge, 1933.

WYZANSKI, Charles E. "The Open window and the open door". *California Law Review*, vol. 35, 1947.

YALE LAW JOURNAL. "Private Government on the campus: judicial review of university expulsions". *Yale Law Journal*, vol. 72, 1963.

NOTAS

NOTAS

NOTAS

A Editora Contracorrente se preocupa com todos os detalhes de suas obras! Aos curiosos, informamos que este livro foi impresso no mês de setembro de 2022, em papel Pólen Natural 80g, pela Gráfica Grafilar.